新时代会计理论与实践创新系列专著

政府审计全覆盖与财政专项资金审计问题研究

王如燕 著

格致出版社 上海人民出版社

前 言

随着中国在最近几十年的快速发展，国家审计监督体系也基本建成。正是由于中国在政治、社会、经济环境等方面紧跟时代发展趋势，不断进行深刻的变革，使得中国不断调整经济增长结构，改进发展方式。在这种情况下，审计在国家治理方面起到了至关重要的作用。在八大监督体系中，审计监督尤为重要，审计监督就是为了促进国家治理能力的提高，确保国家治理紧跟时代趋势，对国有资产、国有资源进行审计监督，确保领导干部自觉履行经济责任，同时对国家有关政策的制定和执行起到保障的作用。近年来随着中国的经济的惊人发展，国家对于政府审计也越来越重视，并且提出了许多符合新时代的目标和要求。当前对于中国政府审计要求，是能够对相关政府部门给予及时、有效的舞弊监督和风险防控。

审计机关作为一个重要的国家机关，担负着新时代审计工作的职责和使命。基于此，本书分 12 章，系统阐述政府审计相关内容。

本书的创新之处在于：

(1) 阐述了上海市利用大数据推动审计全覆盖“面”上分析和“点”上分析的理论与实务，中国利用大数据推动政府预算绩效审计接受度实证研究；

(2) 阐述了推动财政资金执行审计的案例研究，以上海市农田水利财政资金为例和以长江经济带水污染治理为例。

本书得到了“上海市应用型本科”专项资金的支持。

目录

1 审计全覆盖绪论

1.1 问题的提出

随着中国在最近几十年的快速发展，很多方面都取得了不小的成果，其中国家审计监督体系也基本建成。正是由于中国的政治、社会、经济环境等方面紧跟时代发展趋势，不断进行深刻的变革，使得中国不断调整经济增长结构，改进发展方式。在这种情况下，审计在国家治理方面起到了至关重要的作用。

在八大监督体系中，审计监督尤为重要。审计监督就是为了促进国家治理能力的提高、确保国家治理紧跟时代趋势，对国有资产、国有资源进行审计监督，确保领导干部自觉履行经济责任，同时对国家有关政策的制定和执行起到保障作用。但是目前，中国的国家审计人手不足，力量相对较为薄弱，从而导致在审计的效率和效果上达不到理想的状态。有这样一组数据：中国每年审计的中央一级预算单位的比例还没有达到20%，抽查的二、三级预算单位不到10%，审计的资金量不到被审计单位总资金量的33%。所以看出中国的国家审计仍需加快发展速度，更好地适应国家现状。

有很多中央部委所属的央企、国企、境外机构、还有一些境外国有资产当前仍在国家审计监督的范围之外，说明国家对于审计服务国家治理方面需要进一步地改善，进一步扩大审计范围。

2014年1月9日，全国审计工作会议在北京召开，国务院总理李克强在听取工作汇报时指出，审计监督发挥着重要的作用，应进一步加强审计监督，强调审计工作不但要突出重点，还要求实现审计全覆盖。实现审计全覆盖，就是要审计监督一切使用公共资金的单位和项目。审计监督在促进经济社会健康持续发展，反腐倡廉，提高财政资金的使用效益等方面肩负着重任。基于此，审计机关如何实现审计全覆盖，也越来越成为其值得考虑的关键问题。

当前社会信息发展迅速，人们对于大数据、云计算等词语的关注度越来越高，也给我们工作、生活、学习等方面带来了巨大的改变，审计方面也不例外。没有数据，审计也无从谈起。审计对象财务电算化的全面覆盖，网络化形式的管理和数据的大规模集中的趋势，正反映出了大数据的飞速发展，乃至激起新一轮信息革命。所以，作为维护国家财政经济秩序的国家审计部门，全国审计机关应着手考虑的问题是如何紧跟信息发展大势，在大数据的基础上，建立一套完善的审计系统，从而实现对有关部门的长期有效监督，并且能够根据互联网进行实时跟踪，利用数据收集实现准确分析。所以信息技术的充分利用，能使审计工作更有效率，发现问题更及时，审计范围更全面，对实现审计全覆盖可起到至关重要的作用。

1.2 国内外政府审计现状及发展趋势

1.2.1 各国政府审计类型比较

国家审计类型是按照审计机构的隶属关系和权力来划分的。不同的审计类型，其发挥的作用也不尽相同。每个国家都拥有自身独特的国家体制，同时由于其文化的差异，使得各国经济的发展也千差万别。因此，各国的国家审计类型也有多差异。当前，国家审计类型主要有立法型、司法型、行政型和独立型。

（1）立法型。

在立法体制下，国家审计机关隶属于议会，具有很强的强制性。这种体制大多存在于实行三权分立的政治体制的国家中，主要被西欧、北美等地区的国家使用，例如英国国家审计署、加拿大审计公署和美国联邦审计署等。立法型审计机关具有很高的权威性，仅受议会的掌控，通过使用国家法律授予的权限，对国家相关企业、单位的财务收支情况进行有效的审计监督，对相关违法经济活动给予有效处罚。立法型政府审计通常具有以下三个特点：独立性强、计划性强、工作效率高。

（2）司法型。

在司法体制下，作为国家司法部门，一般情况下与国家立法部门和国家行政部门没有太多的联系，虽然拥有一定的司法权，但很有限，审计相关人员具有一定的司法地位，通过行使司法权力来提高国家审计的权威性。例如，法国的审计法院、西班牙的审计法院等都是司法体制。司法型国家审计机构具有较强的独立性，对审计监督职能起到了强化的作用，同时具有显著的稳定性，并且审计机构被赋予的司法权较为特殊，有利于从微观角度来对相关政府官员经济责任履行情况进行有效监督。

（3）行政型。

行政体制下的国家审计机关，一般受国家行政部门监督和控制，故其独立性相对较弱，审计监督工作的实施内容和范围往往受到国家政府部门的支配，如中国国家审计署、巴基斯坦审计长公署等。行政型审计模式下的国家审计机构具有很强的时效性，因此对于相关审计工作内容的开展和审计计划建议和意见的提出，具备有力优势。

（4）独立型。

独立性审计模式下的审计机关，与国家任何国家机构都没有关联，故其独立性较强。除受法律约束以外，在履行职责的过程中不受立法、司法、行政干预，例如日本会计检察院，与内阁无任何联系。独立型审计机关通过对国家财政收支情况进行有效监督，促进国家经济的稳定发展。

每个国家对于国家审计类型的选择，均是基于对各国政治、经济、法律等环境综合考虑之后，选择的最适合本国国情的审计模式。每种审计类型各有千秋，不同的审计类型优缺点如表1.1所示：

表1.1 世界各国政府审计优缺点比较

国家审计类型	主要代表国家	优 点	缺 点
立法型	美国、英国、加拿大、奥地利	（1）国家审计隶属立法机关，具有较强的独立性和权威性； （2）能较好地适应立法者的要求； （3）审计的内容和范围较为灵活。	（1）国家审计容易成为政治工具； （2）对立法机关创制的法律不能审计。
司法型	法国、意大利	（1）国家审计的独立性强； （2）国家审计具有强制性； （3）职能法定，职责稳定。	（1）拥有司法权，削弱了审计的独立性； （2）国家审计缺乏灵活性。

续表

国家审计类型	主要代表国家	优　点	缺　点
行政型	中国、韩国、泰国、瑞士	(1) 最高审计机关隶属政府，具有国家行政性质，国家审计具有行政权力； (2) 行政型国家审计效率较高。	(1) 国家审计成为行政的附属，常常出现审计决定落实难，揭露的问题“内部”消化； (2) 独立性较弱。
独立型	德国、日本	(1) 国家审计不隶属立法、司法、行政等部门，只服从法律，不受干涉，充分实现审计独立统一； (2) 审计成员受法律保护，提升敬业精神； (3) 国家审计发布公告直接接受人民监督。	(1) 没有真正确定国家审计价值观； (2) 与“三权分立”若即若离，并未使国家审计完整地从三权中独立。

1.2.2 中国政府审计全覆盖工作开展现状

中国的政府审计的发展已经有一些年了，起初是比较简单的预算执行审计，其后随着业务规模不断的扩大，形式上的不断创新和市场经济的不断发展，也随之产生了自然资源审计、领导干部经济责任审计、绩效审计等各种审计类型。正是由于这些政府审计类型的产生，才促进了国家政策方针的及时、准确制定，确保了中国经济的健康稳定发展。

但是随着市场经济不断走向国际化和经济体制的不断深入改革，审计环境也发生了巨大变革。国家对于政府审计的要求越来越高，政府审计的作用也越来越重要。由于经济文化制度等方面的千差万别，各国政府所展开的审计业务类型、审计监督体系也差别很大。与其他国家相比，中国的政府审计业务类型有三种：财务收支审计、绩效审计、合规性与合法性审计。

根据中国的发展阶段和经济状况，形成了符合中国基本国情的独特的国家审计。自从中国恢复重建政府审计以来，其在国家监督和治理上发挥的作用是毋庸置疑的，也受到了越来越多人的接受和认可。政府审计不但成为了国家治理的利器，而且也极大地推动了法治进程。然而中国的政府审计要想持续发挥重大作用，就得时刻了解国家的治理现状。由于不同国家的制度背景差异较为明显，使得中国国家治理体系、治理方式与其他国家出现了或多或少的差异。

中国设立了全国人大、人民政协和党代会。国家治理体系越来越完整、合法、有效，涵盖的范围也越来越广。中国国家治理区别于其他国家，对中国的政府审计也提出了特殊的要求。相关学者从自己独特的角度出发，对中国政府审计提出了不同的见解。例如，邓贤珍认为当前中国对于公共资金的审查还不够全面，仍旧存在盲区和死角，并提出通过建立科学有效的审计计划、对审计查出的问题深入分析、改革创建新的环境下的审计模式三个方面，来达到"审计监督全覆盖"的目标。

薛建峰(2016)认为当前中国处于经济转型的关键时期，"审计监督全覆盖"势在必行。文章指出通过调整审计观念和重点、加强审计队伍考核建设、协调审计工作、提高审计效率、创新审计方法、充实审计内容、充分发挥内部审计的有效补充和延伸作用多个方面来落实"审计全覆盖"。

尹登高(2017)则通过分析中国当前审计资源的整合现状，通过引用案例进行分析，最终给出了完善审计机关资源整合的有效建议。

基于此可以看出，目前的研究从不同的角度和方向对中国政府审计有了一个较为准确的了解，也为以后的研究提供了丰富的理论基础。但在审计全覆盖方面，有关学者对这方面的研究还不够充分，还需继续深入研究；而与之相关的理论基础也比较薄弱，未能充分阐释国家治理和中国的政府审计之间的理论认识。特别是现阶段中国信息技术在飞速进步，如何在充分利用信息技术的基础上，分别从宏观和微观的角度，对中国的政府审计作出较为充分、科学、真实、可靠的理论研究，是我们亟须关注的方面。

1.2.3 中国政府审计未来发展趋势分析

由于中国与其他国家的经济政治文化的差异，进而促使各国的政府审计体系也有所不同。目前来看，中国的政府审计促进了国民经济的安全稳定发展，使得人民群众的经济利益得到了很好的保障，政府审计在促进国家治理方面起到了至关重要的作用。近年来，随着中国的经济的惊人发展，国家对于政府审计的也越来越重视，并且提出了许多符合新时代的目标和要求。总的来说，当前中国政府审计与国外政府审计的差别主要是：国外的政府要求政府审计能够充分收集先关的信息并且给出一个清晰合理的评价；而当前对于中国政府审计的要求，是能够对相关政府部门给予及时、有效的舞弊监督和风险防控。审计机关作为一个重要的国家机关，担负着新时代审计工作的职责和使命。总的来说，现阶段中国审计工作相对于其他国家有以下几个较为独特的特点：

(1) 政府审计目标层次更高。

随着中国经济不断快速发展，为了契合中国各个阶段的奋斗目标和现状，同时为了解决各个阶段所出现的问题，审计目标也要随之改变。从1983年恢复建立之后，国家审计监督制度一直以防范监督的方式来使得中国的经济更稳定地发展，经历了从计划经济体制向市场经济体制的转变过程，使中国的国家政策在经济环境中发挥出更大的作用。由于中国的市场经济体制逐步发展，国家的经济运行需要更加安全的保障，这就需要审计目标更加明确、严格。所以，仅通过考察和解决宏观经济运转问题来促进经济的持续稳定发展是远远不够的，现阶段更需要同时通过宏观和微观两个维度，行使审计的监督评价职能，使经济运行更加高效。

(2) 政府审计重点更加突出。

回顾以前年度的审计实践，我们发现，国家审计工作的重点发展有轻度偏移，在《中华人民共和国宪法》和《中华人民共和国审计法》的约束管理下，由于受到审计监督体系的约束，审计人员力量不充分、知识结构不合理等问题逐渐显现出来，使审计的工作偏向于合法性的目标，促进国家财政收入的稳定，审计监督的真正目标并没有得到落实，监督偷税漏税成了审计的绝大部分工作。不少审计人员只掌握了最底层的审计工作，并没有领悟到审计监督的更高层次的意义。在现阶段下，国家对于审计工作提出更高、更严格的要求，以前只重视合法性审计是远远不够的，要以审计全覆盖为核心理念，通过扩大审计工作范围，在真实性审计的前提下，执行合法性审计，同时也要注重审计工作的效益。通过不断完善审计监督体系，使审计结构更加合理，审计工作更加高效，注重国家财政的内部监督和管理，健全内部控制。因此，我们要以促进国家经济持续稳定发展为核心目标，发挥出高质量、高效率、全面的政府审计监督职能。

(3) 政府审计对象结构发生新变化。

财政支出制度随着经济的发展，也发生了不小的变化，打破了原有的审计对象格局，通过实施一些改革措施，例如国库集中收付、会计核算中心、会计委派制度、政府集中采购制度等，使中国的财政支出得到更好的监督。从宏观上来看，审计对象由以前相对分散化转变为现在相对集中的特点，并且数量上也有显著增加。但是微观视角来看，更应重视审计内容的真实可靠和审计工作方法的合理高效。同时由于经济责任审计处于刚刚发展的阶段，故我们需要重视对其的研究并使其不断完善，以发挥其对社会经济发展的重大作用。

(4) 政府审计的技术方法面临严峻挑战。

为了达到“审计全覆盖”的目标，我们应不断进行审计技术和方法的改进。但是中国审计技术和方法相对于其他国家还处于比较落后的状态，仍然以手工查账方法为主，这就导致国家对于审计目标的要求与现阶段中国审计水平相差甚远。为了弥补审计方法落后的短板，相对于以前的手工查账方法，现阶段审计人员更应该加强对于例如计算机辅助审计、内部控制评价和评审、综合性分析等新兴现代化审计手段的理解和掌握。只有通过不断学习这些方法和手段，才能使审计工作满足中国经济发展不断提出的新要求。现阶段中国国家审计要顺应中国改革开放和社会主义现代化建设新时期的现状，通过借鉴国外的一些较为先进的技术和工作思路，通过坚持解放思想、实事求是、与时俱进、求真务实的思想，不断转变审计工作重心，调整审计监督体系，完善审计监督结构，使审计工作更加适应中国经济发展的新局面。要想真正做到“审计全覆盖”的目标，就必须将审计工作与信息技术手段紧密结合，不断调整审计模式、审计内容，创新审计模式，通过“制度 + 科技”方式，实现有重点、有步骤、有深度、有成效的“审计全覆盖”。

一是实现从分散型审计向行业型或关联行业型审计转变。随着社会经济水平的不断提高，审计工作的重点和结构都要发生重大改变，特别是当今信息技术飞速发展的时代，以往形式上单一的、内容上简单的审计工作将不复存在。未来审计发展的大趋势是要在审计的重要领域，将构成关联的行业或者公司的数据进行横向和纵向的有效串联，然后在将数据进行有效的收集之后，通过使用当前数据分析和数据挖掘等技术手段，最终形成大数据审计。通过“点、线、面”的逐步递进，有效利用数据挖掘，利用多维度去分析问题，挖掘数据之间的隐蔽联系，大大提高审计准确性，为社会经济稳定发展提供有力支持。

二是实现由事后审计向事前、事中审计转变。在以往的审计工作中，绝大多数都是在事项发生之后进行的审计，由于监督不及时，导致很多时候并不能在问题严重发生之前进行有效制止，不利于“审计全覆盖”的有效实施。但是当前随着财政预算编制方法的不断改进，会计信息电算化为审计工作提供了便利，网络化的执行为事前审计和事中审计的开展提供了可能。例如财政预算审计，在这方面审计改革的重点是体现事前审计的财政预算审计和体现事中审计的财政预算执行审计。通过调整预算执行审计方法和结构，降低审计的滞后性，审计时间前移、审计过程增加。只有这样，才能在客观上克服事后审计的缺陷，发挥事前审计和事中审计的特有优势，提高国家财政资金的使用效益和审计监督的及时性，使得审计监督体系更加完善，更加高效。再如经济责任审计，执行任中审计的意义就更加明显。查处腐败分子固然是经济责任审计的职责，但是如果能够建立一套完整的监督预警机制，就能通过不断提高各部门领导人员的管理水平和思想觉悟，最终提高领导干部遵纪守法的自觉性。对于经济责任审计而言，开展任中审计不但能够提高审计人员的主动性，把握审计重点，提高审计工作的时效性，有利于审计各项目之间的资源有效整合，而且也使得审计人员工作分工更明确、更协调，使得离任前审计和离任后审计实现有效接轨。

三是实现由单纯的查账型审计向查账与审计调查、延伸相结合方面转变，注意现代审计方法在实际工作中的普及推广和应用。随着绩效审计的大力重视和全面发展，仅仅使用查账的审计方法无法达到当前的审计目标要求。只有通过查账与实际调查相统一，多角度延伸和集中审计相结合，同时通过有效利用当前的信息化技术手段，才能准确、有效地评价各单位的政绩和效益，全面分析各行业的内部控制完善程度，实现管理水平的有效提高。此外还能对国家相关政策执行效果给予实时准确的分析。所以社会经济的持续发展要求国家审计工作要顺应时代发展要求，要不断更新审计工作内容，创新审计手段，通过大力提升审计数据集中力度，加强对各行业各单位数据的综合对比和潜在关联性分析，提高审计监督的实时性，优化审计工作效率和效果，推进“审计全覆盖”的进程。

1.3 文献综述

1.3.1 国外文献综述

1. 关于政府财政审计全覆盖

相对于中国经济发展来说，许多西方国家经济发展比较早，资本主义制度盛行，因此国家迫切需要对于政府财政收支进行严格监督管理。国外有关学者最初主要是以分权与制衡作为对国家预算审计监督理论的重点研究思想，因此形成了较为成熟的公共财政管理体制，对国家财政收支的有效运行起到了重要的作用。与中国行政型审计模式下的国家审计机构不同的是，国外较为青睐的审计模式有立法型、司法型和独立型审计模式，这三种审计模式相对于中国的行政性审计模式,具有较强的独立性,这也为审计报告的客观公开和审计结果的可信性提供了支持。

McKinney(1922)在《预算控制》这本书中,作者从控制角度,对预算管理体系作了一个详细的、系统的介绍,通过对预算执行审计过程的分析,创新性地提出了预算监督的系统性建设,基于此,预算监督体系也开始逐步发展起来了。从此国外学者从预算执行、预算审计两个角度进行研究。国外学术界通常对于审计的观点主要是,有关财政部门拥有对国家公共资金的控制和使用权,但是一切事物都需要有个度,所以这就需要通过独立的第三方对财政部门进行有效审计和监督,只有这样才能实现公共资源优化配置和使用效率的显著提高。在这个过程中,审计部门就起到监督财政部门使用公共资金使用的作用。通过大量阅读国外有关审计方面的文献并进行整理,笔者发现国外学者对于绩效审计、独立性、审计质量这三个方面的关注较多,研究也较为深入。由于国外学者对预算审计的研究进行得较早,所以在预算审计绩效方面取得了长足的进展。

SSRN(Social Science Research Network)收录的文章表明,如果一个国家对于绩效审计的实践较为成熟,那么该国的学者对于绩效审计相关的研究就更深入、更积极。

John J.Glynn(1996)提出,20 世纪 70、80 年代的社会公共支出危机,促使政府将重心转移到经济资源优化配置,提高其效率性上,其次,促使着传统审计转向绩效审计的真正驱动因素并非需求驱动,而是审计机构本身。绩效审计之所以区别于传统审计,在于主观性质项目的效率和有效性的测量和评价。

John Gross(1995)通过设置审计人员在审计工作的"角色"定位以及审计人员的来源两个指标,来衡量政府审计独立性和审计质量之间的关系,发现审计质量和效率与审计人员的来源并无显著关系。

Steinberg H.I(2000)研究美国国会颁布的《首席财务官法》对联邦政府的财政管理取得的重大成就,发现问责制成为政府实践的重要部分,并且分析总结了影响审计质量的若干因素。经济、政治、审计人员等大环境因素以及专业胜任能力都会对审计质量产生重要影响。

著名学者 R.E.Brown(2004)撰写的《政府绩效审计》自 20 世纪 90 年代引入国内之后,对中国绩效审计的研究起到了积极的促进和引领作用。他认为绩效审计包括"管理经营审计和效果审计",且分析绩效审计的相关问题,不仅对美国绩效审计发展产生了重要影响，同时也为预算执行绩效审计提供了重要的经验证据，并将其用于指导审计实践。国外学者较早针对审计独立性进行研究，国外审计模式和制度为审计独立性提供了强有力的后盾。

Samelson 等(2006)对比分析法、英、德三国的政府审计模式存在的优缺点，表明这些国家在审计独立性上分别存在着各自的问题，究其根本原因是各国政府审计程序的不同导致的。

2. 关于大数据审计

T.M.Persons(2004)认为，随着社会高速发展，科技水平不断提升，信息流通手段日新月异，如何将大数据与审计工作有效结合是时下的主流研究方向，这也是未来审计工作发展的一个必然趋势。尤其以经济发展最快、审计专业化水平最高的美国，更为重视这一问题。

1993 年美国针对网上财务信息披露颁布了《互联网上的财务报告》，在报告中对网上财务信息的审计作出了相关规定，明确了审计师所需验证或者审计的内容，遵循何种审计准则和审计信息传递程序以及财务信息提供者、信息使用者、审计人员三者之间的关系；若财务报表节选与相关审计报告未同整套财务报告一起发布，应当明确财务报表节选这一事实和其来源，以供相关审计部门从网络数据库当中获取，从而实现动态审计。虽说美国审计制度较为完善，但依旧存在某些问题，审计部门仅将联网审计作为信息审计一部分，并未完全将其独立出来。

Zabihollah Rezaee(2005)认为，信息技术的飞快发展和基础设施的不断完善，推动审计工作向着联网审计发展，是必然趋势——此种方式有利于实现审计部门对被审计单位实施实时监控，并提高审计工作的效率。著名咨询公司麦肯锡通过研究调查发现，大数据有利于实现审计工作过程中的资源优化配置，提高各部门的信息传递速度，进而提高审计效率，降低成本。

Kyunghee Yoon 等(2015)，以及 Juan Zhang 等(2007)认为大数据在获取数据方面具有完整性、可靠性、系统性和跨域关联的独特优势，这弥补了传统审计工作的不足，同时又为审计工作的开展提供了可靠的技术保障。

1.3.2　国内文献综述

1. 关于政府财政审计全覆盖

由于中国对于预算执行审计的研究相对于国外起步较晚，且中国使用是行政型国家审计的模式，对于有关政府审计报告并没有实行强制性公开的举措，从而导致中国学者在相关预算执行审计的研究中对数据的可获取性较差，这也给中国学者对于预算执行审计的研究中带来了巨大的障碍。总体来说，中国学者对于预算执行审计的研究主要包括以下几个方面：新预算法发布下中国预算执行审计的现状、不同角度下我国预算执行审计中的突出问题、预算执行审计转型中的瓶颈问题，以及转型对策研究。为了保持预算执行审计的高效运行，必须结合中国国情，对预算执行审计的内容、目标、重心进行不断调整。

2015 年 1 月 1 日，新修订的《中华人民共和国预算法》正式实施。这也是从 1995 年之后对于旧预算法内容上作出的最为重大的调整，这次预算法的修订，对中国学术界产生了重大的影响，许多学者对于这次修订作出了深入的研究。

付杨杨(2016)认为对中国预算绩效改革理论应作出深入的探讨，并通过研究河北省预算改革的实施，指出预算绩效改革实践中突出的问题，且对中国的绩效预算改革给出了有效建议和对策。

徐薇(2015)认为由于受到审计体系的诸多因素的制约，“审计全覆盖”的推进经历了众多的困难，指出要结合审计环境现状，通过对这些影响“审计全覆盖”因素的重点剖析，提出必须加快完善审计相关制度体系，勇于探索，加快审计资源整合。

卜明(2016)则是基于新预算法的执行，肯定了新预算法的修订对国家财政方面的重大作用，强调在今后审计工作中，需要对审计工作重点进行调整，对目标进行重新定位。

曹毓衡(2016)深入探讨了在预算执行审计中最突出的几个问题，并对其原因进行了剖析。文章指出，为保证预算审计工作的高效运行，就必须营造一个合理、协调的审计环境，并不断对预算审计制度进行调整和创新。

有关学者对我国预算执行审计工作实践方面进行了深入研究，并对有关问题提出了合理的解决措施。

吕永丽(2011)主要将相关审计理论与中国具体国情相结合进行深入分析，强调理论与实践的紧密结合，确保中国预算执行审计的系统化研究对于中国预算审计工作的有效实施具有重大实际性意义。

姜思加(2017)则是从宪法的独特角度，对于国家审计的独立性问题进行深入探讨。文章认为我国现行的国家审计在独立性方面还有待加强，要做到真正意义上的独立,必须减少国家相关部门对其的干涉和制约,而最为可取的办法就是将国家审计上升为能够和立法、行政、司法相互制衡的“第四种权利”。郝振平通过分析审计署开展的中央预算审计实际情况,对预算执行审计目标划分成四个层次。

姬永泉(2014)通过分析公共财政体制改革给中国预算执行审计带来的重大有利和不利影响,认为要想解决预算执行审计出现的诸多问题,不仅要处理宏观层面的有关审计环境方面的问题,还要从微观角度,对中国审计工作内部结构进行优化和调整。

王伟兵等人(2017)强调预算执行审计应朝着审计监督全覆盖的方向发展,提高预算管理规范化、透明化,同样对审计转型发挥了重要作用。

段朝晖(2015)认为新预算法的发布,对中国的国家审计产生重大影响,在提高了预算执行审计工作重要性的同时,也给其带来了重大挑战。对于预算执行审计工作的提升,要注重相关体系的完善、审计资源的有效整合和审计思维的转型。

赵早早(2015)认为中央预算执行审计与公共预算之间密不可分、相互促进、相互发展,强调这两者在未来经济发展中缺一不可,要放在同样重要的位置。

薛芬(2012)认为,为适应政府预算的变革和顺应中国经济发展的时代要求,预算执行审计工作要从扩大审计监督范围,健全事前、事中、事后预算审计机制,加强对低层次预算单位审计监督力度三方面入手。

曹守广(2016)指出当前中国预算执行审计中的突出问题是:预算执行审计指导思想落后;预算执行审计制度存在缺陷;执行过程中独立性受限;审计监督防范技术落后。

张巍(2008)则是基于地方审计机关视角,强调预算执行审计在地方审计工作中起到了至关重要的作用。文章从一般到特殊的顺序对地方预算执行审计出现的问题进行了深入的分析,并在此基础上提出了自己的看法和建议。

严香琴(2015)则分析了中国审计体制改革在审计独立性上的相关缺陷,并从独立性角度提出了一些政策上的建议:完善经费保障机制;使地方审计机关拥有真正意义上的独立性;加强审计信息公开;提高审计创新意识。

王祥君(2016)认为决算草案审计与预算执行审计相互衔接、相辅相成,两者的结合是社会经济发展的必然要求,但最终会向本级决算草案审计模式转变。

郑石桥(2012)通过问卷调查的方法,以数据的形式展现了中国运算执行审计在执行中的主要问题:预算制度上自身存在的不合理因素、预算执行审计独立性的干预、审计资源的匮乏、审计技术的落后,文章指出需要从主要问题入手,及时对预算执行审计进行优化。

李沂珂(2016)认为如果审计工作丧失了独立性,审计就无任何意义。文章基于N&P冲突模型对不同主体审计独立性作出详细的比较分析,指出要从完善审计收费制度、培养审计人员职业素养、提高审计人员专业技能等方面来改善不同主体的审计独立性。

吴允(2017)认为政府会计制度的完善对预算执行审计工作提出了更高的要求,通过提高预算执行审计真实性、合法性和完整性,提高审计人员的专业胜任能力,加强预算执行审计与决算草案审计和财务报告审计的关联性,是保障预算执行审计高效运行的重要因素。

刘锡平(2015)指出当前中国审计职业化进程中,出现的三个主要问题为:职业素质不达标;审计准则不完善;审计人员要求不严格。文章提出应强化专业培训,严格招考录用把关,加快准则制定,完善制度保障。

杨馥羽、高珊(2016)认为独立性为国家审计的有效运行提供了重要保障,文章从法律制度、审计范围、审计人员个体角度分别探讨了影响独立性的重要因素。

龙佳新(2016)指出现阶段地方预算执行审计存在的主要问题主要有两个方面:一方面是审计工作定位不准确,而导致审计质量不佳;另一方面是审计人员素质达不到标准。

2. 关于大数据审计

牛艳芳等人(2017)认为大数据时代对审计模式和审计结构的影响巨大,基于《大数据标准白皮书》参考框架,分析我国大数据审计工作内容构成。文章总结指出要将理论与实践紧密结合,学习大数据相关理论固然重要,但是通过大数据审计工作实践探索,才能推动审计工作高效运行。

陈伟等(2017)指出大数据审计将对未来审计工作起到越来越重要的作用,通过分别深入分析当前国外和中国大数据审计理论研究与实际应用情况,对中国大数据审计工作发展给出了独特的见解。

秦荣生(2014)认为大数据、云计算技术的发展,在促进审计工作快速发展的同时,也对审计工作提出了越来越高的要求。文章建议:应尽快完善审计技术方法等方面的法律法规；提前规划好审计工作的长远发展战略；促进大数据审计软件的积极开发；充分将大数据等技术利用到审计工作中。

顾洪菲(2015)认为当前中国学者对于大数据环境下的审计数据研究不够充分，应在审计工作中加强对大数据技术的研究利用。

刘星等人(2016)指出大数据审计是未来审计工作的必经之路，但在推进大数据审计的进程中，存在着各种各样的风险和问题，应尽快完善大数据审计相关法律体系，提高技术创新能力。

1.4 本书研究的主要内容和创新点

本书研究的主要内容和创新点包括以下三个方面。

一是通过分析当前中国审计工作体系的现状与“审计全覆盖”的目标要求，对中国预算执行审计指引了方向。本书首先通过对审计全覆盖相关理论的深入探讨，介绍了“审计全覆盖”的内涵及相关要求，对比国内外对审计模式的选择差异，然后通过分析上海市审计机关为促进“审计全覆盖”进程的快速推进，将“大数据”技术在审计工作中的有效运用的事例，充分验证了“大数据”技术与“审计全覆盖”目标之间的密切关系。在该项事例中主要通过利用“大数据”克服了事后审计的缺陷和不足，为事前审计和事中审计的开展提供了可能。

二是在“审计全覆盖”的目标背景下为预算执行审计转型研究提供了新视角。于2014年国务院文件首次提出审计“全覆盖”的工作意见，距今也只有几年的时间，该目标的实现还需要相关理论的持续研究和不断实践。基于“审计全覆盖”的背景，本书深入分析了预算执行审计现状，以及当前转型过程中遇到的主要问题，并在相关理论的支持下，通过结合实际事例，对预算执行审计转型通过独特性视角给予了有效建议和对策。

三是通过结合案例分析，为预算执行审计工作转型探寻了有效路径。通过对上海审计机关于2016年度开展的预算执行审计工作作为案例，在相关预算执行审计的理论分析基础之上，将中国学者对于审计转型提出的路径进行了实践性验证，并从中将审计转型的可行性路径进行了一个详细的、系统性的总结，为今后中国审计工作转型中所遇到的问题，提供了合理性解决对策。

1.5　本书研究的结构框架路线图

本书的结构图如图 1.1 所示：

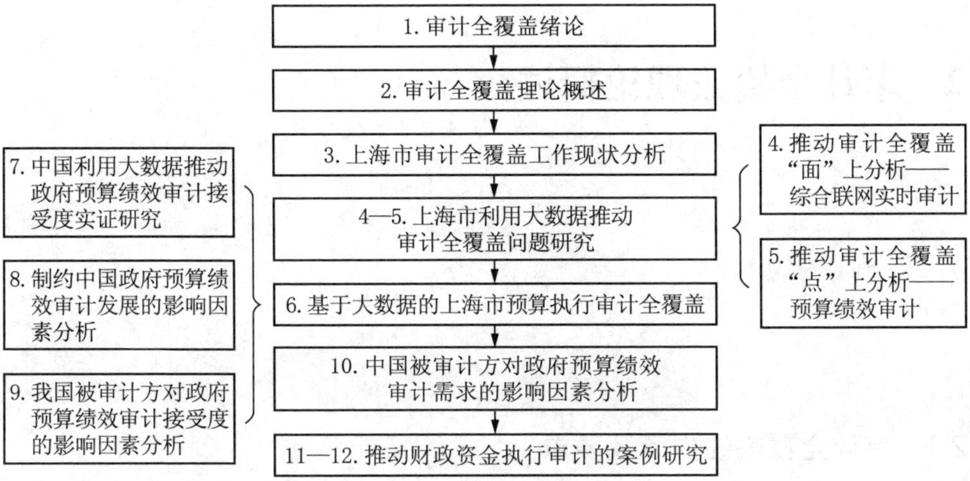

图 1.1　本书结构框架路线图

1.6　本章小结

本章首先阐述了国内外政府审计现状及发展趋势，也对中国政府审计全覆盖工作研究现状作出重点阐述，归纳提出了中国政府审计趋势若干问题，就财政审计全覆盖问题作出了详细文献阐述。该章节重点在于提出本著作的三点创新：一是对比国内外对审计模式的选择差异，然后通过分析上海市审计机关为促进"审计全覆盖"进程的快速推进，将"大数据"技术在审计工作中的有效运用的事例，充分验证了"大数据"技术与"审计全覆盖"目标之间的密切关系。在该项事例中主要通过利用"大数据"，克服了事后审计的缺陷和不足，为事前审计和事中审计的开展提供了可能；二是基于"审计全覆盖"背景，本书深入分析了预算执行审计现状，以及当前转型过程中遇到的主要问题，并在相关理论的支持下，通过结合实际事例，对预算执行审计转型通过独特性视角给予了有效建议和对策；三是以 2016 年度开展的预算执行审计工作为例，在相关预算执行审计的理论分析基础之上，将国内学者对于审计转型提出的路径进行实践性验证，并从中系统地将审计转型的可行性路径进行了一个详细的、系统性的总结。

2　审计全覆盖理论概述

2.1　审计全覆盖的内涵及要求

2.1.1　审计全覆盖的内涵

"审计全覆盖"是一种覆盖范围广、内容丰富、方式多样的审计，即运用理论，结合多种审计方式、方法，将审计计划进行合理、细致的安排。此外，对于国家层面来说，就是要把对涉及公共资金、国有资源和有关领导干部对经济责任的履行情况全部纳入审计范畴。"审计全覆盖"需要将涉及范围内的审计对象包含在内，更需要将审计对象涉及领域中的全部业务全方位覆盖，逐步建立全方位、立体化的动态全覆盖审计监督机制。审计机关要依据实际情况，合理运用科学的方法，将所有审计对象涉及领域、行业、系统的审计制定出统一的方案，经常性审计和经济责任审计方式并行。

利用信息技术手段，提升审计工作的信息化程度，加快审计模式的转型，创新改革新时期审计流程。将大数据运用到审计业务领域的各个方面，组织开展对不同级别、不同行业、不同项目进行实时性的大数据全覆盖审计，通常对市属国有企业"三重一大"等重要事项按照"两年审一次，一次审两年"的频次开展经常性审计，另外对于经济责任审计对象也要实现在五年的时间里对其至少进行一次审计监督。合理组织资源配置，重视不同审计项目中的特点特征，了解其优势和缺陷。针对不同审计项目的重点，选择合适的审计方式，优化配置审计资源和专业力量，完善审计内部运转机制，建立健全的审计管理模式，促进审计全覆盖的目标的快速实现。

（1）公共资金“全覆盖”。

国家各级审计机关要对拥有对国家公共资金的使用权和控制权的各个部门进行严格审计，其中包括对公共资金的收付、公共资金的管理和公共资金的使用等方面进行真实性、有效性、合理性审计，为社会经济稳定发展提供有力支持。同时注意对公共资金进行“审计全覆盖”是一个逐渐的过程，需要依据国家相关法律法规和政策，基于当前经济发展状态，根据公共资金的使用情况，如资金规模、资金重要性、资金使用的效益性等确定审计范围及风险程度，制定准确的审计目标。通过审计内容的多样化，全面化，对需要审计的各类资金、各个部门、各个领域进行重点审计，从而推动“审计全覆盖”。

（2）国有资产“全覆盖”。

国家审计机关要根据国家提出的要求，对国有企事业单位实行严格和全方面的审计。各级审计机关在检查时需要重点对国有企业制度是否完善、有关政策和制度执行是否严格、重大项目决策是否合理、资金运作是否有效等方面进行审计。国有资产审计全覆盖的推进，将有利于实现国家对国有资产监督管理的制度化、标准化，使国有资产的运作情况更加透明化，同时提升国有资产的高效管理，促进国家经济的稳定发展。各级审计机关依据实际情况，结合国有资产的管理现状、资金使用、资本运作等因素，确定国有资产的审计重点，制定合理切实可行的审计计划。

（3）自然资源“全覆盖”。

中国经济快速发展的同时，自然资源保护问题也应高度重视。自然资源资产保护工作贯穿到社会经济发展的各个方面。当前政府审计对自然资源审计起到主导带头作用，相关审计部门应明确自然资源审计类型，针对矿产资源有效开发、水资源有效使用、海洋资源有效保护、大气污染有效防止、土地资源有效利用以及对国有资源保护项目的实施等方面进行审计，明确审计重点，制定适当的审计计划，执行高效的审计工作。实行自然资源审计全覆盖对于推动形成绿色生产方式和生活方式，推动领导干部切实履行自然资源资产管理和生态环境保护责任具有十分重要的意义。

（4）领导干部履行经济责任情况“全覆盖”。

各级审计机关要依法对各级党政机关主要领导干部、各级单位主要领导干部、国有企业法人、国有企业相关领导以及主要负责人履行经济责任情况进行审计。主要检查领导干部是否遵守法律法规，是否贯彻落实党风廉政建设，以及有关个人经济资产纪律情况；是否贯彻执行党和国家的经济方针政策、是否因地制宜配合政策进行相关项目的部署建设情况；对是否符合该地区、各个部门本单位发展规划和政策措施等进行审计，根据各级领导干部履行经济责任中的国有资金规模、项目的重要性、项目难度等因素综合考虑，制定合理且科学的审计计划，将领导干部任中审计和离任审计相结合，目标在于促进领导干部在履行经济责任上履职尽责。

2.1.2 审计全覆盖的要求

为适应中国经济体制的不断深入改革，要求对中国国家审计工作体系、内容、结构作出相应的调整。当前审计环境发生了巨大变革，各级审计机关在国家监督和治理上发挥的作用是毋庸置疑的，但在审计的具体工作中仍旧存在着“盲区”和“死角”，政府审计要想确保中国经济的健康稳定发展，就不得不对审计工作提出更高、更严格的要求。因此，应以“审计全覆盖”为工作重心，加强审计力量，扩大审计范围，创新审计方法，提高审计效率。

（1）“审计全覆盖”应分清审计重点。

“审计全覆盖”与分清审计重点并不冲突，分清审计重点就是要求我们利用有限时间，高效率完成审计工作。具体而言，就是面对不同行业、不同级别和不同领域的被审计单位，应提出不同的审计要求，采取不同的审计方法，选择不同的审计技术，做到真正意义上的“审计全覆盖”。不但要注重审计的广度，更要重视审计深度，做到高效率审计。当审计重点模糊不清时，不仅会耗时耗力，而且会导致审计效果不佳。例如对于地方政府环境审计，应重点关注地方环境保护相关法律的完善程度，对于环境保护方面的资金投入是否合理，对于预算监督是否保持独立性，是否按照相关法律严格执行等。而对于财务收支真实性、合法性的审计，应偏向于绩效审计，即经济审计、效率审计和项目效果审计。

（2）“审计全覆盖”要创新审计模式，扩大审计覆盖范围。

“审计全覆盖”工作已经开展了几年时间，该政策的实施促进了中国审计领域的快速发展，同时由于中国审计技术落后及审计体系不够完善等原因，中国审计工作仍然存在许多审计“盲区”，那些未受到国家审计监督的地方，出现问题的可能性就越大，审计的治理效应就无法很好地发挥。审计全覆盖要求我们在合理的情况下扩大审计范围，尽量消除由于忽视了某些细节而导致审计质量下降的现象。所以，要想“审计全覆盖”目标的快速实现，就必须紧紧围绕工作重心，扩大审计范围，保证审计监督的震慑力。

(3) 利用“大数据”创新审计模式，提高审计工作效率。

现阶段中国审计工作内容逐渐的丰富化，以往形式上单一的、内容上简单的审计工作不再适用当今的经济发展，相比于以往的手工查账的方法，当前对于计算机辅助审计等现代化审计手段更加青睐。因此，应注重审计技术、审计手段的不断创新，通过创新审计模式，实现更有深度的“审计全覆盖”。

2.2 大数据与审计全覆盖之间的关系

审计对数据依赖性很强，因此，像财政资金的使用、关系民生的公共资金、融资公司、政策性投资和社会经济活动中展开的审计，覆盖社保、公积金、部门预算、民营、国企、银行等行业，全要利用大数据。国家审计是一个综合的经济监督管理部门，各级审计机关对于如何利用大数据建立起审计联网系统的体系，实现日常监督，联网跟踪、实时预警监控，开展项目和无项目审计给予了很高的关注。信息科技化的今天，对被审计单位数据进行大集中管理乃大势所趋，像银行、税收、公积金均已实现，数据管理效率高，安全度高。在地方，各大数据管理利用部门和机构，利用自己已经积累和拥有的各项数据，已经形成了市、县一体化数据大集中系统，同时，被审计单位数据的集中化管理也是进行审计大数据管理的重要条件。随着业务的不断开展，问题也越来越复杂，审计的难度在逐渐提高。当前，单一项目审计已难以满足审计需求，因为大多数的审计问题和疑点的排查越来越难，往往需要利用不同行业之间的数据之间的关系，通过新的全方位、多层次化的审计模型来建立新的审计模式。因此，传统的审计作业模式开始由“单兵作战”向“集团作战”进化是很有必要的，也是趋势。首先，在项目审计的过程中，往往需要多个业务团队之间合作进行，审计中的大多数重要步骤像审前准备、审计报告、绩效考核等都依靠各个小团队的协作完成，这样各团队在工作过程中，如果遇到疑难问题需要汇报讨论的，可方便上级进行整体管理，提高管理决策的科学性和正确性，同时提高工作效率。其次，一些统一组织的审计项目，市级审计机关在市、县两级审计人员协作完成的工作成果基础上，制定统一的审计方案，在这期间各级审计机关是一个大整体，接收统一指挥，进行集团作战。为了保证审计信息沟通的及时性，信息能够得到有效共享，上层能够及时掌握审计信息与状况，控制整个审计过程，这就需要我们积极探索扁平化组织的项目审计模式，也需要建立的信息平台提供安全、可靠的信息。

2.3　审计全覆盖的“面”上审计——经常性审计和经济责任审计

2.3.1　经常性审计

经常性审计主要是指通过将财政财务数据、第三方数据、业务数据进行横向、纵向联系，用非现场大数据审计的方式对审计对象的关键事项进行审计。工作以审查重点资金使用、风险隐患和重大投资决策为重心，对审计对象开展专项、跟踪审计或进行调查审计。

一是市级党政机关和事业单位。通过以市级各部门的预算和预算执行的各项财政财务数据、不同的业务数据和第三方为审计材料，借助不同专业的审计团队协作来进行大数据的非现场审计，审计每年都进行一轮覆盖，通过数据比对、对疑点进行现场与非现场核查的方法，对各个单位预算执行的实际情况、专项资金使用实情以及重要事项，如固定资产、银行账户、政策执行、公费使用及“四风”问题等进行全面、系统的审计。

二是区级政府财政决算。在这一级别，通过以市级各部门的预算和预算执行的各项财政财务数据、不同的业务数据和第三方为审计材料，市、区两级审计部门成立跨专业审计团队，利用大数据进行非现场审计，每年覆盖一轮，以不同数据的分析比对来发现疑点，进而进行现场或非现场核查，对重点事项像区级财政预算编制执行、财政资金的收支、公费管理、专项资金的使用、资金转移支付、结余、结转管理情况、国库集中支付等进行严格、全面的审计。

三是市属国有非金融类企业。以“三重一大”事项为重心，每年以 50%的市属企业为审计对象，以企业的重大投资项目、股权转让及各项资产、债务管理、各项担保、资金的经营管理、风险管理等内容为工作重点，每年统一组织审计部门的人员，“两年审一次，一次审两年”，深入开展专项审计和实时跟踪审计。与此同时，借助互联网技术的发展，推进企业集团系统联网，对财务活动的重要内容利用大数据开展非现场审计。另一方面，要快速及时发现疑点，结合现场审计与数据分析进行严格审查，对发现的问题进行及时控制处理并改正，发挥威慑和预警作用，将事前控制的作用最大化。

四是市属国有金融类企业。金融企业关系重大，利用非现场大数据的优势对各项财务事项进行审查，每年审计覆盖一次，对于资金事项、费用支出等事项给予重点关注，及时发现疑点，进行系统全面的现场核查。对于金融类企业核心业务、营运的关键环节、政府各项政策执行和金融风险管理、企业制度、企业文化、内控、大额资金管理、重大事项的处理、资产负债的处置管理等重要内容，每年度至少对一个重大事项进行专项审计核查。

五是重点公共和民生资金。建立相关专业审计团队，积极开展非现场大数据审计，对“七险一金”的财政信息、相关工作业务数据，以及其他第三方数据进行审计，通过利用比较分析、实地核查等审计方法，对各项民生资金进行严格监督，牢牢盯住社会公共资金的收支和使用情况，切实保护好人民群众的根本利益。

六是重大公共投资项目。在“审计全覆盖”的基础上，加强对重大公共投资项目的投资决策管理。结合公共投资项目特点和执行状况有针对性地进行跟踪审计，对重大公共投资项目执行全过程跟踪审计，采用过程审计与后评相结合、综合审计与专项审计相结合的方式。

2.3.2　经济责任审计

当前中国正处于改革发展的关键时期，促进国家治理的现代化进程的推进，对国家审计工作提出更严格的要求：应完善相关制度体系，规范审计程序。在开展经常性审计的同时，要将任前、任中和离任经济责任审计结合在一起，从财政收支审计转向领导干部经济责任审计，在审计全覆盖的基础下突出审计重点，注重审计质量。同时不仅要检查是否违规，还要考察评估对财政资金的使用效率，对“行政不作为”问题严格把控。

2.4　审计全覆盖的“点”上审计——预算执行审计

学术界通常把财政的预算执行审计分为广义和狭义两种。狭义角度指的是以人大批准的预算为根据,审计机关对各个被审计部门的财政收支的真实状况、预算的科学性和资金使用效率和效益进行的评估,以及监督财政资金的获取和利用在执行过程中的情况。而广义的预算执行审计在狭义的预算执行审计外,还包括了对专项资金的监督与对决算的审计等。本书是从广义角度出发进行的讨论。预算执行审计的整个过程,表明在财政监管中审计机关发挥着重要作用。审计部门在执行审计时,将发现的问题及相应的审计意见形成审计报告,这些审计观点在很大意义上体现了政府的意向,从根本上体现了国家审计参与促进国家科学管理。对预算执行的审计和对应级别的权力机构对其的监督是相辅相成的关系。预算执行审计以本级人大授予的额度作为审计依据;另一方面,人大在审查和通过政府决算草案时又会将预算执行审计结果作为其依据。预算执行审计出具的本年度报告又将成为下一年人大进行预算草案的决策依据。预算执行审计的监督作用,有利于各个相关部门按照人大的相关审核和相关规定进行工作,是人大对预算监督的重要方法。因此,在预算审计的执行过程中重点关注的也正是人大对预算进行监督的关键点,具体要做的就是要对财政体制改革相关政策制定进度和执行进度进行实时跟踪审计,对于公共预算超收收入处理的合法性进行审计监督,对于财政资金使用的效益性进行准确评估,以此来支持人大制定、审查预决算草案的科学性。党和政府工作中心是预算执行审计工作开展的依据。从政府工作重心出发,围绕民生等焦点问题,评估预算支出结构,通过绩效审计加强对于专项资金使用、大型投资建设项目的开展的管理,从而全方面、全过程地管控财政运行,以更好地为宏观决策服务。通过实施新预算法,可完善有关预算执行审计的法律法规。但不切实际的预算编制,再加之在地方上的事权与财权的不对称性较为严重,又给预算的执行审计工作带来了困扰,增加了难度。对于这些问题,不管是完善预算法,还是加快修订审计法,都需要及时着手落实。

2.5 预算执行审计转型

转型是指事物的结构形态、运转模型和人们观念的根本性转变过程。转型不是一蹴而就的,其本质就是主体自我追求突破和创新。由发展型政府到服务型政府就是一个典型的转型例子,其转型的原因就是政府对于自我的不断重新认识。建设服务型政府是顺应我国社会经济发展的一项重大举措,能够有效克服当前时代发展过程中遇到的众多问题和弊端，改变运行模式，提高效率。审计转型是指传统审计向现代审计转型。传统的审计工作形式上比较单一、内容上比较简单，而现代审计形式上比较多样化，适用性也很强。现代审计要求的审计范围更广，要覆盖所有的财政资金，其另一个重要特征是注重资金使用的效益性。计算机审计技术的广泛应用是现代审计发展强有力的“催化剂”。传统审计的转型升级，要求审计工作全面地转型和革新，这也是国家审计的自我突破和创新。预算执行审计转型要求各级审计机关从预算执行审计内容出发，根据现有制度和相关法律法规，认清当前审计工作面临的形势和要求，顺应我国社会经济发展的大背景，扩大重点关注对象范围、内容、技术与方法等方面的全面转型。当前政府正加速推动审计范围全覆盖，新预算法的实施为预算执行审计工作提供了制度保障。作为国家优化配置公共资源的重要工具，必须借助当前快速发展的信息技术手段，加大在审计工作的创新和审计思路的转变。传统审计必然会向现代审计转型——这是时代对我们提出的新要求，而跟进时代步伐也是我们面临的新挑战。

2.6 大数据下审计全覆盖相关理论

2.6.1 公共财政理论

公共财政理论主要的研究方向是市场与政府之间作用的关系问题。从源头上讲，英国著名的经济学家亚当·斯密是该方面的先行者，其在《国富论》中主张由市场经济去主导社会资源配置，并不需要政府这双“看得见的手”进行政策干预，这给予市场极大的自主权。由于价格受市场供需关系确定和个体利益最大化的要求，使得市场中资源配置问题也随之解决。大多数学者认为这是公共财政理论诞生的标志。然而，由于经济危机的周期性和不可预测性，使得人们意识到仅凭市场对经济的调节并不能有效处理经济所遇到的全部问题。市场调节的弊端也暴露无遗：其具有的自发性、盲目性、滞后性，阻碍了经济的有效运行。尤其是一些投机者的存在，个体利益最大化单靠市场调节根本无法满足。由此，公共财政理论为解决这一问题便应运而生。公共财政的独特优势有以下几点：

第一，公共财政具有“纠偏性”，能够预防因市场自身局限导致的市场失灵，可以更有效地配置社会资源。

第二，公共财政具有“公平性”，市场调节注重的是社会资源的配置效率，而公共财政在效率的基础上兼顾公平，参与国家层面的二次分配，缩小贫富差距，保障民生，促进社会公平。

第三，公共财政具有“稳定性”，能够保障经济平稳运行。由于社会稳定是经济平稳高速运行的前提，通过提供公共产品，公共财政能够减少社会不稳定因素，保障社会稳定运行，其重要性不言而喻。公共财政的调整虽然能够促进市场经济的有效运行，但是一旦公共财政权力行使不当，也会造成市场经济的波动，因此，国家审计部门应防止权力滥用，避免人为因素导致市场的不稳定。只有预算执行审计监督有效、到位，才能促进公共财政资金使用效益的提高。

2.6.2 受托责任理论

由于所有权与经营权逐渐分离，受托责任观理论开始逐步发展。财产的所有者由于自身能力、时间等方面的约束，导致自己无法有效进行管理经营，这种情况下财产所有者就需要将经营权分配给相关的经营者以进行更好的管理。于是委托与受托的独特关系就逐渐产生了。但是由于在实际情况下，所有者与经营者之间或多或少都存在着信息不对称，为了降低这种委托与受托关系而带来的风险，委托人就不得不对受托人的经营管理进行严格监督。然而财产所有者往往由于自身情况无法亲自对经营者的管理经营进行有效监督，这时就需要从外界寻找独立性相对较强的第三方通过授予其监督权对财产管理者进行全面监督，在中国通常是由国家审计机关作为独立的第三方，对中国国家财政收支进行有效监督管理。

所有权与经营权的分离是审计产生与发展的动因。在当前中国社会主义制度背景下，人大代表人民拥有着国家公共财政的所有权，人大代表授予各地方政府对国家财政资金的管理权。在这种关系中，国家审计机关充当独立的第三方角色、而人民是财产的委托者，政府则充当受托人的角色。国家审计机关的责任就是一方面对国家财政资金收支是否真实合理进行监督、对使用情况是否有效进行有效评估；另一方面，则是定时向人大进行报告并对人大负责。因此，所有权与经营权相分离而产生的受托责任理论，对审计工作的产生起到了至关重要的作用。

2.6.3 审计免疫系统论

人大代表人民掌管公共财政的所有权，同时国家政府在受人大的监督下拥有对国家财政资金的使用权。在委托代理相关理论的思考下，因为在社会经济发展的过程中，国家财政资金需要支持各个方面的建设，让人大对社会建设中的各个方面都进行全面监控是不切合实际的，所以这时就需要通过委托独立的第三方，即国家审计机关对国家财政收支进行全方位监督，因此审计工作就成为了维护国家经济稳定发展的安全卫士。随着我国经济的快速发展，为更好的与当前的经济发展态势相契合，就不得不对审计作出相应的转型。基于此，免疫系统理论随之产生了。

刘家义(2008)认为审计存在的意义就是要促进国家经济稳定发展，保护国家相关利益，促进社会经济的可持续发展。基于仿生学的研究，产生出了审计免疫系统的相关理论，审计就好比一个人的“免疫系统”，如果人的“免疫系统”受到攻击，那么人们的生命安全就不能得到保障，同样，国家的经济发展也需要审计“免疫系统”的保障，通过实时进行审计监督，将那些给经济发展带来不利影响的因素及时消灭掉，当国家的“免疫系统”受到破坏时，社会经济发展就可能很快陷入混乱。因此，根据审计免疫系统理论的分析，国家审计就是国民经济运转的“监视器”，对社会经济的可持续发展起到了促进的作用。通过建立适合中国国情的国家审计体系，使政府审计成为了国家治理的利器，同时也能极大地推动法治进程。

例如，上海市审计机关在 2018 年全年，通过深入贯彻落实党中央的要求，积极开展审计工作和调查项目共 786 个，促进财政增收节支 48.3 亿元，并且向有关部门移送处理事项共 96 件，促进完善了 536 项制度。通过这些数据可以清晰地看出审计“免疫系统”对于维护国家经济发展的重要性，因此，我们应该重视审计的快速转型，提升审计的影响力和威慑力。

2.6.4 大数据的相关理论

大数据技术的产生是继云计算、物联网之后，IT 产业又一次颠覆性的技术变革。正如大家在生活中看到的，大数据渗透在我们生活的各个方面，我们无法摆脱它们，因为它无孔不入。大数据让人们对于生活中一切事物的认识回到本源，当前它对我们的重要性就好比人类初期对于火的依赖。

世界著名未来学家阿尔文·托夫勒于 1980 年在他的作品《第三次浪潮》曾表明信息化阶段将给我们带来新生和转机，他的观念对当今社会思潮有着较为深刻的影响。

2008 年维克托·迈尔舍恩伯格和肯尼斯·库克耶在《大数据时代》中最先提出了大数据理论。当前计算机和手机的普及，加上复杂算法和相关存储信息能力的不断提升，存储的数据总量呈线性增长，在当今的信息时代，掌握数据信息就意味着掌握着金钱、掌握着机遇："得数据者得天下"。

欧盟分别于2011年和2013年建立了开放数据门户 PublicData.eu 和"欧盟开放数据门户"（European Union Open Data Portal，ODP），并且在2015年开启了"欧洲数据门户"（European Data Portal，EDP）的测试版。

在美国，时任总统奥巴马于2013年3月在白宫网站发布《大数据研究和发展倡议》并宣布，投入超过2亿美元的资金，用以提升数据信息的获取和分析能力。

而日本也在2010年发布了《信息通信技术新战略》，并在此基础上于2012年发布"活跃 ICT 日本"新综合战略，将信息处理技术的创新作为本次战略的重点。

由此可以看出世界各国对大数据的重视程度越来越深，越来越多的行业或多或少都会受到大数据发展的影响，政府审计也不例外。

所以基于此，本书试图通过分析大数据审计的发展过程中的问题所在，并使得政府审计能够更好地适应大数据带来的冲击。

当前在大数据快速发展的时代下，总的来说，大数据的四个基本特点是：数据规模大（volume）；数据种类繁多（variety）；数据创建和移动速度快（velocity）；数据价值密度较低（value）。

第一，数据规模大。从"大数据"的名字中也可以看到一个"大"字，随着时间的推移，数据涉及的区域不断扩大，数据信息类型不断增加，从而导致数据规模增长迅速。最近几年的数据量，比之前年度数据的总和还要多很多。

第二，数据种类繁多。为了准确描述不同对象的各种复杂行为，通过单一种类的数据是无法实现的，这就需要数据的多元化，通过不同渠道来获取不同种类的数据，例如各种各样的语言、视频、音频、地理信息，同时还包括许多非结构化数据。任何形式数据都会产生价值，当然价值的大小也取决于人们对数据的处理分析能力。

第三，数据创建和移动速度快。数据的产生非常迅速，通常是通过互联网进行数据传输的，数据具有一定的时效性，是随着时间和空间不停变化的。1秒定律告诉我们，各种类型的数据获得的速度越高，则其中的价值就越高。数据无时无刻不在产生，速度快的一方会获得极大的竞争优势。

第四，数据价值密度较低。数据的价值性是数据产生的原因，价值性也是大数据的最重要的特点。尽管大数据的数据规模很大，但其中含有有效信息的却很少，且信息的真实性也需要具有数据分析能力较高的人进行严格鉴别。得到了大规模数据之后,如何将有价值的信息进行有效挖掘并进行深度分析,是当前我们需要考虑的重点。所以,随着大数据时代的不断推进,审计信息化水平的不断提升,对于审计快速转型和审计工作的高效运行都具有深远意义。

2.6.5 联网实时审计相关理论

当今社会,作为国家社会经济发展的稳定器,数据信息对于审计工作的开展越来越重要;随着时间的推移,数据规模以惊人的速度增长。因此,如何精准、高效率、快捷地将这些海量数据进行深度挖掘和深入分析并探索出潜在价值,将这些数据发挥出更大作用,是当前审计部门思考的主要方向。

传统审计工作方法受到限制,大多情况下仅仅通过抽查纸质材料的方式对被审计单位进行审计监督,这种方法需要审计人员具备较高的综合能力,根据不同的审计人员进行审计,往往审计结果有所不同,所以对于审计的准确性、科学性和客观性存在较大缺陷。随着中国信息技术的快速发展,国家对于政府审计也越来越重视,并且提出了越来越高的要求和目标。为使审计工作更加适应中国经济发展的新局面,贯彻落实"审计全覆盖"目标,就必须加快推进联网实时审计。联网实时审计对于审计工作的冲击涉及各个方面,应通过联网实时审计,利用各种大数据技术,对非结构化数据进行深度挖掘和分析,借助特殊审计分析技术有效、及时、全方位地对审计风险进行评估,方便快捷地获取审计证据,高效精准地整合审计资源,充分发挥联网实施审计的特有优势,促进审计工作的高效运行,同时也实现由"单一审计"向"大数据审计"的完美转变。在这种背景下,作为当前必不可少的一种审计方式,世界各国都对这种联网审计模式高度重视。

中国实施联网审计,是中国审计适应新时代中国特色社会主义发展规律,推进审计工作高效运行的内在要求。目前中国在很多方面均跻身世界前列,如数据挖掘、联网审计制度建设、审计模式开发等。

2004 年中科院相关组织对由国家审计署发布实施的《联网审计技术研究与应用》进行了可行性分析探索,这一活动的开展,促进了中国联网审计工作的快速发展。联网审计于 2006 年正式开展,为促进现代化审计技术方法的规范、创新和利用,加强审计力度,提高审计质量,国家审计署建立了国家审计信息系统。

从 2008 年开始,国家各省市积极规划"金审"工程二期的可行性研究报告,大多数都得到了审计署的批复。

从2010年到2013年，审计署又继续开展“金审”工程三期的探索工作，其中重点建设内容是审计指挥中心、联网审计体统和数据分析系统的完善工作。经过多年的努力，联网审计已逐渐成为当今审计工作的重要方式和工作重心，对国家审计工作的持续有效开展起到至关重要的作用。

所谓联网实时审计，就是将审计机关与被审计单位进行网络互联之后，审计机关通过互联网快速获取被审计单位的财务和管理数据等相关信息，利用信息技术手段对数据进行全面的总结和分析，判断被审计单位财政收支是否合法，财政分配是否合理，财政使用是否有效。联网实时审计是当前中国审计工作的一大创新，联网实时审计相对于传统的审计方式，有着较为突出的优势，通过在网络上应用远程决策、远程网络和新技术来收集和分析审计数据、管理审计项目、交流审计意见和决策领导。与现场审计相比，联网实时审计可以通过远程监控获取被审计对象的监控数据，实现动态监控和实时监控。此外，联网审计实现了审计人员与审计资料的分离，审计工作人员可以通过网络随时随地获取被审计单位的相关信息，甚至还能做到对多个被审计对象同时开展审计，促进了审计工作的高效运行。

2.7 本章小结

本章论述了审计全覆盖的内涵及要求，以审计全覆盖的“面”上审计为线，论述了大数据与审计全覆盖之间的关系；以全覆盖下的“点”上审计为点，论述预算执行审计的相关问题；本章的重点是预算执行审计转型的阐述问题，涉及的基础理论是公共财政理论、受托责任理论、审计免疫系统论、大数据的相关理论等有关理论。

我们指出应以“审计全覆盖”作为工作重心，加强审计力量、扩大审计范围、创新审计方法、提高审计效率。当今社会，作为国家社会经济发展的稳定器，数据信息对于审计工作的开展越来越重要，随着时间的推移，数据规模以惊人的速度增长着。如何精准、高效率、快捷地将这些海量数据进行深度挖掘和深入分析，探索出其潜在价值，将这些数据发挥出更大作用，是当前审计部门思考的主要方向。

3　上海市审计全覆盖工作现状分析

3.1　上海市审计全覆盖的范围和工作思路

3.1.1　上海市审计全覆盖的范围

（1）市级预算单位，主要包括了市级党政机关以及事业单位等多个一级预算单位和直属单位；（2）区人民政府，负责各区政府的财政决算；（3）市属国有非金融类企业，共计有45户企业及其下属单位接受国资委的重点监管；（4）市属国有金融类企业，市国资委监管对象主要有：保险、信托、市属银行等8户地方金融企业；（5）重点公共和民生资金，主要包括了城乡医疗、城乡养老、职工养老以及工伤保险、失业险等7项社会保险金，以下将这些内容统称为"七险一金"；（6）重大公共投资项目，基于发改委的建设策略负责动态投资计划的调整；（7）领导干部经济责任审计，市审计局经济责任的审计范围中，共计拥有350个预算单位，市管党政领导干部以及国有企业领导人员共计477位。

3.1.2　上海市审计全覆盖的工作思路

统筹运用经济责任审计和经常性审计两种方式，对重点审计单位、审计项目以及资金进行全方位多角度的审计。在完善机制的同时，实现理念的创新；在突出重点的同时，拓宽审计视野；针对于重点领域，利用不同的组织形式和不同的频率，执行最长"两年覆盖一次"的制度，对于所有的单位执行"每年覆盖一次"的制度。相比于经济责任审计来说，经常性审计在短期内的覆盖性以及审计的频率要更高，经济审计在审计周期以及审计深度方面有较为明显的优势，这两种方式的结合实现了短期和长期审计方式的充分应用，二者的互补为审计全覆盖工作起到了极大的推动作用。因此，这两种方式作用的充分发挥，对于国家的治理而言，所起到的作用是极其重要的。上海市审计全覆盖的最重要任务是利用微现场大数据的审计方式对市级党政机关以及事业单位的执行预算和各区人民政府的财政决算进行"每年审计覆盖"。采用现场审计方式的审计对象，有市属国有非金融类企业、经济责任审计对象、其他项目投资，其中市属国有非境内企业两年审计一次，一次审计两年，经济责任审计在5年内覆盖一次，其他项目投资则在其周期内进行审计，每个周期进行一次审计；采用专项事项审计调查方案的审计对象有市属国有金融类企业的关键环节以及核心业务，每年审计一次；采用非现场大数据审计方式的审计对象，有对"七险一金"的运用，每年审计一次；利用非现场数据和现场审计相结合方式进行审计的对象是能够进行联网的重大公共投资项目，每年审计一次。

3.2 创新审计全覆盖方法——开展联网审计模式

开展联网审计模式有利于创新审计全覆盖方法。

首先，联网实时审计符合审计全覆盖总体目标。上海市审计全覆盖的最终目标是：将"业务跟踪 + 联网核查"创新性审计模式应用到需要经常性进行审计的行业中，比如社保、海关、财政、金融等对国计民生有重要影响的行业。主动地利用数据的动态变化特征，要积极地对现有的"事后审计"模式作出改变，打破传统审计中距离的限制，实现对被审计对象的远程实时监控，健全审计的流程，做好"事前审计"和"事中审计"，解决传统审计覆盖面较小的问题，创新审计的方式，利用现代化的信息技术，让审计的手段得到提升。联网实时审计系统充分满足了现代化远程审计以及实时审计的要求，还为我国审计事业的全覆盖发展提供了动力。

其次，联网实时审计是实现"免疫系统"的最佳实践。国家经济是否健康运行取决于国家审计水平的高低，国家审计的最终目的是为了在经济运行过程中充分发挥审计的预防揭示的作用，从而正常运行"对外抵抗系统"，在国家审计的保护下，国家经济对国家的安全作出进一步的维护。从本质上来说，国家审计可以被当作国家经济将会获得更健康的成长。但是在近几年的发展过程中，随着经济变化形势日新月异以及“大数据”等一系列新兴技术的出现，传统审计模式的弊端日益凸显。因此，审计模式的创新以及大数据技术的应用，对中国审计的发展来说，所起到的作用就显得极为重要。各级审计机关要主动的对“大数据”进行尝试，基于审计对象所处行业的不同，建立起来针对于不同审计对象的数据库，在全面完善基础工作的同时，实现各级审计单位的审计信息交互，选择合适的指标，建立预警分析机制，作好相关指标异常情况的全面掌握；坚决做好早发现、早提醒以及早纠正的“三早”，让审计机关的作用得到更加充分的发挥。

再次，联网实时审计是“大数据”时代的必然要求。随着管理数字化以及会计电算化进程的不断加快，从 20 世纪 90 年代开始，审计事业的各个方面都出现了较大的变化。如重点从原先的财务数据开始向公共信息转移；资料也从纸质账本逐渐转换为电子数据；在相关技术水平不断提升的环境背景下，跨行业以及跨部门系统平台的数目不断增多，审计工作对象数据的存储，也由原先的分散存储变为集中存储；根据数据类型的多样化发展以及审计工作所需要基础数据范围的不断扩大，证明国家经济对于审计数据的需求出现了大幅增长，因此基于联网审计系统的审计技术的优化以及水平的提升，对于审计事业的长足发展来说就显得极为重要。

最后，联网实时审计是为政府提供宏观决策科学依据的基础。统计分析方法的多样化发展以及数据挖掘层次的进一步深入，让经济社会运行规律变得更加直观。在跨平台财政财务业务数据数量不断增加的环境背景下，能够对数据进行更加直观分析的宏观经济分析模型就显得尤为重要，海量数据的关联分析以及经济运行状况的全面掌握和公共资金的管理、监督，都可以通过联网实时审计系统实现，因此可以将联网审计系统当作是政府科学决策的最重要依据。

3.2.1 搭建联网审计平台

联网审计平台的搭建需要上海市电子政务网的支持，在电子政务网的依托下，利用其丰富的宽带网络资源实现审计者和被审计者之间的联网；对于无法获得其网络资源的，则可以利用租用公用平台的方式实现网络的通讯以及审计的联网。联网审计系统的对象是全市的被审计单位，所以其技术体系采用了基于全社会服务思想的 B/S 架构；在客户端上进行运行的过程中，该系统支持负载均衡技术，可对审计单位的数据进行实时采集，在海量数据分析以及数据仓库技术的支撑下，实现被审计对象数据的有效集成，帮助审计单位从多角度多层次对被审计者进行审计。同时在强大数据挖掘能力以及报告数据集中水平的帮助下，各级审计单位的审计工作便更加全面。审计工作中所获得的所有数据均存储在市审计局的数据库中，基于该数据库所建立的审计信息交流平台，实现了省级和市级审计机关资源的高度共享。“审计数据中心”“联网实施审计中心”“审计监督指挥中心”以及综合管理平台的建设，构造了系统化的神经体系，通过各平台组件功能的充分调用和审计管理系统以及现场审计实施系统的交互，统计信息的共享水平得到了大幅提高。

联网实时审计的展开需要各部门审计人员的协同配合。利用多种审计方式相结合的形式和审计预警系统的预警作用，对与国计民生有较为重要关系的重点审计单位和审计部门实施审计，不仅能及时发现经济领域的违法违规问题，还能够在审计监督关口前移的帮助下，实现审计成本的进一步降低。

图 3.1 所示为联网审计流程总体框架图：

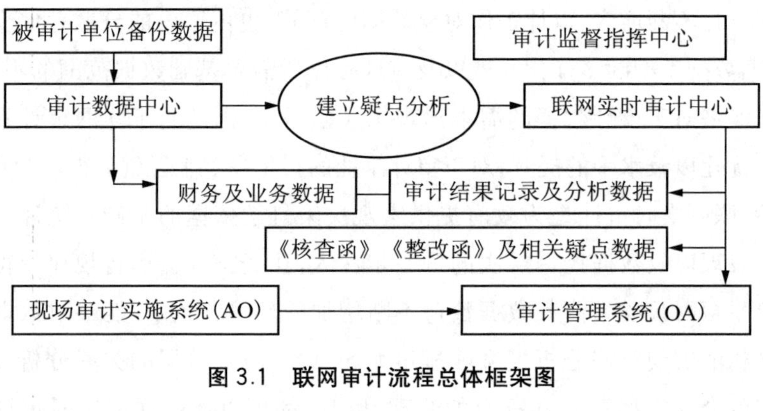

图 3.1　联网审计流程总体框架图

3.2.2　联网审计流程设计

1. 设计原则

一是实时化：主要内容为审计关口的前移，以此改变以往工作的过程中几年审计一次或一次审计时间较长的现状。通过实时数据或样式数据的采集转换和存储，实现审计预算的实时分析。

二是常态化：改变原有的审计方式，日常审计代替项目审计，确保审计过程中的疑点以及审计之后存在问题的内容可获得及时的整改。

三是立体化：将上海市审计局作为原点，连接各区县审计机关，基于此建立完整体系。

四是智能化：利用自动化的方式以及审计工作经验的积累对审计系统本身作出进一步的优化。

2. 数据处理流程设计

一是总体描述。市级和区级审计机关的业务数据以及所管辖范围内的财务数据，是审计数据中心的主要数据来源，该数据为审计监督指挥中心的创建以及实时联网审计中心的数据提供了极大的支持。市级和区级审计机关在收集到财务数据以及业务数据之后，首先会将数据录入备份服务器，备份服务器中的单刀双掷网络开关会定期地将备份数据传递至审计机关的前置服务器中；备份数据会在政务网的依托下实现进一步的加密，然后在前置服务器 VPN 加密隧道的作用下定期被传输至审计机关 ETL 服务器，该服务器主要负责被审计单位所有数据的清理转换以及验证，完成这些操作之后，数据会以原始备份数据原始表数据以及审计标准表数据三种形式被储存在数据中心中。这里还要特别注意的是，区级审计机关在搜集到数据之后，首先会将数据以备份文件的形式存放在本地的服务器中，市一级的审计机关对数据进行抓取时可以直接从区级服务机关审计服务器中抓取，抓取数据之后，按照上述步骤进行上传，所有数据最终都会被分类储存在上海市审计数据储存中心中。

具体流程图如下图 3.2 所示：

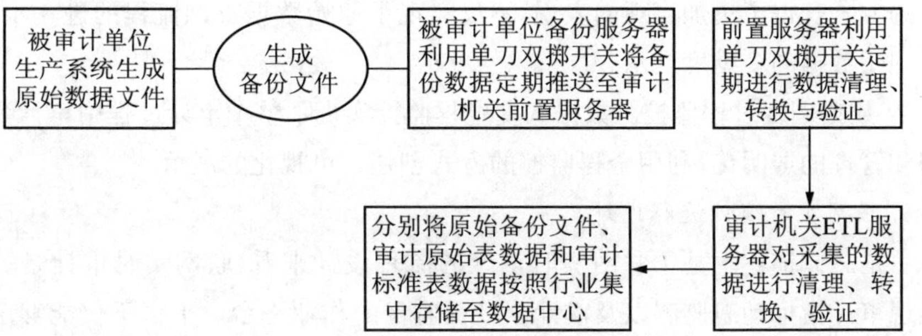

图 3.2 数据处理流程图

二是主要环节。主要包括七个方面的工作任务。

① 前置数据采集。对于审计工作来说，数据的采集是极其重要的，如果想要进一步落实联网审计工作，就必须要做好前期的数据采集工作。在进行数据采集时，一定要严格的按照审计机关的相关要求和规定，将采集到的数据全部存放于备份数据库中，并且要实现审计单位的备份服务器和审计机关前置服务器之间的连接，保证审计单位前置服务器能够自动抓取备份数据库中所储存的备份文件。

② 数据传输。审计单位的前置服务器和备份服务器之间利用单刀双掷开关相连，除此之外，单刀双掷开关还连接了审计机关ETL服务器和前置机。统一的传输方式可实现数据的统一传输。

③ 数据转换和清理。由于在审计过程中所采集到的数据类型和数据格式可能会存在不同，如果不进行数据的统一，那么就很有可能出现审计单位随意更改数据的现象，为了进一步保证数据的真实性，并且对审计工作的公平和公正作出进一步的维护，审计机关会将采集到的所有数据按照审计系统的逻辑做出转换和清理，确保了导入到审计标准表中的所有数据类型以及格式上的统一。

④ 数据验证。审计单位在进行数据收集的过程中，还要对被审计单位所提供的数据进行验证。数据验证的最主要作用是为了保证数据的完整性和准确性，在验证的过程中，不同审计单位的数据会被输入已经设置好标准的验证程序或是模板，联网实时审计系统会对输入的数据作出逐一验证。

⑤ 数据存储。按照行业的不同，对采集到的审计标准表数据原始备份文件以及审计原始表数据进行分类存储。其中包括了商业银行审计数据库、公积金审计数据库、社保审计数据库、专项资金审计数据库、部门预算执行审计数据库。跨行业跨部门审计数据库的为行业数据对比分析提供了基础。

⑥ 信息资源目录服务。审计标准表数据、备份文件以及审计原始表数据利用目录的方式获得了更加直观的表现，不仅实现了原始数据查询流程的进一步简化，还实现了数据的多维度展示。

⑦ 数据调度过程监控。数据调度过程监控实现了整个审计过程中审计数据的处理和管理的透明化，利用全程监控的方式创建了可视化的展示。

3. 联网实时审计流程设计

一是总体描述。基于联网实时审计的流程设计来看，联网实时审计是一个能够实现审计指标动态监测以及审计全过程监督的作业平台。平台不仅能够解决审计过程中的逻辑问题，还能够及时生成预警指标的分析报告，让审计人员的审计工作变得更加全面，同时在一定程度上还有效降低了审计的风险。联网实时审计的具体流程为：针对被审计对象的特征以及行业的分类建立起符合该审计对象的分析模型，然后对模型在运行之后所产生的结果进行记录。如果模型运行过程中存在疑点，那么审计人员则需要对疑点作出进一步的落实，并且将其反馈至联网实施审计中心中。审计结果的实时更新以及审计疑点的及时落实和反馈，保证了审计中心所存储的各项结果的实时性和有效性，利用业务闭环的方式打造了全过程的审计监督。图3.3所示内容为联网实施审计的具体流程：

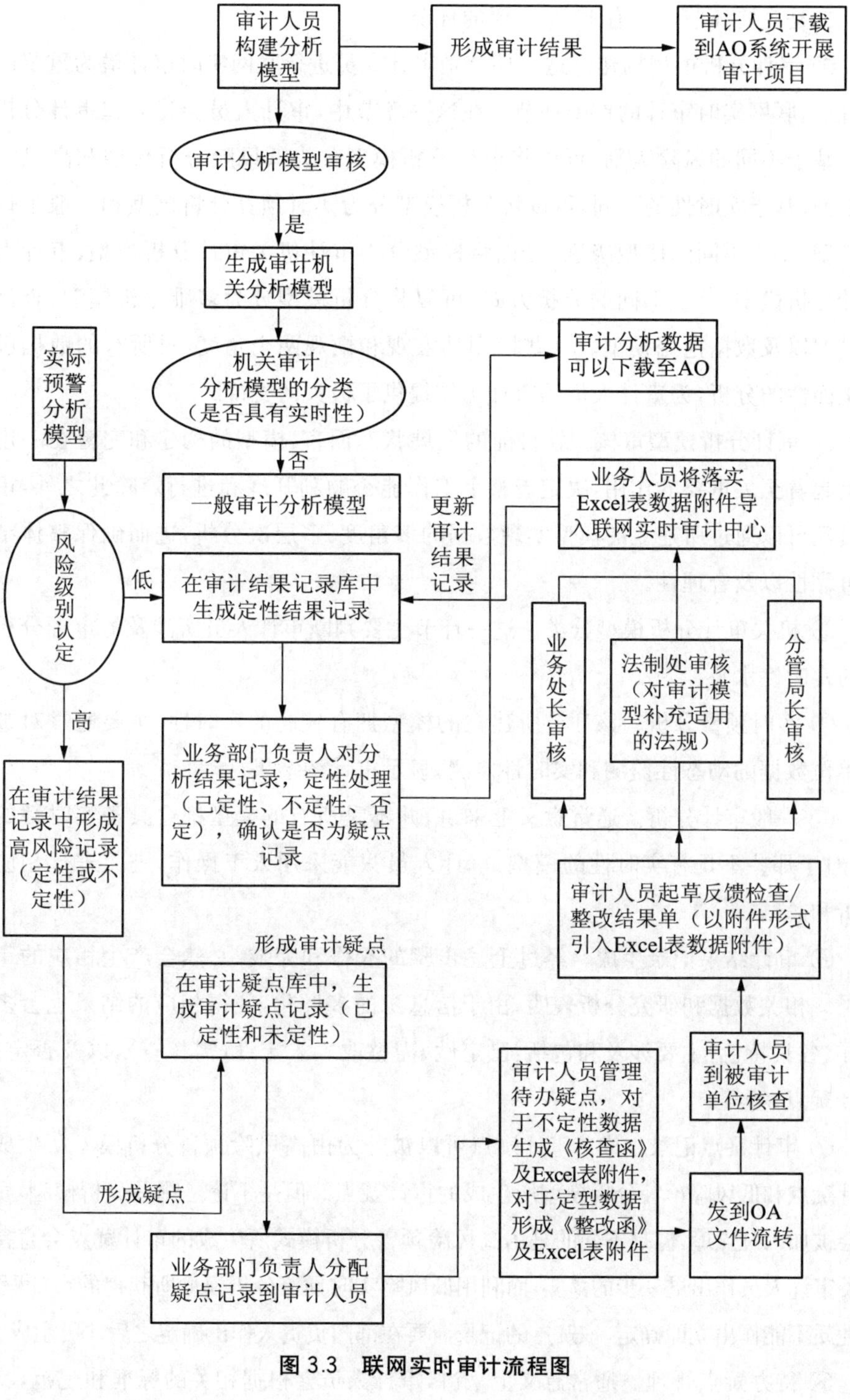

图 3.3 联网实时审计流程图

二是主要环节。共有 12 个主要的环节。

① 审计分析模型构建。这一环节是审计人员进行联网实时审计最为重要的环节,也是联网实时审计的首个环节。在这一环节中,审计人员会建立起审计分析模型。基于不同的风险级别,可以将审计分析模型分为低风险分析模型和高风险分析模型;基于实时性的不同,可以将分析模型分为实时预算分析模型和一般审计分析模型;基于不同的模型级别,可以将模型分为审计机关审计分析模型、审计人员审计分析模型;基于不同的分析方式,可以将分析模型分为多维分析模型、查询分析模型以及数据挖掘模型。这些模型从宏观和微观两个角度,对所有的数据进行了全面性的分析,为审计人员的审计工作提供了极大的支持。

② 审计分析模型审核。就目前的发展状态而言,模型的构建和完善在一定程度上起着至关重要的作用,决定着整个工作能否顺利开展和进行。除此之外,审计人员还可以通过所建立的模型实现数据的多角度、多层次分析,进而确保整体结果的可靠性以及合理性。

③ 机关审计分析模型分类。这一环节主要判断审计人员所涉及的审计分析模型的实时性水平。

④ 实时预警分析。该环节所建立的模型拥有较高的实时性,主要通过对被审计单位数据的动态性监测和实时性监测,显示审计的结果。

⑤ 一般审计分析。通常意义上来讲,并不是所有的模型都会具备实时性的优势,对于那些不具有实时性的模型,审计人员只能采用人工操作,进而进行相应的分析和总结。

⑥ 审计结果记录生成。经过上述步骤的操作和完成,必然会产生相应的审计结果。相关数据和研究分析表明,由于信息源的多样化,使得相应的结果也会多种多样、各具特色,主要涉及和包括:已定性(需整改)、未定性(需核查),以及否定(非审计疑点)等等。

⑦ 审计疑点记录生成。审计疑点可以被分为由高风险预警分析模型所生成的审计疑点和低风险预警分析模型所生成的审计疑点。但是不论是哪种分析模型,疑点都会被加入疑点库,但是不同的是由高风险预警分析模式所生成的审计疑点会直接由相关审计人员作出进一步的落实,而利用低风险实时预警分析模型所获得的审计疑点,其性质不能作出立即确定,该疑点的记录需要在部门负责人作出确定之后才可生成。

⑧ 待办疑点管理。通常意义上来讲,审计人员会根据相关的标准和规范,将那

些存在疑点的信息和数据挑选出来，并利用 Excel 以及《联网实时审计疑点核查函》对其进行相应的汇总。

⑨ 审计结果反馈。在上述步骤完成之后，业务人员则会根据相应的标准和规范，起草相关的《反馈核查/整改结果单》，并将其传递至相应的部门，以便于下一步操作的顺利开展和进行。

⑩ 审计结果记录更新。对已经落实的疑点 Excel 表数据附件，工作人员需要将其导入联网实时审计中心，对审计中心所记录的结果作出更新。

⑪ 与 OA 业务协同。据相关调查和研究分析发现，OA 的存在对于整个工作的开展起着至关重要的作用，可以将上述过程中产生的《联网实时审计疑点整改建议函》以及《联网实时审计疑点核查函》进行及时的传递，以保证相关工作的顺利进行，进而提升整体的工作效率。

⑫ 与 AO 业务协同。相关数据和分析发现，AO 与 OA 所发挥的作用又截然不同，前者其主要可以进行相关审计数据的查阅和审核，对比标准数据和原始数据之间存在的显著差异。

4. 审计监督指挥流程设计

一是总体描述。审计机关的领导在审计监督指挥中心的帮助下对整个审计过程作出了更加全面的掌握。从本质上来说，审计监督中心的最主要功能就是为决策者的决策提供指导。其具体过程为：建立指挥专题交由领导交办，领导需要对指挥专题的情况作出定期的查看，业务部门的负责人需要基于领导提出的需求，制定监督预案，然后将该预案提交至领导会议进行商讨，会议结束之后，领导下达指令并对对该预案的实际进度作出追踪审计。

具体流程图如下图 3.4 所示：

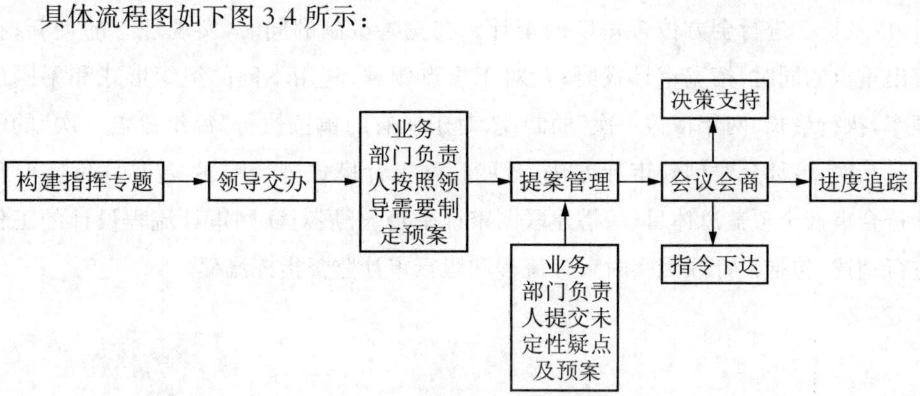

图 3.4 审计监督指挥流程图

二是主要环节。主要有七个方面：

① 指挥专题构建。对于环节中所建立的指挥模型，为领导的审计工作提供了一定的支持。该模型是由系统的管理人员基于实际的审计需求所建立的，能够进行多维分析的自定义指挥模型。其中主要包括了审计项目信息、评级统计信息宏观经济信息等多个主题。

② 领导交办。领导会对上一环节指挥专题构建的具体内容作出检查，然后基于不同的指挥专题确定不同的审计问题，并且选择相对应的部门完成审计任务。

③ 提案管理。结束上述两个环节之后，业务部门的领导人需要基于联网实时审计中心的未定性业务和疑点进行预案的编制，编制完成之后，预案交由领导进行指导。

④ 会商功能。领导会议会对指挥专题的预案以及现有的提案作出会商，在会商结束之后，会形成相对应的会议记录。

⑤ 指令下达。基于领导会议的结果，向各部门的负责人下达指令。

⑥ 进度追踪。领导需要对指令下达之后的办理过程进行跟踪。

⑦ 决策支持。指挥中心需要对已经落实的结果进行积累，然后将落实过程中的经验进行总结，建立起决策经验库，为领导的决策提供支持。

3.3　本章小结

本章的主要内容包括两个方面。首先阐述了上海市审计全覆盖的范围和工作思路，统筹运用了经济责任审计和经常性审计两种方式，对重点审计单位、审计项目，以及资金进行全方位多角度的审计。在完善机制的同时，实现理念的创新；在突出重点的同时，拓宽审计视野；针对于重点领域，利用不同的组织形式和不同的频率，执行最长“两年覆盖一次”的制度，对于所有的单位执行“每年覆盖一次”的制度。其次，该部分对创新审计方法、开展联网审计模式进行阐述，包括联网实时审计符合审计全覆盖总体目标、搭建联网审计平台、开展对联网审计流程设计的工作进行阐述，包括设计联网实时审计流程和履行审计监督指挥流程。

4　上海市利用大数据推动审计全覆盖“面”上分析——综合联网实时审计

4.1　上海市审计全覆盖联网实时审计模式研究

4.1.1　上海市审计全覆盖联网实时审计的定义及基本特征

审计机关和财政部门在互联网的依托下，在双方信息和数据实时交换的环境中所形成的审计被称为财政联网实时审计。财政联网实时审计在对财政部门进行审计的过程中利用了“一张网”系统，该系统能够实现数据的自动化转换以及疑点的管理，不仅能对市级财政部门的预算指标情况和国库集中支付情况作出充分的反应，还能利用数据库数据的记录以及数据的实时更新对政府项目建设和会计核算的全过程作出全程的跟踪和监督。联网审计不仅有效扩大了审计的范围，还从根本上提高了审计的效率。财政联网审计利用大数据和高新技术的支持，实现了数据在平台中的性质转化，不仅为财政审计工作带来了新的发展方向，还让财政审计工作的现代化建设得到了进一步的发展。财政联网实时审计的特征如下：

(1) 实现实时、批量的数据采集与分析。

作为一种现代化的实时审计方式，与其他审计方式相比，该种方式最为突出的特点在于，审计过程中审计人员可以直接抓取被审计单位的数据。同时在关联数据库的帮助下，审计部门的数据收集变得更加高效。审计系统业务模型的嵌入实现了大批量数据的整理和筛选，实现了真正意义上的常态化监督。

（2）通过跨系统关联数据对比，实现横向到边纵向到底，全过程跟踪监管。

为审计人员提供了便捷的数据对比平台，审计人员可以利用联网实时审计的数据平台完成同类问题的横向比较，在一定程度上拓宽了问题分析的渠道。

（3）实现财政立项审计、财政无项目审计与财政实时监督三位一体审计方式。

三位一体的审计方式打破了传统审计方式以财务收支作为主要核心的模式，同时三位一体的审计方式还进一步增大了审计的覆盖面，在实时更新以及及时反馈机制的作用下，审计人员可以对整个审计工作进行全程的跟踪，保证审计工作的完整性和有效性，审计项目的主体变得更加明确，各单位的共性问题也变得更加清晰。

4.1.2　上海市审计全覆盖联网实时审计工作模式应用

财政联网实施监督机制的创立，不仅能进一步加大财政审计监督的覆盖面，还能够有效实现审计关口的前移，其具体的工作模式有以下几种。

（1）坚持实时、有效原则，构建财政联网实时审计新模式。

这种模式是一种结合了"制度＋科技"方法的模式。与其他模式相比，该模式实现了财政数据的融合，不仅对数据之间的关联关系作出了深层次的挖掘，还在批量审计以及交叉对比的过程中，实现了审计关口的前移，做到了真正意义上的实时性监督和有效性预防。

一是组建数据分析团队。数据分析团队的组建对于审计数据分析的作用是极其重要的，数据分析团队主要负责大批量项目数据的综合性分析以及跨行业和跨部门复杂数据结构的分析，该团队由技术骨干人员和项目组组长组成。

二是业务部门数据分析。在进行业务部门数据分析的过程中，数据分析团队会基于联网数据，对部门的业务流程以及业务活动作出实时的监控。同时业务部门数据的分析还可以完成业务的风险管理，团队可以利用审计分析平台自带的数据库进行数据的查询和分析，还可以利用平台所建立的预警模型，对审计的风险点作出识别。借助数据的实时监控，可让财政资金获得更全面的保护。

三是业务部门分析。业务部门在分析的过程中，如果发现审计疑点，可以对被审计的对象制发《联网实时审计疑点核查函》，然后对疑点作出进一步的核查，在核查结束之后仍然存在违法行为的制发《联网实时审计疑点整改函》。

四是业务部门联网审计。对跨部门跨行业的数据进行分析，明确数据之间的勾稽关系，结合实际的财政审计需求开发、丰富财政审计模型，拓宽财政审计思路。

五是业务部门数据分析。业务部门完成数据分析之后，要将分析的结果提交至项目组进行审核，项目组在审核的过程中需要将具体的审计事项加入实际的审计方案，将此作为审计过程中一定的线索进行核查，基于此打造“数据集中分析，疑点集中核查，结果系统研究”的模式。

六是业务部门开展跟踪审计。联网实时审计系统有效缩短了日常审计的时间，同时该系统还基于日常审计工作的需求，对审计的流程作出了进一步的简化，使得审计的效率得到了本质上的提升。除此之外，联网实时审计系统还能完成为违法违规问题的跟踪整改。

(2) 创新财政审计方式，推进财政资金审计全覆盖。

实现从现场审计到远程审计的转变，对财务审计的数据审计作出改变，实现从单一审计到全面审计的创新。对审计的方式作出变革，尽可能实现审计覆盖面的进一步扩大。充分发挥财政联网数据资源的优势，建立起系统的财政立项审计流程，将数据的提供以及技术的支持作为财政立项审计最终的落脚点，做好“数据集中分析，疑点集中核查，结果系统研究”模式的创建，在提升财政审计的时效性、准确性以及针对性的同时，利用联网的方式拓宽审计视野。全面贯穿联网实时审计监督“一张网”的系统管理理念，利用实时监控、立项审计、无项目审计三种审计方式，实现审计关口的前移和审计的全覆盖。审计人员要充分发挥数据批量处理的优势，做好事前审查、工作事中监督工作，以及事后反馈工作，利用多元化的分析方法和查询方法，对被审计单位的数据作出高效整合。远程协助工作模式的出现，让审计人员现场审计工作的效率得到了有效提高，并且在团队合作的模式下，现场审计的风险也获得了一定的降低；对于财政审计整改工作来说，财政联网实施审计系统的建立不仅能对审计过程中存在的问题作出及时的纠查，还能实现审计的动态化发展；在信息化为主导知识经验为基础的审计工作模式的转变下，审计流程的再造，以及无项目审计的探索和统计资源的集约配置，是现阶段审计事业需要作出进一步努力的重点内容。基于联网实时数据库的线索，根据实际的审计需求确定专项审计题目，然后下达无项目审计计划，并且出具财政审计报告的方式被称为财政无项目审计。从项目实施、工作底稿、档案管理等多个环节进行流程的再造和优化，能够有效实现远程审计资源和现场审计资源的合理配置，并且在财政大数据的帮助下，审计人员将会更加灵敏地捕捉到审计普遍性问题。

(3) 实时监控,动态预警,实现财政审计监督全覆盖。

做好审计关口的前移,改变以往事后审计的现象。积极运用制度和科技相融合的办法,在遵守监督"一张网"要求的前提下,加快财政审计工作的转型。将总预算会计系统、财政国库集中支付系统等多个财政审计系统纳入"一张网",实现全过程的监督及审计工作的全面覆盖。将审计分析作为预算的核心,建立起常态化的审计监督体系、财政自动预警模型,以及审计数据分析模型,总结以往的审计经验,对财政数据作出更深层次的探讨。利用业务数据的实时采集和疑点的及时处理以及预算数据的分析和信息的及时反馈,对过程中所存在的审计风险作出提前预防,做好"三早"工作,尽可能将审计问题扼杀在萌芽状态。审计风险点和审计疑点的及时提示以及追踪督促整改,实现了真正意义上的审计关口前移。财政审计工作覆盖面和实效性的进一步提高,解决了繁杂审计任务和短缺审计力量之间的矛盾,让财政审计成为公共资金真正的免疫系统。

(4) 消除审计盲点,实现财政审计全覆盖。

做好审计工作的全程跟踪,实现深度和广度共同发展的财政审计全覆盖。

一是明确审计对象的具体情况,利用审计库的建立消除审计的盲点。二是让审计的数据范围实现进一步的扩大。三是对审计资源作出整合,在提高审计深度和广度的同时,进一步推进财政体制的改革,从大局层面上对财政资金的安全作出进一步的保护;从审计范围上实现审计覆盖面的进一步扩大;从审计流程上实现流程的进一步优化。从根本上提高财政审计质量。统一规划审计数据系统,盯好重点环节、重点项目,将降低浪费、杜绝失职渎职行为作为重点目标,对违规办理行政审批事项和私设小金库等问题做出严肃处理。

4.2 上海市审计全覆盖联网实时审计基本情况

针对上海市审计局实施联网审计的具体情况作出分析,对其政府审计过程中大数据的应用价值规定明确奋斗方向。

上海市审计局于2013年正式开启了联网审计,将推动六个领域的改革和审计监管体制的探索作为重点目标,集中优势力量打造监督和审计的一体化发展,创建"一张网",利用预警分析模型,对数据的异常动态作出更加灵敏的反应,保证实施审计的过程中能够及时对苗头性问题进行解决。利用统计分析和联网审计的方法，实现审计结构的进一步创新，让政府财政审计的整个流程变得更加高效。让制度充分发挥其对权力的约束作用。做好关口前移的工作，改变以往的事后审计现状；推动审计的全覆盖工作，解决以往审计工作效率低的问题。

各级审计机关和被审计单位必须要积极配合审计局的工作，确保联网实时审计工作得到顺利开展。

上海市政府于2013年7月正式颁布了《上海市联网实时审计监督暂行办法》，该暂行办法对审计机关的职责权限、联网单位的义务，以及联网实时审计过程中的具体内容作出了进一步的明确。在后续的发展过程中，为进一步推动联网实时审计工作的全覆盖，上海市政府先后出台了《联网实时审计电子数据安全管理办法》《联网实时审计网络建设管理办法》等一系列管理制度。这些制度为联网实时审计工作基本框架的制定提供支持，并且在这些制度的大力扶持下，联网实时审计工作的流程变得更加规范，审计工作中各个环节的具体职责以及分工得到了进一步细化。

成立信息化处和联网审计处两个部门，前者负责联网实时审计，单位系统硬件和软件的管理；后者负责审计过程中数据的具体应用。在市级审计机构中成立专门的联网审计岗位或科室，实现专岗专职。完善培训制度和选拔制度，加大对于专业审计人员的培养力度，为联网审计工作创建高质量的人才储备。基于“一张网”的要求，审计局在落实联网实时审计的过程中，建立了三个中心、一个平台的管理模式。联网实时审计具有即时预警和实时监督的功能，不仅能对超指标情况和违规情况作出及时的反应，还能对业务的逻辑问题作出及时的分析。

4.2.1 上海市级审计机关联网情况

上海市审计局在推进联网实时审计的过程中，将整个推进计划分为三个阶段。

第一阶段，政府采购系统以及社保基金等数据系统的联网。

第二阶段，完成机关、重点单位的产权交易业务数据的联网，并且在这一阶段中，上海市审计局计划在2013年底完成，包括工商局、检察院、法院在内的50家市级重点部门预算单位的联网实时审计。

第三阶段，对国有企业以及重点建设项目单位和地方金融机构的信息网络环境作出调查，且计划在2014年年底实现上述对象的联网实时审计。

截至目前，已经有156家被审计单位和市级审计机关之间实现了联网，其中，国有企业以及项目建设单位和地方金融机构共计50家，预算单位106家。定期采集的业务数据中包括了国库集中支付、政府采购等系统的具体财务收支明细，以及工商、低保以及社会保险的实际工作数据。

4.2.2　区级审计机关联网情况

在实现区县实施审计工作推进的过程中，整个审计工作的审计对象分为两批。

第一批选择奉贤区、松江区、浦东区作为先行试点，在展开试点工作的过程中，审计局建立了区县互助和处长包点的工作机制。

第二批针对于全市范围内16个区县展开联网实时审计。除了在2014年6月底之前已经使用网络版财务核算的区县以外，其余区县进行重点预算单位的联网实时审计。截至2016年年底，上海市审计局已经全面完成了下属16个区县的财政联网。16个区县中只有两个区县尚未完成网络版的财政预算。相比传统方式，联网审计凭借其多区域多类型以及多通道的特点，打造了混合型的数据传输网络，让审计数据传输变得更加稳定。

基于上海市的实际情况，我们可以选择运行专线、财务专网、政务外网、拷贝报送等形式，实现覆盖面的进一步扩大。在进一步推动区县财政网络建设的过程中，打造网络链接全部的局面，实现真正意义上联网审计效率的提高和覆盖面的扩大。

有关上海市审计机关联网及数据采集情况如表4.1所示：

表4.1　上海市审计机关联网及数据采集情况表

单位分类	系统名称	采集周期
市财政局	资金监控系统(国库集中支付) 非税收收入收缴管理系统数据 预算单位银行账户管理系统 总预算会计核算数据 预算核销数据 政府采购系统数据(平台信息管理) 政府采购系统数据(采购中心数据) 指标管理数据	每日采集 每季度采集
市税务局	个人所得税征缴数据 金税系统	每季度采集
住房公积金管理中心	住房公积金业务系统	每日采集
市行审批办	公共资源系统 行政审批系统	每周采集
市人力社保局	社会保险征缴支付系统	每月采集

续表

单位分类	系统名称	采集周期
市场监管委	工商登记股东变更数据	每月采集
市民政局	低保	每月采集
市残疾人联合会	残疾人证数据	每周采集
产权交易中心	产权交易业务数据	每周采集
银行	信贷系统、核心财务数据	每月采集
市公安局	公安户籍、车辆、死亡数据	每季度采集
预算单位、企业、金融机构	财政、财务账簿	每周、每月采集

4.3 联网实时审计流程

上海市审计局在落实联网实时审计的过程中建立了"三个中心、一个平台"的管理模式。联网实时审计具有即时预警和实时监督的功能，不仅能对超指标情况和违规情况作出及时的反应，还能对业务的逻辑问题作出及时的分析。综合管理平台的建立实现与其三大中心的高效运行，图 4.2 所示内容为联网实时审计的具体流程框架：

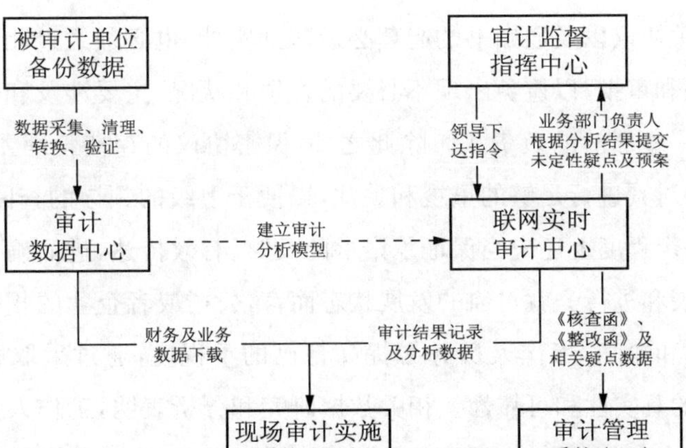

图 4.1 联网审计流程总体框架图

针对上述现象中所存在的缺陷和不足之处，有关部门应该及时作出调整和改变，以便于促进互联网审计方面的提升和改善，以满足市场发展的需求，紧跟时代发展的潮流。相关数据分析和研究表明，上海市审计局从方面、多角度着手进行安排，将整个过程划分成以下几个关键的部分，主要涉及和包括组织实施、数据分析和处理、数据搜集等等。通常意义上来讲，审计流程的调整和改进在一定程度上有利于互联网各个部门之间的沟通、交流与合作，进而使得整个过程协调发展，上层领导能够把握整体的局势和状况，进而实现统一化管理，促进整个过程的顺利进行，避免造成不必要的损失和麻烦。

4.4 联网实时审计数据采集

首先，就目前的发展状态而言，数据的搜集对于整个过程的进行和发展起着至关重要的作用。基于上述这种情况，审计处的各大部门需要提前做好准备工作，全面、充分考虑当中可能出现的问题以及各种情况，主要涉及和涵盖:数据库类型、业务流程等等。

其次，通常意义上来讲，“一户一策”的原则应当是所有工作必须遵循的一个准则和规范，以确保信息的可靠性和真实性。相关数据和研究分析发现，相关业务部门在这个过程中起着主导作用，但其在一定程度上还需要接受上级领导的安排和指示。

再次，相关协议以及通知书的起草必须落到实处，也必须经过相应部门以及各大领导的查阅和审批，以避免出现不必要的麻烦和状况，主要涉及和包含信息化部门、法规处等一些部门的负责人。除此之外，保密协议的存档管理尤为重要，相关工作人员必须对其进行足够的重视和关注，以便于上级的领导的查阅。除此之外，相关部门在一定程度上还应当保证承诺书的及时、有效传达，进而确保后续工作的顺利、稳定开展和进行。就目前的发展状态而言，公司或者企业的相关信息往往会存在一些问题和缺陷，工作人员务必提高自己的重视度，通过采取相关手段和策略，保证信息的真实性和可靠性。相关数据研究和分析表明，工作人员采集信息时所采用的手段也多种多样，主要涉及和包括定时报送、定时采集以及实时采集三种手段。由于各公司或企业的性质不同，信息的管理也存在很大的差异，基于这种现象，工作人员需要具体情况具体分析，灵活、合理运用相关手段，确保整个过程的顺利进行。

4.5　联网实时审计数据处理

据相关调查和研究分析发现，数据处理是整个过程的核心部分，其重要性不容小觑，主要涉及和包含以下几部分内容：

首先，由于时代的发展和科技的进步，工作人员在进行数据处理和分析时，利用了新型的现代化技术，增加了整个过程的自动性和灵活性，在一定程度上极大减小了误差。相关数据研究和分析表明，其主要经历从数据的自动搜集，到相应的清洗转换环节，再到相应的数据处理和验证阶段，每一步、每一个环节都经历着严格的把关和调控，进而能够最大限度地控制意外情况的发生，减少不必要的损失和麻烦，促进接下来的工作能够顺利开展和进行。通常意义上来讲，联网审计部门在进行相关操作和安排时，必须具有足够的灵活性和权威性，使其即使遇到一些特殊的情况，也能进行及时处理，确保整个过程的顺利开展。举个例子来说，倘若有些公司或企业由于内部的数据存在一些问题，而不能够及时进行相关工作的配合，审计部门应当及时采取相应手段和措施，确保相应工作的完成。就目前的发展状态而言，原始数据以及信息在一定程度上必然会出现一些意外情况，主要包括乱码、冗余等等，必须经过相应的数据和调整，才能达到使用的标准和规范。基于上述这种情况，相关工作人必须对其进行足够的重视和关注，以保证数据的合理、规范化处理，进而促进相应的工作的实施和完成。除此之外，由于数据的集中性、持续性以及多样性等特征，使得相关部门之间能够相互交流和合作，实现信息的共享化，进而促使各部门的工作效率得到显著提升。

其次，随着时代的发展经济的全球化，互联网行业紧跟时代发展的潮流和趋势，作出相应调整和改进，使得其能够不被时代的发展所淘汰，进而在一定程度上增加了其数据的多样性。就目前的发展状态而言，以往其所搜集的数据或多或少存在一些缺陷和不足之处，主要包括不具有时效性、可靠性等等，进而难以满足相关审计工作的需求。基于上述这种情况，有关部门应当采取相关手段和策略，增加相应的范围，确保数据的多样化。相关数据研究和分析发现，联网审计部门在一定程度上也能促进相关工作的开展和进行，提高工作效率。另一方面，有关部门应当遵循上级领导的安排，不能越界使用权利，做好各自的工作安排，以保证每个环节能够顺利、平稳进行。除此之外，审计监督“一张网”这个管理理念需要贯穿整个工作，以确保实现相应的集中化管理，使得相关的上级领导能够统筹全局的发展状况，严格把控每个环节、每个步骤，进而使得每个人分工明确，增加整体的运行效率。与此同时，审计人员还应当充分发挥自己的作用和优势，对所有的数据进行系统化的处理和分析，并进行相应的汇总，以便于相关人员查阅。

4.6 联网实时审计组织实施

就目前的发展状态而言，该过程的存在也必不可少，所发挥的作用也不容忽略。据相关调查和研究分析发现，其主要涉及和包含以下几个关键部分：首先，审计人员必须建立和完善相应的模型，以便于相应结果的分析；其次，采用相关手段和策略对所建立和完善模型进行相应的审核操作；紧接着再对其生成的结果进行相应的收集和汇总，并在OA中进行传递；除此之外，审计人员还需要进行相应的审查，以确保相关信息的真实性和可靠性，进而记录在案，最终形成相应的业务闭环。

(1) 审计分析模型构建。就目前的发展状态而言，模型的构建和完善在一定程度上起着至关重要的作用，决定着整个工作能否顺利开展和进行。除此之外，审计人员还可以通过所建立和完善的模型实现数据的多角度、多层次分析，进而确保整体结果的可靠性以及合理性。

(2) 审计分析模型审核。由于模型的建立之初可能存在一些缺陷和不足之处，故必须经过相应的检查和审核，以确保其能够满足审计人员的使用需求。相关数据和研究分析表明，倘若模型能够通过审核，那么其就可以成为审计机关审计分析模型，进而具有一定的权威性和地位。

(3) 机关审计分析模型分类。就目前的发展状态而言，其根据相关的范围和定义，可以被划分成两个关键的部分，主要包括一般审计及实时预警两种分析模型。

(4) 实时预警分析。通常意义上来讲，该环节对于整个过程地进行也起着至关重要的作用，主要涉及和包含一些审计数据的动态变化趋势等等。相关数据和调查分析表明，相关审计部门通过选派合适的工作人员，对日常的预警信息进行相应的采集和汇总，再将那些存在疑点的相关信息上传给相关的审计岗，以便于进一步的检查和审核。与此同时，业务处还会选派合适的工作人员，通过上述建立和完善的模型，进行相应的管理和监督，对那些存在疑点的信息需要及时进行反馈，避免造成不必要的麻烦。

(5) 一般审计分析。通常意义上来讲，并不是所有的模型都会具备实时性的优势，对于那些不具有实时性的模型，审计人员只能采用人工操作，进而进行相应的分析和总结。

(6) 审计结果记录生成。经过上述步骤的操作和完成，必然会产生相应的审计结果。相关数据和研究分析表明，由于信息源的多样化，使得相应的结果也会多种多样、各具特色，主要包括已定性(需整改)、未定性(需核查)，以及否定(非审计疑点)等等。

(7) 审计疑点记录生成。根据相关的标准和规范，相关的工作人员对于那些存在高风险的数据，会采取相关手段对其进行特殊的处理和安排，主要包括审计疑点的生成等等。

(8) 待办疑点管理。通常意义上来讲，审计人员会根据相关的标准和规范，将那些存在疑点的信息和数据挑选出来，并利用 Excel 以及《联网实时审计疑点核查函》对其进行相应的汇总。

(9) 审计结果反馈。在上述步骤完成之后，业务人员则会根据相应的标准和规范，起草相关的《反馈核查/整改结果单》，并将其传递至相应的部门，以便于下一步操作的顺利开展和进行。

(10) 审计结果记录更新。就目前的发展状态而言，业务人员还需时刻关注信息的传递和接收，进而确保相关信息的更新和调整。

(11) 与 OA 业务协同。据相关调查和研究分析发现，OA 的存在对于整个工作的开展起着至关重要的作用，可以将上述过程中产生的《联网实时审计疑点整改建议函》以及《联网实时审计疑点核查函》进行及时的传递，以保证相关工作的顺利进行，进而提升整体的工作效率。

(12) 与 AO 业务协同。相关数据和分析发现，AO 与 OA 所发挥的作用又截然不同，其主要可以进行相关审计数据的查阅和审核，对比标准数据和原始数据之间存在的显著差异。基于上述这种情况，图 4.2 将对其进行更为直观的描述和阐释。

目前，上海市审计局开展的联网实时审计，组织实施上基本包含了以上十二个关键部分，但更加重视以下提到的八个方面：

(1) 就目前的发展状态而言，市审计局会对当前的发展局势进行整体把关，进而制定和完善相应的审计主题，并给相关部门传递任务和指示，促进各部门之间的沟通和合作。通常意义上来讲，综合处起着尤为关键的作用，其在接收到上级部门下达的审计任务，以及相关要求时，便会根据相应的情况选择合适的联网审计主题，并及时将其报备给局长办公会，以便于进一步的审定和安排。

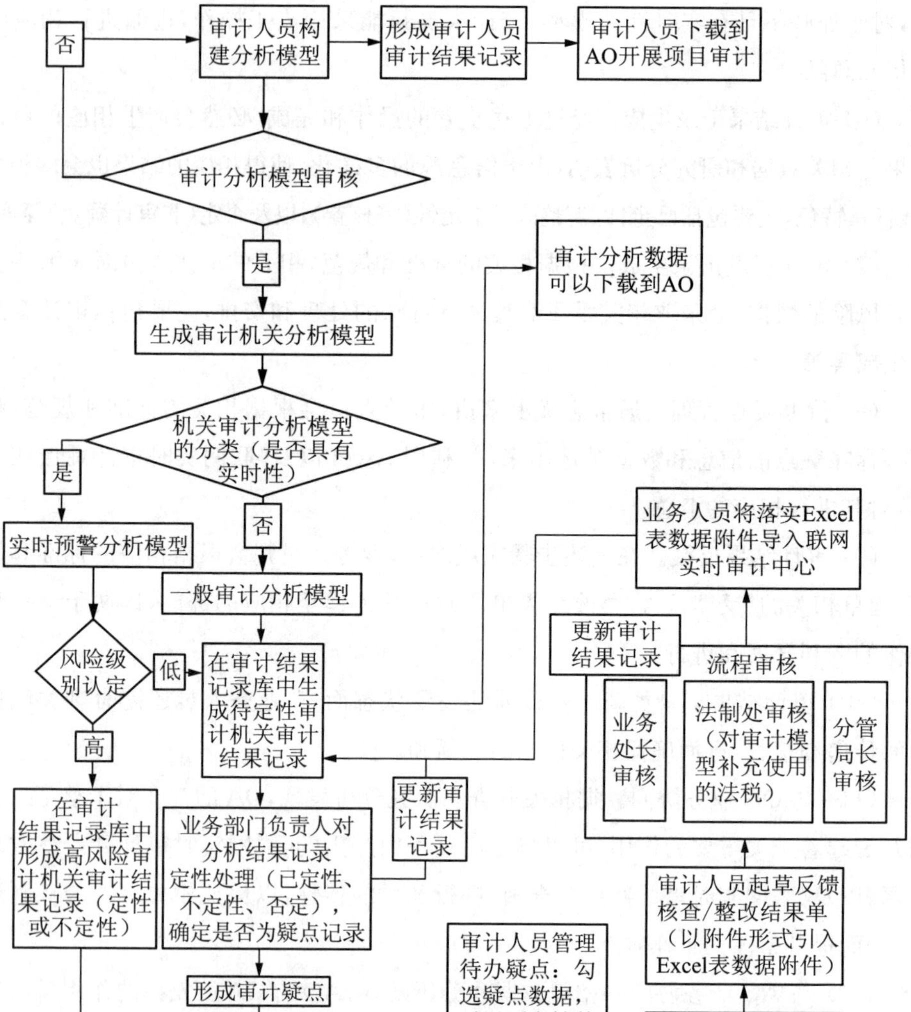

图 4.2　联网实时审计流程图

(2) 除此之外，也需要及时作出相应调整和改进，确保审计计划的及时制定和完善，进而根据相关部门的性质合理分配各自的任务。

(3) 相关数据研究和分析发现，联网审计后对于日常业务的开展起着不可忽略的作用，时时监督和管理整体的动态变化趋势，针对那些具有典型性、倾向性以及代表性的问题，能够根据以往的经验和阅历，自主确定相关的审计主体，并及时上传给相关领导，以便于进一步的审定和安排。除此之外，综合处还需要及时调查和分析那些存在的普遍现象，进而制定和完善较为合理、全面的实施策略和方案，确保相关工作的顺利开展和进行。

(4) 通常意义上来讲，联网审计处会选派合适的工作人员，对预警信息进行实时监督和管理，并且及时传递那些存在或可能存在疑点的信息，以便于上级部门进行相关的审核和确认。除此之外，业务部门还选派特定的工作人员，通过上述建立和完善的分析模型，对日常变化的动态信息进行严格的监督和管理；与此同时，其还可以选用相关的跨行业信息和数据，进而能够实现充分、全面的分析，最终将那些存在或可能存在疑点的信息传递给上级部门，以便于上级部门进行相关的审核和确认。

(5) 局领导不仅要对已经经过审计并且确定有问题地进行重新审定，还需要在审计过程中发现有疑点地进行审定签发，出现的问题和疑点将由被审计对象自己进行重新核查，最终所得到的审计结果需要进行备案处理。

(6) 在对需要审计的对象展开审计时，审计部门一旦发现了需要被确认的违规现象，要立刻按照规定程序对其进行确认以及处理。

(7) 业务部门的职责是要及时对审计模型作出更新、添加以及删除，按照《联网实时审计模型编制和审议管理办法》中的具体内容，联网审计处需要履行自己维护审计模型的义务。

(8) 每一年的年末都要求业务部门向联网审计处提交相关的互联网审计报告，然后再经过市审计局递交给市人民政府，同时还需将今年所发生的审计工作以及其具体情况进行详细说明。

4.7　联网实时审计模式

根据大数据所具备的特征，市审计局在开展项目时，立项审计、无项目审计以及日常监控审计这三种模式之间是相互补充的关系，可以帮助审计事项进一步落实。属于中国第一次出现的模式是无项目审计，后文将加以介绍。

图 4.3 显示联网实时审计模式的具体内容：

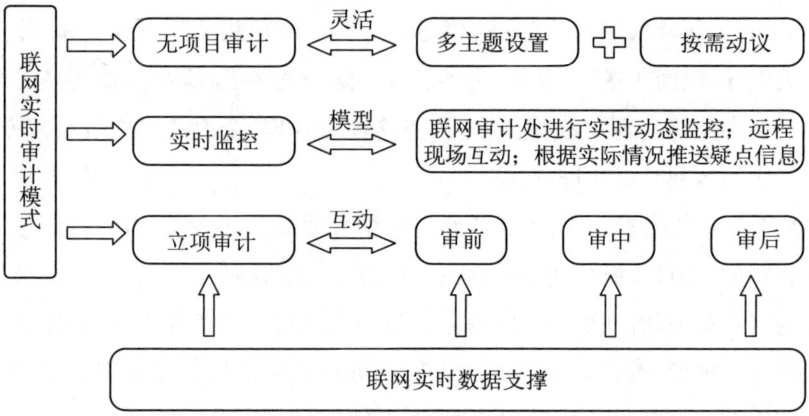

图 4.3 联网实时审计开展模式

4.7.1 立项审计

首先需要有一支足够专业的团队来负责数据分析工作，这个团队中的数据分析人员应该通过已知的数据资源得到所需的财务财政信息。

其次根据日常的监控得出其中所存在的问题，再使用查询分析以及多维分析等方法将所有信息整理起来，从中得出审计疑点以及相关线索，据此来设计出对应的战略对策实施方案，这套方案要足够具备针对性。通过对在分析中所得到的非正常数据做进一步排查，可以迅速找到疑点所存在的位置，审计工作的效率也因此得到了提高。在进行数据分析的过程中，各个专业人士都有着自己明确的分工，大家相互配合、彼此协作，将所得到的数据信息作为分析依据，确保整个过程是足够科学有效的。在进行审计的过程中，需要远程与现场的相互配合，审计人员需要根据现场所提出的审计需求找到第三方数据来进行比较，确定审计内容，制定出具体的审计方案。

再次开始填写审计查询单。

最后将填写完毕的审计查询单交给对应的审计组，这是为了审计工作的下一步流程，加快审计工作的速度。

在审计完成之后，通过联网实时数据可以随时对审计单位的整改情况进行追踪，掌握其整改的实时情况，做到对其审计整改工作的有效监督。如果通过联网处得到了查询结果，应该对结果及时进行整理归纳，总结其内容，作出相关反馈。反馈工作也是需要联网实时查询来实现的，利用数据监控以及数据分析的方法，审计人员对审计结果的整改情况作出判定。

业务部门以及联网处直接要确保审计前期、审计中期工作的相互配合，联网处需要在业务部门正式立项审计之前，将被审计单位的信息推送给业务部门，这些信息当中包括了备案银行信息、发票信息等等，还将通过日常监控所发现的疑点和问题进行报告，以便相关部门作出进一步确定；业务部门的工作是需要根据现场审计的方法对大案及要案进行审查，加强审计工作的力度；除此之外，还要随时将审计工作中遇到的问题总结起来，积累经验，为审计模型的研发工作提供更多的实践依据。

4.7.2 无项目审计

无项目审计模式是全国首创的一个模式，它帮助审计工作提高了效率、扩大了范围。无项目审计的含义即审计机关在进行审计的过程中通过联网实施数据库所得到的信息，能够把群众以及政府的关注集结起来，也可以代表经济市场中具有倾向性以及全局性的特定事项。无项目审计通常都有着足够的数据资源，能够按照具体需求设计出对应的审计主题，得到相关计划，还可以对审计组资源进行分配，编制出最终的审计报告。以下是由市审计局编制而成的无项目审计的整个过程：借助大数据进行综合化分析，将各类问题进行汇总整理上报给相关部门机构，帮助政府解决相关的问题。

第一，市局局长需要在年初的办公会议中按照市委市政府所提出的要求，决定项目审计的基本要求以及核心内容。

第二，各个分部门应严格落实局长办公会所提出的相关政策标准，从该分部门的实际情况出发，决定自身的无项目审计核心，规划相关的审核方案，经分部门的局长批准，在每年3月整理好送到综合部门。

第三，对于各个分部门的无项目审计方案进行归纳总结，整合成一张年度无项目审计表格，在上交给局长办公会审核批准以后，在3月底传达到各个分部门正式实施。

第四，各个分部门要借助审计立项之间的空档时期，在这段时间内进行无项目审计工作。审计人员借助网络信息系统，对于相关的财务数据信息进行审核。除此之外,审计工作者还可以借助传真、电话咨询的方法,和互联网单位进行远程的沟通交流工作。在进行审计工作时,应深入研究分析外部的资源信息,对于各个疑点进行验证;针对某一固定的主题进行审核时,需要将所有的管辖部门归入审计范围。如果在无项目审计的过程中出现了较为严重的疑点,相关部门可以进行现场取证,还可以要求相关的单位提供一系列的证明文件。在进行审计工作时,被审计对象需要高度配合,通常取证人员的人数要高于两名,根据相关标准要求进行分析处理。

第五,审计组在开展无项目审计工作以后,需要对相关的分部门提供无项目的审计报告;分部门对于无项目审计报告进行审核,找出其中存在的问题,对其进行修正。同时针对市政府以及主管部门提供一系列的共性问题,整合审计汇报。

第六,相关的审计部门在审核时,需要和有关机构密切联系,及时找出审计中存在的问题,并对其进行改正。

第七,各个分部门要按时将审计报告送到联网的审计部门。由该部门进行汇总整合工作,在每年的 11 月把汇总好的报告送到政府机关。在最近几年,业务部门大力发展无项目的审计工作,借助联网审计的方法找出存在的异常情况,目前上海市审计局的无项目审计工作已经发出了 14 份整改建议函,43 份疑点核查函,这使得许多机构都加大了其重视程度,相关问题得以解决。

4.7.3 实时监控

建立科学合理的审计模型,借助系统化的审计工作,增加审计范围,加深审计力度。进行实时监控管理工作,提高审计工作的实效性。设计开发更多的审计系统,把各个方面的政策标准归纳成结构化查询语言(SQL),接着精简完善 SQL 语句,经过多次试验后,构建出行业模型。经过以上模型的运用,将存在违法行为的可疑记录筛选出来,移交给审计工作人员进一步开展审查工作。截至当前阶段,市局开发的审计模型总数达到了 1 173 个,在这些模型中,依据相关法律法规进行建立的具有预警功能的模型数量为 80 个,占据总数的 6.88%,具有对基本情况进行分析功能的模型总数为 1 093 个,在全部模型当中占据 93.12%的比例。此外,相关的国有企业、专项基金以及投资项目并不具备预警模型。在预警模型当中反映出来的结果将全部被联网处移交至业务部,开展下一步识别和确认工作。存在可疑现象的信息将被推送到相应的联网单位,如果模型的测算发生了问题,联网处将提出相应的整修建议。通过对相关数据信息的及时收集整合、预警分析、对可疑信息进行有效的处理、及时反馈信息以及进行监督整顿的各项审计流程，能够帮助及时规避小的失误，以免最终积累成严重祸患，将现场审计时长进行有效缩短，杜绝了被审计对象重复递交相关信息这一现象，可以在有效时间内提示被审计对象其存在可疑信息的行为以及风险发生的源头，监督其开展行之有效的整改工作，很大程度上帮助解决缺乏足够的审计能力同繁琐的审计任务间长期存在的冲突，使市审计在真正意义上变身为社会公共资金的强大守护者。

4.8 联网实时审计方法

4.8.1 跨部门比对

选取不同部门都具备的唯一性字段，将其作为关联主键，在这样的基础上将不同的部门串联为一个整体；应用跨部门数据比对分析这一方法，达到横向互联的目标，充分发掘问题线索。在将不同部门提供的数据进行比较分析的基础上，使得不同的数据信息之间产生连通性，将信息孤岛转变为整片大陆，在更深的角度上验证各项业务活动的合理性、完整性及真实性，在这一过程当中将存在违规疑点的问题发掘出来，得到具有实际价值的各类审计信息，获得较为明显的效果。将产生于不同部门的数据信息进行比对的同时，可在整个单位的范围当中开展纵向比较工作，检查被审计对象是否在开展相关业务活动的过程中存在违规行为，在进行数据信息比对的基础上，寻找被审计对象运行过程中存在的违规疑点。

比如，企业递交报表以后，我们可以将其交至金融机构及税务局的两份报表放在一起进行对比，观察两份报表是否相同；进行资金流向的审查时，我们可以通过被审计对象的银行流水信息以及账户信息，追踪其资金的来源以及去向；另外，我们同样可以通过公安户籍信息以及相应的工商信息，对不同企业之间、个体之间存在的关系进行检查，综合资金的流动方向，查看是否存在利益传输的现象。这种跨部门甚至跨行业的横向对比能够在很大程度上帮助审计工作人员拓宽工作渠道，开阔工作思路。对跨行业数据进行对比分析能够引起一系列的化学反应，具有催化功能，在某一方面作出的革新会带动其他方面，同样会对整个外部社会的管理机制产生极大的影响。

表 4.2 中列出了对于联网数据进行利用的主要思路：

表 4.2　对于联网数据进行利用的思路

单位名称	利用数据	数据利用思路
公安局	公安户籍、车辆、死亡数据	核实印证车辆是否属于被审计单位。
税务局	税务登记	与社保登记比对，检查社保扩面。
	发票	印证入账发票真伪检查套现，发现小金库、销售发票开出未入销售收入账漏税、虚开销售发票，开具发票内容与工商经营范围匹配。
	财务报表	与银行贷款单位等比对，检查借款单位真实经营状况等。
	金税系统	个人所得税与社保、公积金比对，检查缴费基数真实性，家庭收入与低保、保障房补贴政策比对等。契税：与房屋买卖、房屋赠与、土地使用权出售等信息比对。
工　商	股东	单位之间关联关系（利益输送、与借款企业、提高方、房屋出租方、往来款等经济活动异常），通过单位股东之间信息及结合公安户籍家庭成员关系判断（母子关系）或公积金夫妻贷款信息判断（夫妻关系），通过工商系统，查询企业性质、经营范围等。
	吊销注销	检查长期不动单位。例如：银行担保单位、投资的下属单位、应收款单位、应付款单位等是否吊销注销；投资的下属单位长期挂账无收益，是否已经注销，未收回任何资金。
	企业经营范围、企业性质	单位名称与经营范围不匹配、施工单位、咨询单位、供销单位等。
残　联	残疾人证	印证冒领补贴，应享受未享受政策。
财务局	银行账户备案	审查被审计单位是否有小金库。

在相应的联网数据平台中搜索关键词，在某些时候能够迅速地找出一些其他审计模型很难找到的潜在问题，进而为后期的审查工作提供具有价值的线索。市局各业务处和区县中的各审计机关进行审计工作时，对联网数据进行了充分的运用，形成了跨部门信息对比查询模式。在 2014 年中，市审计不同的业务部门共向联网审计部门提出了高达 128 次的数据查询申请，在 2015 年这一数字增至近 300 次，而到了 2016 年查询需求次数增至 585 次；2014 年一年内，区县审计局提出了 10 次数据查询请求，在 2015 年当中增长了 4 次，到 2016 年，总数增长至 36 次。根据以上数据我们可以看到，各审计干部对数据进行充分利用的意识得到了显著的提升，通过各种形式的互动，收获了较好的成效。下面我们将列出在完成大数据审计这一目标的过程中集中利用了跨部门信息对比这一

方式的情况：

一是个人信息。现在的信息系统已经可以做到仅仅根据个人的身份证号码就能得到所有的相关信息，不仅为人们的生活带来了便捷，而且大大方便了执法部门的办案工作。具体操作是在信息统计系统将身份证号码和银行卡、社会保障卡、房产证等有机结合起来。这样，只需知道某个人的身份证号码就可以了解他的财务情况，甚至可以了解这个人是否购买房产、汽车等。

二是单位信息。人们在购买商品时往往需要了解生产公司的信息。单位信息系统可以做到只要提供公司名称就可以获得公司的成立时间、运营情况、品牌介绍、产品分类以及纳税情况等信息。这样不仅为消费者和投资者的选择提供了资料支持，而且有利于执法部门对可疑公司的调查工作。

三是资金和发票信息。国家、企业和个人之间通过资金的流通和转换形成了一条完整的资金链。在这个过程中，发票是初始单据。建立数据库对资金流通情况和发票信息进行统计整合，不仅有利于企业的管理层了解国家财务情况进而有针对性地调整内部生产计划，而且为审计部门的项目立项审批工作提供了便利。更重要的是，很大程度地避免了不法分子借助资金流通漏洞从事犯罪活动。

4.8.2 跨系统比对

三个大数据系统都发挥着重要的作用，缺一不可。如何将三个信息系统的数据进行有机的结合，实现更好的应用，是目前亟待解决的问题。具体解决方案有以下三点：

一是将各个系统的数据进行横向对比，在对比过程中得到新的信息。

二是建立一套完备的信息共享制度并确定执行标准。

三是根据信息准确性和优先级确定中心部门，以该部门为中心进行信息比对分析。如果信息中出现矛盾成分，以中心部门的信息为准。

4.8.3 批量审计

批量审计是一种高效的审计方法。它通过建立不同类型的审查标准录入相关系统，实现同类的审查对象的审查工作同步进行。这种方式不仅可以大大减少审查人员的工作量，提高审查质量，而且有利于对审查结果进行统计分析，方便企业后期进行整改。例如,中国前几年在审查企业财务情况时通过客户在银行的备案与国家资金流动系统的信息进行对比,发现没有备案的企业900多家。这样的批量调查对人力物力的消耗并不大,却可以有效地减少企业的不良做法,便于更有效地监管企业资金流通。

4.8.4 跟踪审计

跟踪审计的目的是方便审查工作者了解被审计企业的运营状况,确定企业提交材料的真实性,以便更好地进行相关的审查工作,有效利用有限的资金和资源,用尽可能小的费用、尽可能快的速度和优良的质量,建成预期的项目,使其实现预期的功能。主要可以概括为以下三个方面:

一是财政资金跟踪审计。通过企业上交的财务方面的材料,分别核实资金流入和流出情况是否属实,具体考察方向包括交易双方的资金数目是否一致,登记时间是否相同等等。

二是政策跟踪审计。以国家政策的变动情况作为依据,审查企业在相应时间是否出台运营调整方案,并对方案的实施情况进行评价。

三是整改检查跟踪审计。利用联网数据,以"杀回马枪"的做法,以前期审计发现的问题作为参考,与被审计单位当年数据比对,通过审计报告、审计决定、疑点核查通知、整改通知等材料了解问题的整改进度,进行在线追踪,督促被审计单位实实在在整改。例如,在日常监督中,发现领取养老保险金人员已经死亡,但仍由其亲属继续领取养老金的信息,发现的疑点经市社会保险中心确认后已停发,可利用持续获取的数据对确认的疑点结果进行追踪检查,确保发现的问题整改落实到位。进入21世纪以来,中国出台了许多产业支持政策,包括大力发展农业、建立健全基础设施等。这些项目按照传统的审计思路往往只能审查项目在某一个时间点的运行情况,无法对项目运行后期产生的经济效益进行科学的评价。审计机关针对政府支持、国家财政介入的工程改变审查思路,抛弃以往的事前介入、事中跟踪的战略,采取全程跟进工程实施,定时展开审计工作的方案。这样的转变,不仅提高了资金的使用效益,真正做到"把钱用在刀刃上",而且有效防止了管理者为自己的利益压缩项目成本,搞"豆腐渣"工程的现象。

图4.4是表达联网实时审计方法及作用的流程图:

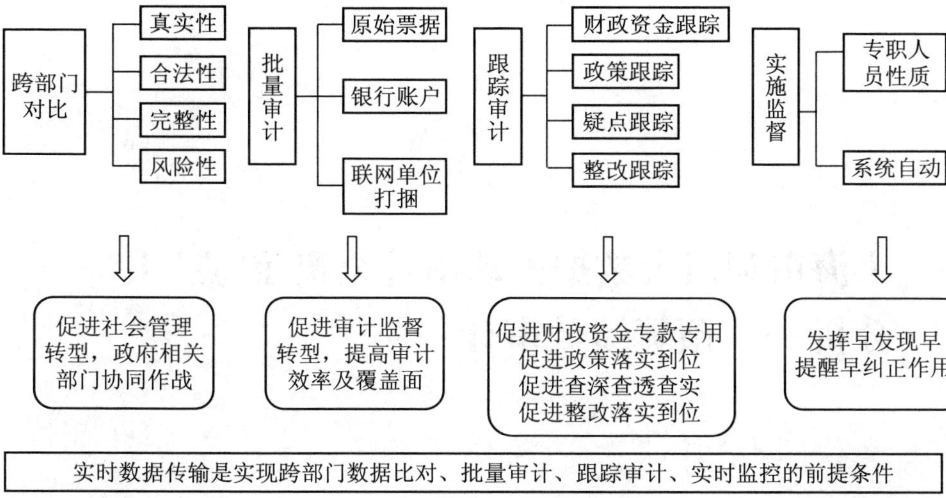

图 4.4 联网实时审计方法及作用

4.9 本章小结

本章的主要内容有三个方面。首先阐述上海市财政联网实时审计模式研究的现状，着重阐述了上海市财政联网实时审计的定义及基本特征，上海市财政联网实时审计工作模式应用的必然性；其次谈到上海市联网实时审计基本情况、联网实时审计流程、联网实时审计数据采集、联网实时审计数据处理、联网实时审计模式、联网实时审计方法等技术等问题；最后指出了财政联网跟踪审计的目的是方便审查工作者了解被审计企业的运营状况，确定企业提交材料的真实性，以便更好地进行相关的审查工作，有效利用有限的资金和资源，用尽可能小的费用、尽可能快的速度和优良的质量建成预期的项目，使其实现预期的功能，同时也阐述了对于联网数据进行利用的主要创新思路。

5　上海市利用大数据推动审计全覆盖“点”上分析——预算绩效审计

通过对上海市政府预算绩效审计的发展情况的了解，可以清晰地看到，对多数地方政府来说，预算审计工作部署都不尽相同：早期向国家政策靠拢，紧跟国家法规制定审计工作方针；联合政府财政、审计部门，根据预算的各个阶段特点的不同，因地制宜地开展预算绩效审计工作；在实际预算管理中，成立不同的项目组来执行政府不同的投资项目工作，通过解决实际工作中的问题不断改进工作方式。通过对各个地区政府发展现状的了解，可以清晰地看到大部分地方政府存在的问题也不尽相同：如预算法规尚未建立健全、预算审计监督力度欠缺、审计人员专业素质不高等。为了贯彻落实预算绩效的审计工作，克服目前中国普遍存在的预算绩效审计的“疑难杂症”，下面我们通过对上海市政府预算审计的情况，来剖析大部分地区政府预算绩效审计工作中存在的问题，深层次寻找原因，制定相应对策。

5.1　上海市预算绩效审计基本流程及规范

通过图 5.1 我们可以看到，根据预算绩效审计工作的情况，上海市政府为了规范预算审计工作的流程和具体审计内容，出台了《政府投资建设项目预算审计操作规程》《政府投资建设项目跟踪审计操作规程》等文件。

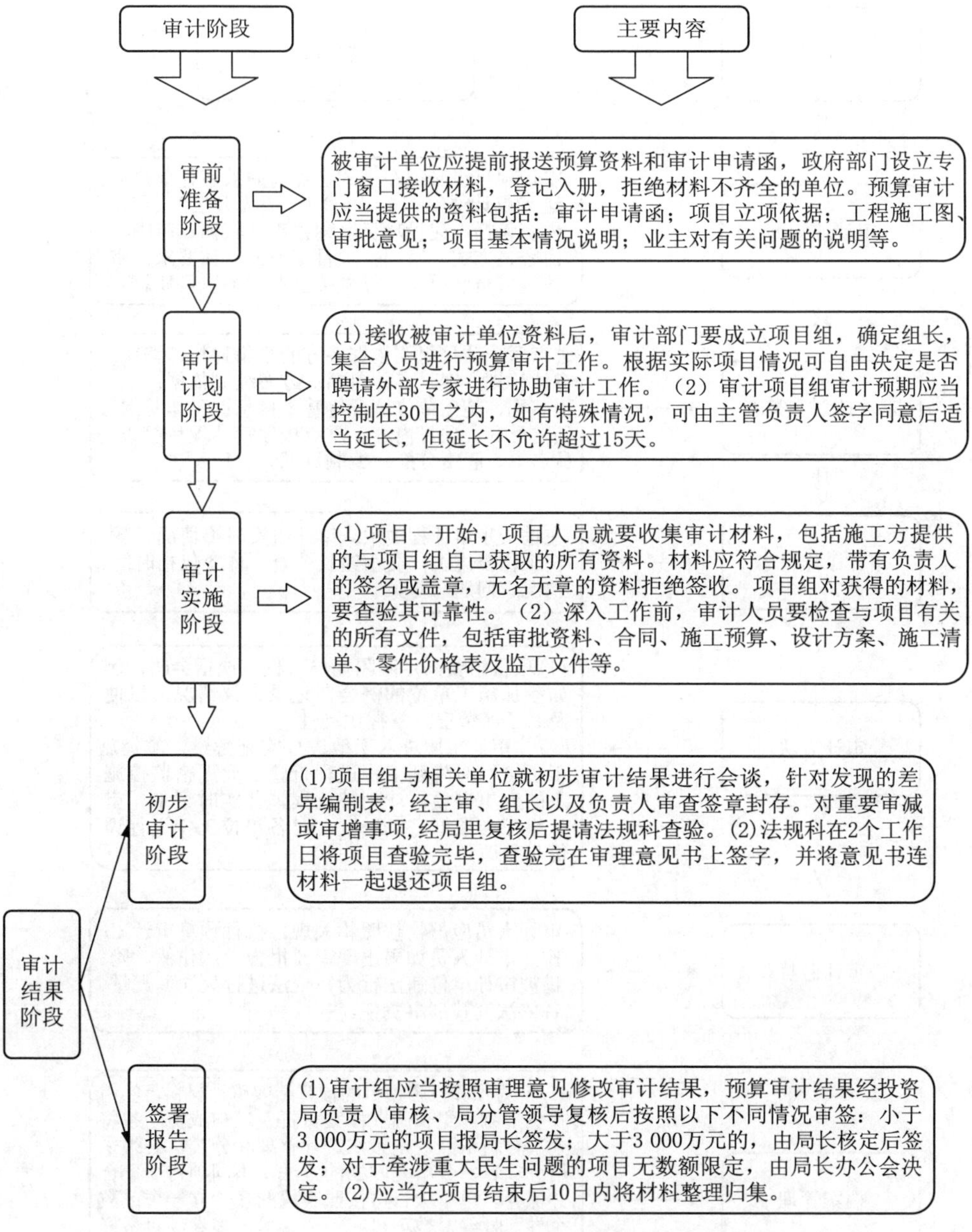

图 5.1　上海市预算绩效审计各阶段内容与规范

通过图 5.2 我们可以看到，上海市政府对审计工作的所有过程都进行了详细规定，并针对实际审计程序也制定了相应的规范，要求所有项目组在实际工作中必须按照审计部门颁布的执行规范来开展工作。

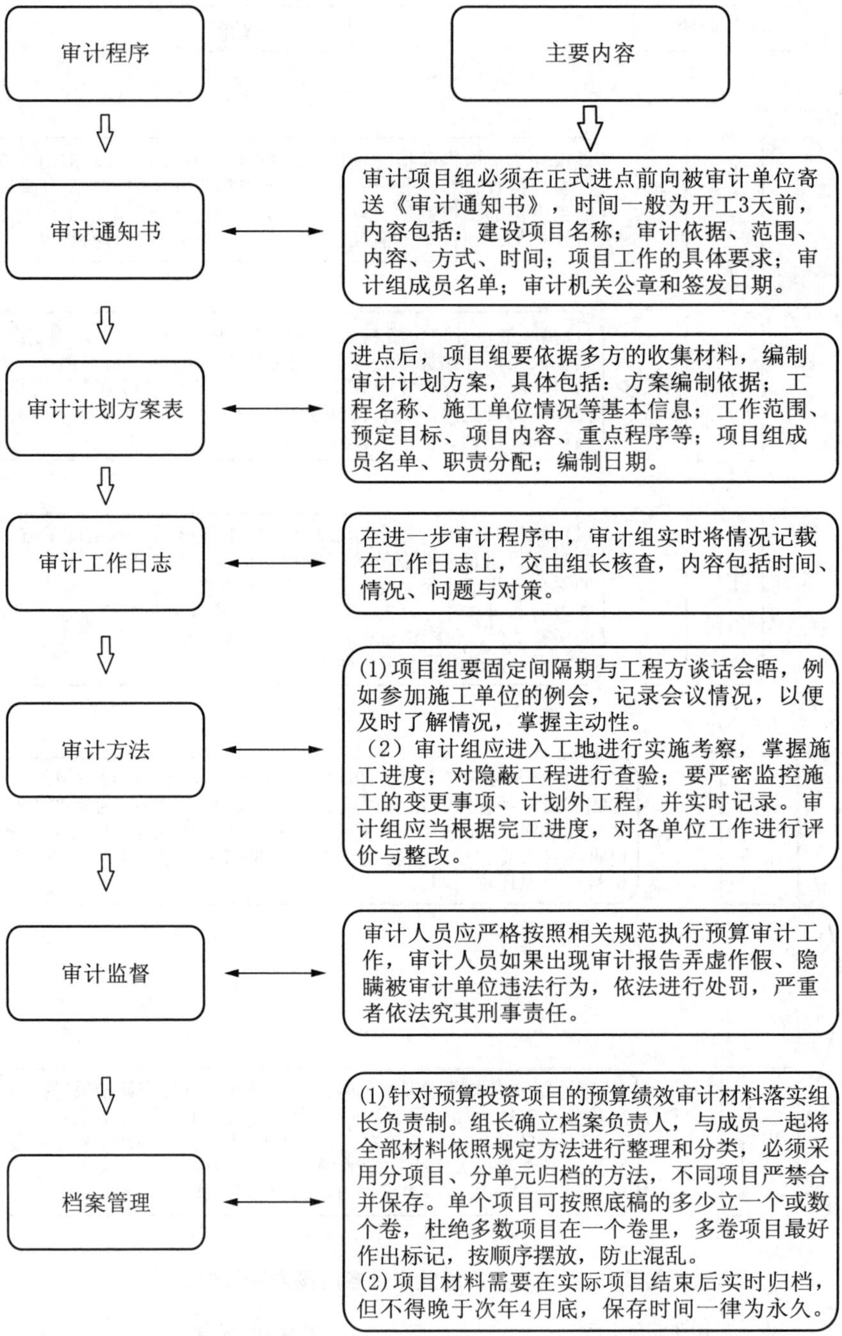

图 5.2　上海市执行项目预算审计具体审计程序规范

5.2 上海市部分项目预算绩效审计情况

5.2.1 2014年预算绩效审计项目

1. L路一期改建项目审计

2014年上海市政府决定对L路开展实施第一期改扩建项目，并为该项目调拨了专项财政预算资金，上海市审计局于2014年8月20日设立L路一期项目专项审计小组，专门针对该项目的预算资金使用调拨情况进行全程跟踪审计。市政府将该项目列为重点工作之一，并指定部门分管局长担任项目组组长，同时从审计局调集多位经验丰富的审计人员，24小时全天候无间隔地开展监控审计工作。专项审计小组按照政府规程提前送达相关的通知书，并在项目开始之前编制了初步审计计划表，进组后，为了更好地收集原始数据，保障审计工作的真实有效性，项目人员首先选择通过录像方式来获取、收集关于改建项目的一手资料，该改建项目全程长达8 239米，审计人员针对问题严重的区域重点关注、加强监控，完成初期的证据收集后，审计员变更了取证方式，通过与施工单位、建工单位等部门进行联动协作，获取工程相关资料；项目组曾在调查中发现部分地段存在勘探数据与实际不符的情况，导致实际需求与计划安排严重不符，审计组前往现场进行丈量取证，并留有影像资料作为辅助记录。

其次，在整个审计过程中，审计组人员会选择定期或不定期与工程单位开展会议进行交流，以及时了解工程进展，确保每一笔预算资金都能够落在实处。由于项目时间紧张，审计组并未及时制定审计跟踪日记，仅在该项审计项目接近尾声之时已完成的审计工作进行了总结归纳及记录。审计项目结束以后，审计组按照相关规定发布了初步审计结果，将审计调整结果送至综合法规科进行复核，最终，项目工程方申报金额为13 934.08万元，审计金额为12 114.86万元，审减数额1 819.22万元。待相关工作全部完成后，项目组按规定将档案尽数封存。

2. 老旧小区综合改制项目预算绩效审计

2014年为提高居民生活水平，打造文明城市，上海市市政府决定拨付专项财政资金，针对上海市城区内30个老旧小区开展实施综合改造整治工程，计划投入1.3亿元。由于该工程为重点项目，市审计局专门成立了审计小组，全程参与跟踪该项综合整治项目，并提供/完成预算审计相关工作。截至2014年8月21日，审计项目小组已设立预算审计项目20个,17个已审结,其中JA区任务16个,已报送11个,审结11个;裕安区任务9个,已报送6个,审结3个;开发区任务6个,已报送3个,审结3个。审计小组的首个项目为“淠绿新村改造工程”,该工程的预算审计工作已于2014年3月完成,工程送审金额3 003.97万元,最终审定金额2 781.76万元,核减222.21万元。根据规定,审计人员应当提前作好审计规划,于审计小组正式进驻3日前报送审计通知书,但由于该项目涉及范围较广,小区与小区之间距离较远,审计组并未提前报送审计通知书,而是选择在审计进驻当日与审计计划书一起送达,同时由于该项目涉及不同小区,地理位置相对分散,审计组未集中在同一地方进行审计,而是分散组成不同的小组,根据项目牵涉到的小区分别开展审计工作,在收集资料等工作完成后再统一集合,一起对工作内容进行梳理讨论。审计人员在搜集相关证据的时候,重点关注建设项目的审批文件、施工图预算编制范围,并将清单工程量列为审计重点,根据收集到的材料审计组首先单独计算了综合单价、材料价格及组价,再将计算结果与被审计单位报送的价格进行比对,经过对比,审计人员发现了施工单位存在多计零件数量,虚报单价等问题,审计组及时记录问题并提请被审计单位按期进行整改。完成了相关预算绩效审计工作后,审计组编制了初步审计报告并提交法规科,综合法规科核实后向被审计单位出具了预算绩效审计报告,并将工作底稿按规定封存。由于该项审计项目牵涉范围广,持续时间长,最终耗费时间超出了最初计划预算审计工作45天的时限。

5.2.2 2015年预算绩效审计项目

1. 火车站广场改造及大学科技园工程项目

2015年上海市政府设立了两个重点工程项目,一是针对火车站广场进行更新改造,二是建立XY大学科技园核心区I期,并拨付了财政预算资金。为保障这两项重点工程的质量与效果能够达到预期,市审计局成立了专项小组,针对两个工程的预算方案进行了详细的绩效审计工作。在审计工作开展过程中,项目组首先根据规定提前3天将通知书送达,并拟定了初步审计计划表。由于两项审计工作同时开展,审计工作量较为庞大,因而出现了审计人手不足的情况。项目组事先未曾料想到会发生这个情况,即使有临时抽调审计人员,但他们对项目不熟悉,赶不及审计进度,因此,审计组在审计资料获取方面并未完全做到严格把关。部分金额较小、不具重大影响的审计资料都由被审计单位和相关部门直接提供，而非审计人员亲自取得，审计人员针对非亲自获取的资料也没有做过具体的核实工作。值得庆幸的是该部分资料涉及金额不大，且在审计工作中的重要性较低，故未产生较大的影响。除去以上这些问题，审计项目组在审计工作执行过程中严格遵守政府预算审计工作规范，建立了跟踪审计日记，编制了详细的工作底稿，最终在规定期限内完成了相关审计工作。

2. 上海市高级技工学院新校区建设项目

2015年根据上海市政府文件规定，审计部门成立专项审计小组，专门针对上海市某高校校区扩建工程进行预算绩效审计。该工程总施工面积达6.2万平方米，规划单位为A大学建筑学院，勘察单位为B科技院，招标单位为C工程咨询有限公司，监理单位为D建设监理公司，2009年8月7日该工程进行公开招标，E建设公司中标承建，最高限价为8 692.47万元，中标合同价为8 668.78万元，报送结算价为12 680.70万元。审计工作正式开展前，审计组按照相关规定报送了审计通知书并拟定了审计计划表，同时由于该工程属于招标合同工程，项目组在正式进驻之前先行取得并仔细检查有关该工程的审批文件，包括项目申请书、用地批准及施工许可、环评报告以及该项目涉及的相关监管单位的资料和申报审批流程等是否符合规定。除以上提及的文件资料外，审计项目组还检查了该工程项目的招投标资料与经济合同，包括施工各方所签订的合同以及各方进行协商的记录、资料等基本材料，以判断该工程项目的合法与合规性。在实施后续审计程序的过程中，审计项目组依照规定进驻工程施工现场，亲自参与观察工程进度并获取到了充分且适当的审计证据，审计项目组遵照谨慎性原则，针对隐蔽工程也进行了查验。项目组调派专人全天候观察追踪工程施工进程，对施工过程中的非正常现象，如变更、额外施工等事项进行严格把关，并将其记录在项目工作日志中。同时审计人员对项目参建方的实际进度、耗用工时、完工质量等方面进行监督并提出相应的整改意见。随后，项目组对审计过程中获取的资料进行梳理，编制了详细的工作记录底稿，但是由于工作量较为庞大，审计人员在编制工作底稿时未能保持审计人员应有的细心，数据登记和计算过程中出现了错误，幸而这些错误在底稿送交复核的时候被检查出来了，审计组得以及时进行修正。在完成了恰当的审计程序后，审计组按计划如期完成该工程的预算绩效审计工作，向E建设公司出具了预算绩效审计报告，并提请E建设公司对发现的问题及时进行整改。

5.2.3　2016 年预算绩效审计项目

1. 2016 年全年上海市审计局统共对 97 个预算工程项目开展了预算审计

开展了 97 个预算工程项目预算审计，送审数额 18.79 亿元，审定数额 18.33 亿元，审计调整数额 0.8 亿元(其中减少 0.63 亿元，审增 0.17 亿元)。其中 SC 县审计局完成项目 17 个，送审数额 70 336.18 万元，审计核定数额为 67 743.56 万元，调整数额为 6 060.86 万元。

2. 上海市寿春路第四合同段工程价款结算审计项目及结果

根据《审计法》的规定，上海市审计局组成审计组，自 2016 年 10 月 17 日至 2016 年 12 月 9 日，对上海市重点工程上海市寿春路道路第四合同段工程价款结算进行了预算绩效审计。主要工程内容包括：道路、交通标识标牌、污水处理、照明等。工程设计单位为上海市规划设计研究院，监理单位为上海建工监理公司，通过公开招投标由 A 建设有限公司承建，采用定价合同(合同总价固定，为 64 497 093.00 元)，而建设单位最终报送工程结算价为 65 141 109.58 元。按照相关规定，A 建设有限公司向审计局报送了审计项目申请书，申请审核通过后，项目组在进驻前三天向 A 公司报送审计通知书，进驻后，项目组拟订了计划表，初步分配了项目有关工作，计划了具体审计程序及时间安排。由于该项目属于合同工程，审计人员在获取审计资料的同时也针对招投标有关资料、各参建单位(包括设计、施工、监理等)的资质证明以及合同原件进行了查验，以确保工程合规与合法性。在审计工作实施过程中，审计组安排审计人员进入工程的施工现场，主要针对工程完工进度、工程材料的使用情况等进行了详细的现场检查，并按照获取的结果计算该项工程实际造价与配件价格，经过实施这些审计程序，项目组发现工程中存在诸多问题，如虚报工程量、虚增配件价格等。审计组将其认定存在问题的项目记录下来，并按照实际应支付的金额进行了审计调减，并将具体情况记载在工作底稿上。由于项目牵涉范围广，工作量大，加上审计人员水平未能达到此次审计工作的要求，故该审计项目持续时间超过了规定的期限，最后项目持续了 52 天，项目组在完成了全面的审计工作后，编制了审计底稿，并出具了审计报告，提出了相应的整改意见。

5.3　上海市预算绩效审计结果分析

根据以上所介绍上海市预算审计的情况，对比其他地区同时期的发展态势不难看出，政府预算绩效审计至关重要。它指导着财政资金、社会资源的优化配置，监督着政府投资资金的拨付与使用，因此其必须尽可能地完善。然而中国目前的现状是，政府预算资金项目问题频出，包括实际工程款与政府拨付金额出入较大、监督不到位、资金利用率低或移用别处等。这不仅会造成财政资金的流失，还会对政府的形象带来负面的影响。为彻底解决这些问题，必须积极推动各个地区市级政府预算绩效审计工作的发展，在实际工作中不断发现问题并改进，完善审计工作的流程与效率，最大程度地提升资金和资源的利用率。中国目前大部分地区的市级政府的预算审计工作还存在诸多问题，如审计过程中并不是严格按照规章制度执行，存在走过场的情况，在审计工作中没有监督和反馈，从业人员的业务能力并不能达到审计工作的要求，导致预算绩效审计工作并不能准确及时地发现问题等。为使预算绩效审计工作更加完善，就需要我们深层次剖析问题出现的原因，及时提出合理的整改措施。

5.4 本章小结

本章着重阐述上海市利用大数据推动审计全覆盖“点”上问题，分析了上海市政府预算绩效审计的发展情况，可以清晰地看到，对多数地方政府来说，预算审计工作部署都不尽相同，但都十分重视。其次阐述了上海市预算绩效审计基本流程及规范，重点阐述上海市部分项目预算绩效审计情况，对上海市预算绩效审计结果进行了分析，对比其他地区同时期的发展态势不难看出，政府预算绩效审计是预算审计的较高层次，它指导着财政资金、社会资源的优化配置，监督着政府投资资金的拨付与使用，因此必须尽可能地加以完善。

6 基于大数据的上海市预算执行审计全覆盖

6.1 预算执行审计全覆盖的含义

何为预算执行审计全覆盖呢?

明确预算执行审计与审计全覆盖的关系至关重要。

首先,预算执行审计是实现审计全覆盖的必经之路。国家审计作为国家治理现代化的基石与重要保障,必须落实审计全覆盖,发挥好中央重大决策部署的“督察员”、公共资金“守护神”、经济发展“安全员”、深化改革“催化剂”、反腐“尖兵利剑”的职能。预算执行审计作为国家审计的重要一环,也正是实现全覆盖的必由之路,促进国民经济健康发展。

其次,审计全覆盖的重要构成之一即为预算执行审计。在国有资产、公共资金、国有资源以及公权力领导干部履职经济责任、旅行自然资源资产管理和生态环境保护责任状况中都贯穿了政府预算工作,政府预算工作对国家制定大政方针和经济政策发挥着重要的指导职能。因此在审计全覆盖的推进进程中,必然要做好预算执行审计工作。

最后,审计全覆盖与预算执行审计是相得益彰,对立统一的。二者既有不同之处,又有辩证统一的内在联系。只有在审计全覆盖的目标前提作用下,才能更好地落实预算执行审计,真正成为政府审计的免疫系统。

广义上的预算执行审计全覆盖涵盖了一、二、三级预算单位，在对预算单位进行审计时，应做到360度全方位审计，审其应审，凡审必严，不留死角，消除监督盲区。另外，在单独的审计项目中，申报预算、编制预算、拨款的使用和调整及其结余、绩效与整改实施进度等，都需要重点审计。由此来提升对预算单位"同级审"的广度和对预算资金"上下审"的深度，贯彻推进预算执行审计全覆盖。狭义上的预算执行审计全覆盖，除了以上所述的横纵向全覆盖，管理、分配和使用公共资金、国有资产、国有资源情况，行使公权力领导干部履行经济责任情况、履行自然资源资产管理和生态环境保护责任情况，都涵盖于预算执行审计全覆盖中，这是国家审计全覆盖的重要要求，也是构建统一高效审计监督体系的重要目标。综上所述，预算执行审计全覆盖可定义为在一定的审计周期中，审计机关应当依法对各级预算执行单位的合法性、党和国家重大政策措施的体现落实情况、行使公权力领导干部的履职尽责表现情况进行审计，测算预算执行的绩效度，对公共资金、国有资产、国有资源的预算使用情况的合规性进行审计。

6.2 预算执行审计全覆盖的目标

预算执行审计全覆盖的目标可以概括为以下三个关键词：真实、合规、效益。

首先，预算执行审计全覆盖的真实性：预算的编制、拨付、收支以及国有资产、国有资源的使用管理等应该严格遵循相关会计制度，被审计范围内的各级单位的预算执行情况应该被相关会计信息真实地反映，如党政机关和国有企事业领导人在整改工作中取得的成效、发现的问题、是否真实被披露，以及是否切实履行了相关经济责任等。

其次，预算执行审计全覆盖的合规性：预算的编制、拨付、收支，以及国有资产、国有资源的使用管理还应严格遵循相关法律法规，各级单位相关领导人应以"八项规定"和"约法三章"为行为准则，履行预算相关的职责义务。

最后，预算执行审计全覆盖的效益性：对预算的编制、调整、执行实施紧密跟踪式把控监督，重点审计预算资金的留存和收支，关注财政预算资金的运用是否合理、高效、科学。对党政机关和国有企事业单位的领导人进行政效考核，监督其履行预算相关的责任的情况。

6.3　预算执行审计全覆盖的特点

一是预算执行审计全覆盖抓主要矛盾：预算执行审计立足于党和政府的工作重心，在整体把握预算执行审计的情况的基础上，结合不同经济区域的发展现状，有的放矢地针对社会热点问题进行重点审计。

二是预算执行审计全覆盖程序化推进：预算执行审计的实施过程是稳步推进、实事求是、科学统筹地对一般审计对象采取轮审与抽审方式，对重点的审计对象设置每年为一个审计周期，在五年内有计划、有步骤地实现预算执行审计全覆盖。

三是预算执行审计全覆盖横纵向结合：对预算单位"同级审"有广度，对预算资金"上下审"有深度，全面覆盖了从公共资金、国有资产、国有资源，到党政领导干部和国有企事业单位领导人履行预算的经济责任程度的审计，做到全方位，不留遗漏的审计。

四是预算执行审计全覆盖成效显著：根据对预算执行情况的审计成果，发现执行过程中暴露的问题，深入调查分析，究其原因以提出切实可行的改进措施，对于全覆盖的推进有着显著的成效。

6.4　预算执行审计全覆盖的内容

(1) 预算相关的公共资金。

公共资金指公共财政资金和其他社会公共资金，是通过税、利、费、债方式筹集和分配的资金。国家预算资金是指国家为实现其职能通过预算形式形成并集中使用的资金。它作为财政公共资金的重要构成部分，预算资金的拨付、分配、管理、使用是否严格依据相关法律，其管理是否能够达成真实、合规、有效的目标，都是审计机关的重要检查内容。同时，为防止预算资金在使用和管理过程中发生沉积，保证预算资金发挥其应有的效能，审计机关重点监督相关使用部门和各级单位的收支、结算情况，以及相关负责人职责履行的情况有着重要意义。

(2) 预算相关的国有资产。

对于所有权属于国家的各类资产，国家对其经营、使用进行组织、指挥、协调、监督并控制的行为，属于国有资产管理的范畴。其中，固定资产因其重要性，采购权由政府部门统一管控，固定资产的采购预算由相关审计机关进行重点审计。同时，应检验与国有资产相关的职责是否履行到位，检验国有资产的结构是否合理、需要如何优化，对于国有资产的保值、增值应做好相关保障，做到国有资产使用单位的权益合法化，由此所有制经济的主导地位才能得到进一步巩固与发展，推动社会主义市场经济和生产力的不断发展。

(3) 预算相关的国有资源。

资源性国有资产主要由中国领土上的土地、矿藏、水流以及宪法规定属于国家所有的森林、山岭、草原、荒地和滩涂等构成。专项审计包括重点区域的环境保护专项资金的监管情况，及自然资源资金预算管理情况。同时应对生态环境的保护情况、国有资源的开发和使用情况等进行重点监督，监管相关部门的职责是否落实到位，以大力促进我国资源经济的可持续发展。

(4) 党政领导干部和国有企业负责人履行预算相关经济责任的情况。

经济责任审计的主要负责主体为独立的审计机构和审计人员，他们以党和国家的方针政策、财政法令、财经制度等作为执行经济责任审计的主要依据，审计、监督、评价经济责任关系主体经济责任的履行情况。基于预算执行审计全覆盖，党政领导干部和国有企事业单位的负责人是否依法尽责、是否合法执行财政收支及预算情况，审计机关应依法进行审计。

6.5 大数据下上海市审计信息化与预算执行审计全覆盖

审计信息化(即信息化审计的形式集合)是指审计机关利用现代化信息技术和专用工具，深入开发和广泛利用信息资源，提高审计业务、管理和决策的能力和效率，推进实现审计现代化的过程。审计信息化的特点主要为数字化、网络化、集成化、共享化、知识化，其中，网络化审计较为主流。

首先，审计对象的网络化审计，体现在上海审计机关的作业方式及时作出相应的调整。要运用计算机技术，全面检查被审计单位经济活动，发挥审计监督的应有作用。

其次，审计手段的网络化。其体现在自 20 世纪末，随着信息技术的发展和会计电算化的普及，税务机关、海关、银行等机构的审计工作由手工审计转向计算机审计。此外，审计署还颁布了《审计信息化规划》，顺应发展趋势而革新审计方法。上海市经过近20年的发展，审计信息化系统建设项目取得了显著成绩，“金审”一期和二期的目标逐步达成。

网络审计系统的建设和完善，及计算机审计方法的广泛应用等均为审计手段网络化的体现。同时，被审计单位的内部控制系统及财务数据及相关资料也得到完善，审计信息系统化有效提升了审计队伍审计监督的能力。

在大数据背景下，预算执行审计全覆盖要与云技术相结合，二者相辅相成，共同促进效益提升，主要表现在以下四个方面。

一是审计方法进阶化。依托信息化平台，审计数据的分析能够更有逻辑性、规律性、系统性。云技术、大数据、信息集成管理等技术手段，为采集审计数据、并将审计数据加以整合分析的工作作出重要支撑，能够在相关数据中快速厘清一项审计业务的脉络，精准挖掘该审计项目中的核心信息，促进审计资源的优化利用。

二是审计思路创新化。信息大爆炸的时代下，上海市审计部门想要追踪预算相关的公共资金与国有资产的使用情况，甄别信息的真实性和有效性，就必须充分运用信息技术手段，使审计问题有迹可循成为重点。由此，创新审计思路，尽快发现疑点、排查疑点，才能高效、高质量地完成审计全覆盖任务。

三是审计视角开阔化。上海市审计部门在对预算进行审计时，为了更好地评价内部预算体系，除了应当掌握预算工作的开展情况、政府拨款的收入与支出情况外，更要把握在前者的运行环境下后者的效率以及改进情况，运用大数据审计技术在一定程度上解决该问题。

四是审计信息共享化。党政机关与国有企事业单位之间存在明显的信息不对称的现象，彼此掌握的数据无法进行有效联结。为促进跨部门间的联动、信息有效沟通需要依托信息化平台，共享数据，打造“互联网+审计”模式，上海市审计部门打破行业壁垒，减弱跨行业跨部门审计监督的阻力，加强审计监察的力度，促进监督效能的发挥。

6.6 上海市预算执行审计全覆盖之技术应用

自20世纪末实施“金审”工程以来，审计技术方法不断创新，审计技术运用日益成熟。从传统的手工审计发展为“互联网+审计”模式，大数据和云计算，如Python、预警系统、集成管理系统等技术的创新应用，充实丰富了计算机审计分析模型和审计方法体系。上海市新型审计模式发展迅速,应用成效显著,这是预算执行审计全覆盖的落实的重要保证。以上海市审计局为例,其设立信息化审计系统,加大审计信息化技术的研发力度,加大基础设施和人才培养的投入,重点审计项目由审计人员全程跟踪,深入学习使用审计实施系统和审计管理系统。另外,其引进数字化审计方式,运用联网审计系统采集预算数据,并进行整合分类加以编码,实现数据跨系统的可比性操作。此外,还运用审计模型实时监测各部门预算的执行情况,是否合法、合规,是否真实有效。预算执行审计全覆盖技术如图 6.1 所示。

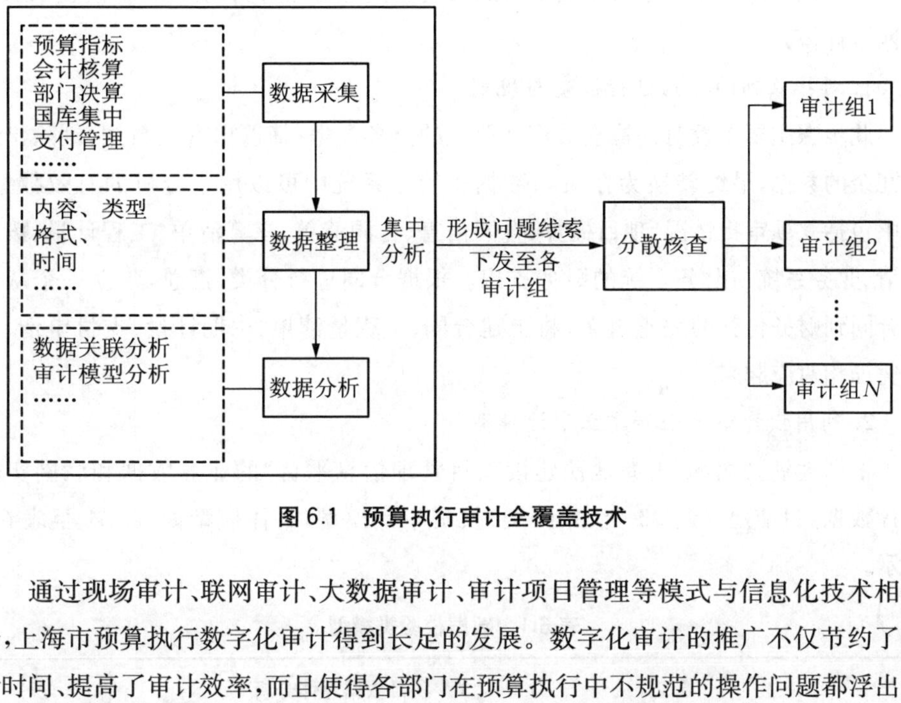

图 6.1 预算执行审计全覆盖技术

通过现场审计、联网审计、大数据审计、审计项目管理等模式与信息化技术相结合,上海市预算执行数字化审计得到长足的发展。数字化审计的推广不仅节约了审计时间、提高了审计效率,而且使得各部门在预算执行中不规范的操作问题都浮出水面,使审计工作有的放矢。然而,在这个过程中也伴随着很多问题,诸如人才不足、执行力较差、采集操作不合理等体制机制和业务水平缺陷。因此,想要优质高效地进行预算执行审计全覆盖,必须加大对人才培养的投入,加快体制机制改革的步伐。

6.7 上海市投资项目联网实时审计模式研究

6.7.1 上海市投资项目联网实时审计的定义及基本特征

近年来,上海市政府加大对建设项目的投资,仅 2014 年市重点项目就达到 70

余个,金额多达百亿元,较21世纪初总投资额翻了一番。随着经济发展越发迅猛,经济形势与审计形式愈发严峻,经济风险愈大,审计项目投资也愈发迫在眉睫,各项目台账差异、审计预警滞后、成本控制困难、日常管理繁杂等问题需着力解决。对政府投资相关信息如何建立有效的监督机制,确保审计投资项目的有效建成,成为严峻考验。

6.7.2　上海市投资项目联网实时审计模式应用

以下以上海地铁5号线建设项目的投资及执行情况为例,引入审计模型来探讨联网审计模式。

1. 对接收到的数据进行检查与规划

此步骤主要是校对并检查被审计单位的财务数据,筛选出有效数据,剔除错误或冗余的数据,最终转换为在关系数据库管理系统中可以用于分析的有效数据。其中包括立项审批情况、项目概算、合同信息、合同清单、核算清单、工程计量、拨款申请、业务系统与财务系统的财务支出。根据合同进行分类、汇总,建立一个从工程合同到财务付款的完整链条,将土建合同、工程量清单、中期计量、支付申请、付款凭证相对应起来。

2. 利用投资审计经验建立审计模型

根据地铁公司的《上海地铁建设项目管理信息平台》的业务数据和联网实时审计数据,目前建立起33个(共四类)投资审计模型,具体模型如表6.1至表6.5所示。

表6.1　数据校验类模型

数据校验类模型(C)	1	C1 项目数据总体分析
	2	C2 合同数据总体分析
	3	C3 财务支付业务数据检查
	4	C4 拨款申请对应未知合同
	5	C5-1 中期支付证书清单项差异
	6	C5-2 中期支付证书计量汇总差异
	7	C5-3 中期支付证书核对
	8	C5-4 中期支付证书计量清单项为空

表 6.2 对比分析类模型

对比分析类模型(D)	1	D3 核算清单与合同对比分析
	2	D4 工程计量与核算清单对比分析
	3	D5 拨款申请未经工程计量情况
	4	D6 拨款申请超出工程计量情况
	5	D7-1 地铁 5 号线合同执行情况
	6	D7-2 地铁 5 号线合同业务支付情况
	7	D8 拨款申请财务支付情况
	8	D9 中期支付与清单计量汇总分析
	9	D10 中期支付与清单计量明细分析

表 6.3 查询分析类模型

查询分析类模型(Q)	1	Q2 地铁立项审批情况
	2	Q3 地铁项目概算
	3	Q4 地铁项目合同信息
	4	Q5 地铁项目合同清单
	5	Q6 地铁项目核算清单
	6	Q7-1 月度工程计量汇总
	7	Q7 地铁项目工程计量
	8	Q8-1 月度拨款申请汇总
	9	Q8-2 地铁项目拨款申请
	10	Q9-1 月度财务支付汇总
	11	Q9-2 地铁项目财务系统
	12	Q10 地铁项目业务系统

表 6.4 财务数据与业务数据关联分析类模型

财务数据与业务数据关联分析类模型(T)	1	T1 业务系统财务支付无凭账号
	2	T2 业务支付无对应凭证
	3	T3 财务记账业务未体现支付
	4	T4 业务支付对应财务情况

3. 将业务数据与财务数据进行对比分析

通过了解地铁 5 号线的合同清单、核算清单、拨款申请状况，将其业务和财务数据进行比较，得到以下分析：

一是按计量支付情况。测算并确认已完成工程是否符合合同规定和要求即为中期计量,是中期支付的前提。确认无误后按合同约定的价格进行支付即为中期支付。财务部门根据业务部上报的中期计量与中期支付凭证进行拨款。重点控制步骤为计量并申请拨款后是否发生财务支出,以及拨款金额是否在申请范围内,对超出范围的金额应进行说明。

二是超合同额支付。经比对申请拨款和实际支出是否一致后,严格把控合同金额中实际支付及拨款申请金额的比重,监测超额支出的走向是否合法合规。

三是收款单位与合同单位不一致。比对实际收款人是否与合同约定收款人一致。

四是财务支付周期超半年。财务支付周期超半年是指,财务系统显示的与合同签订的拨款时间相差的支付时差超过半年的情况。那么就需要深入了解公司的管理和财务状况,分析该情况的成因。审计机关可以依托信息化平台,全面了解项目建设从立项到实施,再到竣工结算的情况。在实践中建立健全审计模型,促进财政资金的合规性和高效利用,促进审计监督的落实。加大对企业信贷资质的管控,规避贷款风险,提高信贷质量。当前,大部分商业银行处于“信息孤岛”的状态,对借贷企业的经营状况了解不足,不能及时发现其偿贷的风险。不对称的信息往往使放贷方处于消息滞后、贷款管理不足的境地。通过运用联网审计技术,审计机构和商业银行自身都可以及时了解企业的各方信息。不论是放贷企业的缴税情况,还是工商社保信息、信用资质评级、经营状况,都可以在审计联网上被实时监测,做到“审网恢恢,疏而不漏”,以便及时做好风险防范工作。

4. 担保企业风险监控

信贷资产的质量不仅受到受贷企业的影响,还与其担保方式有着密切联系。担保方的资信评级高低、抵押物的真事可靠性以及担保方的信用等级都会影响信贷资产的质量。通常,与信用担保相比,实体担保较为稳健。前者的担保风险更大,当借贷企业经营出现问题无力偿还贷款的情况发生时,商业银行有权追索担保方。然而现实情况是,贷款风险发生后,尽管有法律约束,但追索贷款往往无法实现,导致商业银行出现重大损失。因此,审计机构也要重点关注担保企业的经营状况和财务风险。利用联网审计平台鉴别担保方的真实性和存在性,及时了解担保方的经营状态,对其发生的非正常变动,如资产情况恶化、执照被吊销等,及时作出防范,防患于未然。

6.8 上海市金融领域联网实时审计模式研究

6.8.1 上海市金融领域联网实时审计的定义及基本特征

近年来，上海市商业银行的经营业务的管理模式也逐步向网络化、云计算转变，传统的手工审计已经无法支撑商业银行在纷繁复杂的市场中规避经营风险。借助网络化审计，依托大数据平台能够使商业银行的审计将其基础数据体系化、流程化，在大量数据中去筛选出有效数据，不仅可批量化统筹，而且有利于抓住信息的重要矛盾，预防风险。联网实时审计在金融领域的应用，是由单一传统审计向创新审计模式转变的里程碑，可突破现场审计的模式，与远程审计相配合，提升审计质量和审计效率，是金融领域推广审计全覆盖的重要标志。

6.8.2 上海市金融领域联网实时审计模式应用

1. 信用风险监控

在金融风险中，最难以防范的主要是信用风险。目前中国商业银行的主营业务收入仍以信贷业务为主，但同时也为商业银行带来了极高的信用风险和操作难度。近年来金融案件频频发生，使得对信贷业务的监督(以对公信贷业务为主)变得尤为重要，应实时评估、担保企业的经营风险和信用评级，防控商业银行的信贷风险，做到防患于未然。

2. 贷款企业风险状况监控

借款企业信贷资产质量的优劣与其经营情况的好坏密不可分。目前，由于商业银行获取信息受限于渠道单一，仅仅依靠后期信贷员的走访来完成贷款中的关键环节——贷后管理。该手段过于简单，流于表面，很难掌握企业是否按照贷款合同规定的用途使用资金，是否挪用贷款，抵押品是否保存完好等一系列问题，而这一系列的问题和隐患对确保商业银行资金安全至关重要。此时就需要充分发挥审计的外部监督作用，真实披露一些外部信息和证据，从而更加真实地反映企业的经营状况，更好地把控商业银行在资金层面面临的信用风险。审计平台作为集大成者，能够做到汇集企业的纳税、工商注册、社保缴纳等多方面信息，将工商、地税、社保、公安等多渠道海量数据进行汇总和整合。

3. 担保企业风险监控

担保作为信贷环节的重中之重，关系到担保企业的经营状况并与其担保的授信业务直接挂钩。担保企业的出现在一定程度上提高借款企业的信用等级，规避企业一旦出现问题，银行无法追回贷款的情况。这对信贷资产的质量提出了高要求：以实物作为抵押担保，要比单纯依靠信用和保证作为担保的风险小。因为一旦出现借款企业不能偿还债务的情况，对担保企业追溯时，可以对抵押资产进行变现和拍卖，减少商业银行的损失。考虑现实中一些不可抗力的因素，出现担保不能按时偿还时，商业银行往往申请走法院执行程序，涉及担保资产评估和变现等问题，某种程度上会造成商业银行一定的人力、物力、财力损失，而且执行担保资产也存在一定的时滞性。

关注企业的财务状况只不过是监控商业银行经营状况的冰山一角，担保企业的财务状况、经营状况是否稳定、资金流向何处等，也要被纳入监测范围。有些企业存在严重的道德风险，弄虚作假、隐瞒企业的真实经营状况，有的甚至已经被吊销营业执照，处于名存实亡的状态，此时做好风险监测势必成为审计过程中的重要环节。要充分利用工商、税务等相关外部信息，仔细考量和重新考量担保企业的风险承受能力、营运能力和企业发展能力，理性地对风险进行全面的分析和评判，同时为商业银行敲响警钟，作出风险提示，尽快提醒商业银行作出预警机制和应急预案，将商业银行的利益损失降到最小。

4. 流动性风险监控

大部分银行破产的根本原因并不是资产质量的问题，而是因为资产流动性缺乏。所谓流动性，就是金融资产的变现能力；流动性的强弱深刻反映着企业资金的运行状况，资金的流动性越强，资金运行效率越快，其面临的风险就越小。流动性也成为困扰各经济体的一项永恒的难题，商业银行作为经营货币的特殊企业，其流动性压力主要来自负债和资产两方面，负债的流动性占据绝大多数，提升负债的流动性有助于资金的安全。商业银行的负债风险主要体现在一些企业的存款多数集中在中期和短期，而贷款也就是负债主要是长期，所以商业银行的流动性支付具有刚性和不稳定性。一些企业为了稳定本身的经营状况，会增加短期存款，借长期贷款，这就会引起资产和负债的错配性风险，负债的稳定性越来越差，就会累计流动性风险。因此，将商业银行的流动性风险作为监控的主要目标是很有必要的。鉴于全方位考量银行的经营状况，把流动性期限缺口、流动性比例、最大十家金融机构同业拆入情况作为重要维度进行分析。

5. 流动性期限缺监控

流动性风险主要有三个来源：资产的流动性、负债的流动性和表外流动性。资产的流动性和风险性呈反比，和期限性呈正比，故为了实现高收益，商业银行愿意持有期限长、收益高的金融资产。而对于负债而言，商业银行必须拥有足够的资金来满足日常的支付和结算。针对上述特性，我们可以采用短期现金流量分析和长期结构性分析。短期现金流量分析中，银行自身资产和负债结构的错配是引发流动性的源泉，通过现金流量的方法，计算短期内资产和负债之间的缺口的正负，对财务分析中的流动性比率、流动性覆盖比率和优质流动性资产进行分析，监测出银行资产和负债的流动性情况。流动性期限错配分析就是把业务的期限与流动相关联。最典型的就是拿短期贷款去偿还长期贷款，这就出现了期限错配风险，这样资金不能实现滚动，长期积累，短期内负债大于短期内资产。错配的程度与流动性风险呈正相关关系，因此，监测期限内资产负债的错配有助于监测潜在的流动性风险，监测银行流动性缺口是否异常，进而判断银行的清偿能力。

6. 流动性比例监控

对商业银行总账系统进行查询时，短期流动性风险的计量包括实时性的流动性资产、流动性负债及平均流动性资产和负债情况。由于受时滞后的影响，很多流动性风险要在一定的时期内显现出来，所以同样要考虑长期限的或者即将到期的融资可能发生的流动性风险。

7. 同业拆入业务监控情况

同业拆入资金就是金融机构之间融通资金的一种方式，商业银行是同业拆入的重要金融机构。说到资金的融通，就会涉及流动性风险。挑选规模最大、具有代表性的十大金融机构作为检测对象，通过查看这些机构的资金流向，来了解拆入的资金是否他用、是否具有相对的稳定性。对于同业拆入的资金，没有抵押物作为抵押，没有担保的中介，全凭借信用来实现拆借和拆入。它局限于解决商业银行短期的资金流通，拆入的资金仅仅局限于弥补票据结算、先支后收、调剂头寸等临时性资金的救急，固定资产贷款、投资、弥补资本金等长期用途是不允许的。违规使用拆入资金就违背了拆入资金的作为短期贷款的本意，所以设立相关的模型来监测风险是对拆入资金正常运行的最好保护。

存款类业务监控情况，主要有以下四种情况。

一是临时存款账户有效期大于2年的情况。根据《人民币银行结算账户管理办法》，临时存款账户其有效期最长不得超过2年。如果某单位在银行开设临时存款账户，审计人员应该核实其是否存在不符合开立正式账户的缘由。违规超过2年使用临时账户，说明其存在不为人知的资金问题。基于上述问题，审计人员应对商业银行的临时账户设立时长超过2年的账户着重检查。

二是对公活期存款一般户取现情况。根据《人民币银行结算账户管理办法》，一般存款账户可以办理现金缴存，但不得办理现金支取。对商业银行的对公账户，审计人员可以采取检查其交易流水的方式，及时监测是否存在对公活期存款一般户支取现金的情况。

三是对公客户在基本户开户机构同时开立一般户情况。根据《人民币银行结算账户管理办法》，存款人除特殊情况外，不得在基本户开户行外的银行机构开立银行账户。审计人员可以检查存款人的基本账户信息，监督其开立基本户的银行有无开立一般户。

四是对共结算户3个工作日内办理付款业务情况。根据《人民币银行结算账户管理办法》，自正式开立之日起3个工作日后，存款人开立的单位与银行结算账户，才可办理付款业务。鉴于此，可以监督新开立的对公账户3个工作日内的流水。

贷款类业务监控情况，主要有以下五种情况。

一是贷款五级分类为正常类但贷款存在表外欠息查询分析。将银行财务系统中的欠息数据、业务系统中对的贷款五级分类数据相关联，被审计单位的有关表外欠息以及未及时调整五级分类的贷款记录的情况，应该及时进行调整，使信贷资产的质量得以如实反映。

二是五级分类正常但贷款存在预期查询。将银行财务系统的还款记录、业务系统中的贷款五级分类状态数据相关联，实时监控到期未正常归还的逾期贷款，要求被审计单位及时调整五级分类，如实反映信贷资产质量。

三是贷款办理借新还旧五级分类正常的贷款查询。商业银行应该按相关规定进行五级分类。根据银行交易流水，追踪还款资金来源，实时筛选出借新还旧的贷款记录。

四是贷款资金用作承兑汇票保证金查询，将业务系统的发放贷款与承兑汇票记录相关联，追踪资金流动去向，排查借款企业是否将贷款资金用作承兑汇票保证金的情况。

五是汇款资金流入分析。为实时监测是否有将贷款资金直接从借款企业存款账户直接划入担保人、关联企业、个人账户存款账户的违规问题。应该将银行交易流水数据、贷款资金去向进行实时比对。

支付结算类监控情况，主要有以下三种情况。

一是银行承兑汇票票面期限超过6个月监控查询。银行承兑汇票属于短期融资的一种手段，它对信用要求很高，银行作为汇票的承兑部门，检查短期票面金额是有必要的。

二是银行承兑汇票快速贴现情况监控查询。开具银行承兑汇票应遵循交易真实性原则，倘若出现企业快速贴现银行承兑汇票的情况，将会出现企业套取资金、出票银行垫资的风险。因此需要审计人员重点关注承兑汇票是否在开出后快速在本行其他机构贴现，实时追踪承兑汇票编号。

三是银行承兑汇票低保证金比例监控查询。商业银行承兑汇票的垫款风险可以通过增加保证金来降低，每个商业银行都明确规定了承兑汇票的保证金。对于保证金缴纳额未达到银行要求的客户，如果签发承兑汇票则属于严重的违规操作，前发行由此会触发更高的垫资风险。实时监测与承兑汇票签发及保证金交纳的有关数据，能够起到预先防范和预警的作用。

近年来金融行业在严峻的经济形势的漩涡中不断谋求新型业务，在这种大背景下，商业银行的盈利点与经营理念也在进行更新变革，而不再局限于单一的存贷。诸如商业银行因衍生金融工具雨后春笋般出现，风险类型更加复杂、多样。同样，对于审计机构的要求也随之提高，如何应对庞大的金融数据，如何创新审计模式以更好地适应当前金融业的发展，需要将联网审计手段应用到商业银行审计中。诚然，目前所看到的金融业务是片面的，对其与联网实时审计的融合的探索还不够充分，在未来很长一段时间内，都需要我们不断创新，加快新型审计模型研发步伐，调研金融业的发展进程，才能全面、及时、高效地监控商业银行的业务，将审计的监督预警职能发挥到极致。

6.9 上海市社保专项资金联网实时审计模式研究

6.9.1 上海市社保专项资金联网实时的定义及基本特征

社会保障是我国一项基本的社会经济制度，是现代工业文明的产物，它保障着社会的安定，是经济发展的“助推器”，是维护人民群众切身利益的“托底机制”，是宏观调控的“强杠杆”。伴随一种制度的建立健全，必然会滋生一些问题，诸如截围、挪用或采用非法手段侵占社会保障基金等问题屡屡发生。怎样合理分配社会保障基金，避免滥用和规避管理风险，使其效用最大化，已经成为上海市政府亟待解决的一大难题。这就要求拥有监管职能的审计部门及时有效地发挥其监督检查的职责。社会保障基金覆盖面广，涉及群体众多，收支渠道较为复杂，管理和经办机构多，涉及部门多；相较于复杂的审计对象和审计内容，社保专项资金的审计力量显得尤为薄弱。现阶段，除了上海市审计机关的人力资源缺乏外，专项审计人员的专业技能和执法水平还有待进一步加强。适时引入联网审计模式以对海量的社保基金进行专项审计，有望突破传统审计应对海量数据无力的困境。借助联网审计，可将城镇居民的“五险”数据、社保财政税务三个部门的信息都收入联网审计系统，使各数据关联方的计算机网络与审计机关相连接。通过联网审计平台，结合审计应用软件系统，转换所采集的大数据，进而做到资源共享。开展异地远程实时的联网核查、分析、排疑、预警，更高效地为审计目标服务，为社保资金高效运转服务。在不同地方进行远程实时网络验证和分析，开展故障排除和预警，可更有效地服务于审计目标，有效地为社会保障基金服务。

社保业务主要涵盖城镇居民医疗保险、生育保险、养老保险、失业保险、工伤险等，审计范围也应该相应扩大，可将以上社保业务数据和工商、税务、民政、公安车辆、户籍等信息数据纳入“一张网”的联网审计模式。上海市实现从财务审计向“财务＋业务”审计的转变，审计视野被大量业务数据拓宽后，才有可能有效防范财务风险。如利用申请社会低保的个人真实情况，可以通过公安部门登记的车辆信息（个人或亲属名下是否有豪车）及户籍信息来检验真实性，政府拆迁补偿申请人的残疾人证明也可以通过联网系统中的医保信息情况得到验证。

6.9.2　上海市通过各单位信息系统形成“大数据”优势，扩大审计覆盖范围

上海市联网审计模式弥补了传统模式的部分缺陷。通过定期收取被审计对象的数据，可以实现实时监控，多角度、全面了解被审计单位的各项业务情况，将“发现型”审计问题转换为“预防型”审计问题，及时发现风险隐患，防患于未然。如周期性核实参保者的生活状态，避免其家属在参保人离世后继续冒领养老金，社保基金发生不当错用。

6.9.3　上海市通过现代科技技术，创新审计方式，提高工作效率

上海市在联网审计模式之前，审计人员的现场审计通常以计算机为辅助设备，

采集数据分析数据的过程中难免受到时间或空间上的限制。网络审计模式推广后，采集数据的效率大大提高，对数据的处理分析也更加高效。以上海市为例，“一张网”系统可以统计劳动服务性质单位为职工缴纳社会保险的情况，全面监察劳务派遣单位是否存在代收代缴社会保险的违规行为；监督行政事业单位是否存在生育险滥用与津贴发放，是否存在生育保险津贴长期挂账的问题。

6.10 上海市实施金融领域联网实时审计模式取得的成效研究

上海市之所以在审计全覆盖的推行中取得了显著成效，联网审计模式可谓是一大主力。在拓宽审计覆盖面的同时，又形成了“大数据+审计”的模式，成果累累。

一是充分利用联网数据立项审计，效果显著。2015 年，上海市审计局出具疑点核查通知和整改通知 70 余份，纠正了近 200 个单位存在的骗取银行贷款、违反中央八项规定、私设“小金库”、少缴社会保险费、骗取低保和廉租房补贴等违法违规行为。通过联网审计系统，审计人员能够直接比对旧房拆迁补助申领情况与市社保中心的资料库中的数据是否有出入，及时查明伪造医疗记录和病历骗取困难补贴的案件。审计人员通过比对国土房管局和市场监管委等部门的数据，系统可同时呈现每个家庭成员的月平均收入、拥有车辆的信息以及工商登记的投资情况，在审计人员“足不出户”的情况下，已经查明近 2 000 户家庭作假，并注销其低保资格。跨部门数据比对使得审计工作变得更加高效，改变了以往审计工作中单一检查证件真伪难以查明的情况。通过横向比对不同部门的数据，享受优惠政策的人群的资格是否真实水落石出。

二是无项目审计模式使审计模式更丰富。无项目审计模式是指，可以同时对某一专项资金或事项开展远程审计，批量对比分析被审计单位的相关数据，发现缺陷后向相关单位开具《联网实时审计疑点核查函》，或进行实地核实，现场执行审计。各级审计机关的无项目审计由市局的无项目审计计划确定后，对其审计范围内的被审计单位实施“联网专项审计”。通过“一张网”系统，全过程跟踪审计成为现实可行，例如，从事财政局指标管理系统数据出发，全过程跟踪审计市财政专项资金。核实各专项资金是否专款专用，专项资金被挪用何处、被何时何地截留等问题，都可以通过对国库集中支付系统数据库中的各专项资金流向进行追踪而得知。运用多样的审计模式，尽早找到被审计单位的资金管理漏洞，要求其经济行为合规化、合法化，做到未雨绸缪。

三是实时监控实现了审计监督从“事后审计”向“持续审计”的转变。实时监督被审计对象的财务活动，保证其活动均在审计“电子眼”的视野内。确保“一张网”系统中，数据分析和预警的功能发挥得淋漓尽致，保证每笔公共资金的支出情况都在监督范围，发现可疑的苗头及时修正整改，规范被审计单位的经营管理，发挥审计的震慑警示的作用。相较于“事后审计”，联网实时审计这种“持续审计”模式更能从源头上防范问题的发生。

6.11 上海市大数据环境下联网审计工作存在的问题

总体来看，上海市的联网审计尚处于初级阶段，在大数据智慧型审计模式的运用实践中，立项审计与无项目审计初见成效。但是制度的建立健全、数据的运用整合、数据的安全性以及审计人员的调配等方面还需要完善改进。

6.11.1 制度建设层面存在的问题

鉴于联网审计是一种新型审计模式，区别于传统审计模式，旧的审计法律法规以及准则体系已经不适用于指导审计实践，因此，有关联网审计的法律法规还有待进一步建立健全。

例如，《中华人民共和国审计法》规定：审计机关有权对被审计单位的有关资料和资产进行审计检查，被审计单位有义务积极配合审计部门做好审计工作，与《中华人民共和国审计法》中规定的审计机关必须在实施现场审计前，提前 3 日向被审计单位送达审计通知书有矛盾之处。由此可见，相关实时监控的联网审计模式下的审计法律法规并未完善。

2015 年，上海市政府出台了《天津市联网实时审计监督暂行办法》，但面向全国的联网审计制度规定尚未出台。因此，加强联网审计模式的法制制度建设依然是一项重要工作。

6.11.2 联网数据应用层面存在的问题

一是采集数据难度大。以上海市社保数据采集为例，首先将社保数据库中的所有业务数据一次性采集，再由审计机关通过社保中心的数据端口周期性采集增量数据，将增量数据存储到审计机关的服务器里，最后将所有数据过滤、转换、分析，形成社保数据。但是庞大的社保数据和复杂的数据接口复杂，导致审计机关无法按照预期实现社保增量数据的精准采集。审计人员应及时结合社保业务流程、社保政策规定，在读透社保财务数据的基础上摸清社保业务数据勾稽关系，明晰数据反映的实质，将联网审计的效能最大化。

二是基础数据欠缺，无法保证大数据支撑作用。目前已采集到的财务数据和业务数据大多是结构化数据，然而大数据由机构化数据、非结构化数据组合而成。因此，财务报表、业务统计数据等数据资料的欠缺，联网数据的真实性、完整性无从验证，数据使用范围单一无法充分反映各行各业业务全貌，限制了总体分析。

三是人力资源无法人尽其用。在人力资源的配置利用方面，立项审计、无项目审计有着诸多问题，诸如时间安排不合理、着重点偏颇、人员安排效率低下、审计部门无法配置专业联网审计岗人员等问题；无立项审计方面，审计主体设立急于求成、缺少科学论证，联网实时审计人员不求甚解，不能充分挖掘数据含义，缺少对外沟通交流，审计流于形式，缺少实质内容。人力资源无法深度融合，导致审计的成效不显著，联网实时审计无法达到预期效果，不能充分显示审计合力的优势。

6.11.3 数据安全层面存在的问题

健全数据安全制度有利于保证数据安全使用。虽然审计联网的数据已经覆盖公安户籍信息系统、社保系统、公积金系统、天津地税系统、产权交易系统、项目投资系统、民政系统、医疗保险系统、财政系统等部门业务数据，但较少涉及个人信息，如果树立使用敏感数据的数据安全意识，明确业务部门数据授权使用、审计人员查询数据使用等方面的规章制度，将有利于促进数据的集中融合，增强审计人员的敏感数据使用安全意识，保证数据的安全使用。以社保信息系统为例，社保数据涉及很多个人信息及机密，随着联网审计的不断发展和审计覆盖范围持续增大，社保数据的共享范围会越来越大，在此过程中，不法分子可能会利用数据漏洞恶意篡改、盗取敏感和机密数据，导致数据的安全和完整无法保证，加大审计风险。通过树立敏感数据安全意识等举措可有效降低数据使用风险，维护数据的安全和完整。

6.12 上海市完善联网实时审计模式的建议

针对上海市审计全覆盖工作进展状况，和依托大数据平台开展联网实时审计模式的现状，应提出以下几点建议。

（1）制定大数据时代审计应用的长远发展战略。

当前上海市审计机关自上而下地依据本地区经济、科技等实际情况并有效结合大数据，制定了一系列审计发展战略，这些战略适应本地审计发展，具有很强的操作性。大数据审计发展战略涉及制度、技术等多方面，是一项复杂系统的工程，需要上海市审计制度的不断完善及审计系统的努力奋斗。可借助当前的大数据环境推动制定大数据审计发展战略有计划、有步骤地进行：首先大数据整合力度需要得到加强，健全数据联网采集方式、规范数据管理使用可有效整合来自四面八方的数据，丰富审计专用数据资源；其次，扩大市各级机关之间审计联网的覆盖范围，保证审计机关之间信息的互联互通，这样不仅能实现各级审计机关、审计机关、审计现场三者的信息共享交流，还能推进整体审计系统的数据再整合，有利于更早形成标准化数据；最后，立项审计、无项目审计是审计的重要组成部分，实时监控是保证审计制度完善的重要方式，确保三者的深度融合，可保证审计制度的制定。

（2）健全联网审计制度建设，进一步扩大审计覆盖面。

为保障联网实时审计科学有效的运行，需要加快建设联网审计相关制度，建立相应的制度体系和权力制约机制，以适应联网审计和大数据发展形势。我国现行法律法规没有明确应用大数据技术进行审计工作的相关内容，无法为大数据审计工作提供法律“保护伞”。为最大程度利用大数据推动“审计全覆盖”工作，应结合本地区实际情况，制定相关联网实时审计安全方案，确保联网实时审计的绝对安全性，使大数据在法律依据和法律约束下合法合规地应用于审计监督领域。

（3）继续提高大数据的认识和利用能力。

联网实时审计工作中，联网是工作前提，审计是工作目的，因此必须重新组合数据，搭建数据平台，保证审计人员能用、会用联网数据，并从数据索引中打开思路，为进一步精准核查提供数据支撑。由于推行时间短，部分审计人员尚未完全转变审计意识，致使各级审计机关无法充分利用大数据技术开展审计工作。审计人员与专家可当面交流各自对经济形势、会计制度变化、社会热点等问题的看法，有效地帮助审计人员从宏观认知上了解审计应当关注和把握的政策点和问题，转变传统的审计意识；也可联系到审计前沿单位学习先进的工作思路、技巧，帮助审计人员加快研发审计模型，实现审计模型研发常态化和实时监控智能化、自动化，又好又快地发展本地区“审计全覆盖”工作。

(4) 深化财政预算管理体制改革,推进绩效预算。

绩效预算概念是指政府部门在明确履职和必须的资源消耗的基础上确定目标,编制绩效预算,考核业绩和完成工作的情况,在20世纪50年代因关注公共支出及其结果而产生。20世纪60年代,西方国家在预算管理方面越来越重视绩效预算,并蔚然成风。绩效预算减轻了从业人员调整预算分配的工作量,进而达到优化资源配置,是预算方法的一种重要创新。

近些年来,我国财政部门加强部门预算的执行,逐渐完善预算编制、预算执行规范,可见财政部门对预算管理愈加重视。此外,财政部门积极努力将拨款和绩效联系起来,探索实施绩效预算和绩效考评,不但要求资金使用部门向上级单位报送详细的绩效指标,且预算需体现出项目支出预期达到的经济和社会效用。这在一定程度上为绩效审计的分析和评价提供了依据,可见中国财政预算管理方式正逐步向实施绩效预算方面转变。开展绩效审计能够帮助政府责任逐步从合规合法、受托责任转移到绩效受托责任,促进财政部门及其他政府部门建立先进的绩效意识,能够推动财政预算体制在政府统一采购、国库集中支付、绩效预算等方面更为科学、合理、高效。

2008年财政工作部署工作中,时任财政部长谢旭人就深化税制改革、公共服务等工作事项表示,中国确保深化税制改革、基本公共服务均等化、主体功能区建设齐头并进,尽早完成预算制度改革,实现财政预算强有力的管理。主要包括两方面内容:一是要完善政府收支分类,推进部门预算改革的深化,综合预算逐步完善,绩效考评试点范围不断扩大;二是各级政府都要坚定支持国库集中支付改革,逐步扩大改革范围,使政府性基金和预算外资金也纳入改革。

(5) 进一步落实和发挥人大对预算的监督作用。

宪法规定人民是国家的主人,是国家一切财富的所有者;人民代表大会是我国最高权力机关,代表人民行使权力,各级政府受本级人民代表大会的委托经营公共财产。因此,政府具有认真履行、完成人民托付的经济责任的义务,并及时向人民报告履行情况。然而,中国民主法制化进程不是一帆风顺的,自中华人民共和国成立以来,全国人民代表大会并没有充分发挥其最高权力机关的政治领导能力和监督作用,受一些内外部因素影响,还在一定程度上削弱了人大的权威性。在审计监督方面,中国可以参考美国的经验做法。美国利用审计监督,使各部门年度部门预算经费的划拨、审计结果和绩效评估达到最大优化值,如果审计发现部分部门使用财政资金不当，国会有权减少甚至停止涉事部门的预算经费的拨付，这在一定程度上提高了经费利用率，控制了政府支出。美国国家审计总署不仅为国会提供了最大化、最优化的服务，以及最有效的审计产品，还较大程度上发挥了审计作用，加强了自身独立性，提高了审计影响力。

反观中国，人大并没有将国家审计部门纳入管理，导致审计无法发挥其积极作用，甚至导致审计效力弱化现象。当前中国仍然存在计划经济痕迹，行政管理部门对资金分配权有着绝对的话语权，配套的监督机制存在滞后性。以“绩效预算”这一经济体制改革为例，仍有很多问题无法解决。人大受体制、人力、时间等因素限制，无法对每年各级政府的预算编制发挥应有作用。结合国外成熟经验及中国国内实际情况，我们应该着手加强落实人大的预算监督作用，不仅要使人大常委会预算出身的作用得到充分发挥，还要调动各委员会尤其是财经委员会的积极性，并通过人大代表使预算初审在人代会期间得到有效发挥，达到扩大预算审查和监督的目的。

6.13　本章小结

本章内容首先从预算执行审计全覆盖的含义出发，阐述预算执行审计全覆盖的目标为真实、合规、效益性；之后本章阐述了预算执行审计全覆盖的特点、预算执行审计全覆盖的内容等；再次，阐述了大数据下审计信息化与预算执行审计全覆盖的关系，预算执行审计全覆盖的技术应用，论述了投资项目联网实时审计模式研究的相关问题，如投资项目联网实时审计的定义及基本特征、联网实时审计模式；最后就大数据环境下联网审计工作存在的问题和完善联网实时审计模式提出了建议。

7 中国利用大数据推动政府预算绩效审计接受度实证研究

20 世纪 40 年代，第二次世界大战之后，西方国家大幅度提高公共开支，人们的民主意识也不断增强，“政府绩效审计”在该种背景情况下应运而生。

娄尔行和汤云为(1985)的定义表明，政府绩效审计是指评价公共部门在管理方面的经济特性、效果以及效率性。中国学者已经认可实施政府绩效审计是必须的，然而中国在实际的审计开展工作中面临许多问题。据客观调查，一般情况下，倘若非财务方面的审计在实施审计工作的过程中涉及，常常会出现被审计的单位妨碍工作顺利实施的现象。

宋常等(2006)对于审计工作过程中普遍存在的部分被审计单位不认可、不协助的现象进行了探讨，试图了解在中国目前人们接受政府绩效审计的程度到底如何，及能对该种接受程度产生影响的因素有哪些。

Ittner 等(1998)、Christopher 等(2004)认为近些年来，公共事务范畴的探讨热门课题之一就是评估政府预算绩效，一些学术人员探讨了政府相关部门实施评估绩效的现状、约束要素，及绩效评估价值。

Alfred Tat-Kei Ho(2006)的相关研究表明，绩效评估系统是否能够成功实施的关键因素之一是职员对组织的绩效评估系统的接受程度。

Bernardin(1984)认为职员的行为往往受到态度的影响，尤其针对绩效评估系统而言，绩效评估系统在短时间和长时间内能否取得成功的关键因素之一，就是评估活动参加者的态度。

Roberts(1992)认为以上主张在盈利机构和政府机构中均已得到证实。在我国,很多学术人员采用调查统计的途径,研究了实施预算绩效审计的约束要素。

赵彩霞等(2010)认为大多数的研究都是基于主导者或者审计的实施者的立场思考问题,未能充分关注被审计单位及其成员理解和接受政府预算绩效审计的程度。本文的贡献主要包含如下两点:首先,当前中国政府预算绩效审计的大多数已有研究是以审计人员为主,而本文站在政府机构的立场,基于大样本的问卷理解“被审计者”认识和接受政府预算绩效审计的程度;其次,测试了不同要素对接受政府绩效审计造成影响的程度,拓展了相关的理论研究,同时为深入实施绩效审计工作提供了指导。

7.1 理论分析与研究假设

7.1.1 计划行为理论

本书依据Ajzen(1985)的“计划行为理论”来研究,以深入理解中国的被审计者面对政府预算绩效审计的态度。在国外,计划行为理论作为知名的研究态度和行为之间关系的社会心理学理论,在诸多研究领域中被广泛应用,而且该理论能够在很大程度上提高对于行为的解释力以及预测力已经得到证实。计划行为理论由三个相互独立的变量构成,依次为“行为态度”“主观规范”及“知觉行为控制”。计划行为理论指出,个体所评价的喜欢或者不喜欢特定对象(比如某个事物、某个行为)的程度是“态度”,该评估结果决定于个人对于行为预计导致的结果的信念和个人对结果产生的情感反应;“主观规范”指个体实施或者不实施某种指定行为时所感受的社会压力,体现了个体的行为决策被个体看重的别人或团体影响的程度;“知觉行为控制”是指个体所感受理解的实施某种行为的困难或者容易的程度,这也许来源于过往经验,也许是源于个体对预期实施某种措施可能遭遇的阻碍的假设。在该理论中,这三个独立变量联合确定了计划行为理论的核心理念——“行为意向”,其是指个人为了实施某种行为所愿意努力的程度。若行为的意向越强,人们实施某种行为的可能性就越大。本书的被调查对象为事业单位、党政机关和国有企业的管理人员,研究目标是理解被审计者对于预算绩效审计的行为意向,即被审计者对于实施预算绩效审计工作和配合审计工作开展的意愿,亦即本书所说的“接受程度”。

陈宋生等(2006)及杨锡春等(2006)共同突出指出制约预算绩效审计实施的一

个关键要素就是被审计者和被审计单位不认可政府预算绩效审计的态度。按照计划行为理论，个人的行为意向会随着对某行为的态度的主动积极性的增强而更加明显。本文在前面分析的基础之上提出假设 1：

假设 1：对于绩效审计，被审计对象所采取的态度能够对其行为意向(也就是接受的程度)带来正面(积极)的作用。

7.1.2 组织支持

Sharma 和 Yetton(2003)指出在组织支持的研究领域，大多数涉及高层管理者认可的相关文章是研究组织的信息系统以及高层管理者认可的联系。不少实证结果表示，来自高层管理者的认可对于能否成功在组织中应用信息系统具有关键作用。

Shields(1995)表示，高层管理者在其觉得有价值的项目上聚焦战略以及具体的目标，并且为其提供政治方面的支持，驱除限制项目实施的团体或者个人。

石桂峰等(2009)基于辽宁省领域内的一项调研，剖析了实施绩效审计的妨碍要素，结果表明负责审计机构的管理者的想法、学识体系和在任时间在这些影响因素中的重要性水平最高。

Cavalluzzo 等(2004)、Yang 等(2007)基于实证表明，在实施政府绩效的评估过程中，组织外部的政治环境以及内部的认可支持能够对顺利实施活动以及其有效性带来积极的效果。

White(1973)发现，职员对待某个管理项目的态度和职员感受到的其直属上司对待同样的某个管理项目的态度之间，呈现出正相关的关系。计划行为理论指出，被审计对象感知外界压力的程度(即"主观规范")由组织的外部和内部面对政府绩效审计所采取的态度组成，且主观规范会对个人的行为意愿产生积极的作用。倘若被审计者觉得其所在的组织内部和外部环境都对政府预算审计保持积极支持的态度，他们就会采取更加积极的态度对待预算绩效审计，认可预算绩效审计，同时更积极地协助实施审计工作。因此，本文提出以下假设：

假设 2：来自组织的外部和内部的支持能够对被审计者对绩效审计的态度带来正向作用。

假设 3：来自组织的外部和内部的支持能够对被审计者对绩效审计的行为意向(也就是接受的程度)带来正向作用。

7.1.3 选取评价指标和测度预算绩效的问题

诸多学者探讨了预算绩效审计的评估指标以及测度预算绩效的问题。

刘力云(2001)表示,因为存在千差万别的预算绩效审计对象,故用来评估审计对象效率性、经济性和效果性的标准难以统一。

杨惜春(2006)指出,测量政府行为的效益以及成本是预算绩效审计的必要步骤,然而因为政府预算活动比较特殊,所以无法直接量化政府行为的效益及成本。

Cavalluzzo 等人(2004)指出,在众多的公共机构,实际上难以用公正客观的指标准确地对员工的任务执行状况进行量化评价,政府领导官员对于评价系统有效性的预期会因绩效测度问题的存在而明显降低。尽管被审计者是接受评价方,然而评估指标、是否可以准确测量预算绩效等问题会对其评估结果产生直接的影响。倘若预算绩效测量更不精准,那么被审计者就更容易对预算绩效审计产生抵触、不接受的情绪。因此,被审计者所感受及了解到的选择评估指标等问题的难度会对被审计者的行为意向产生负面影响。

由此本书提出:

假设 4:被审计者所感知到的选取评价指标和测度预算绩效问题的困难程度能对被审计者对预算绩效审计的行为意向(也就是接受度)造成反向(消极)的作用。

7.1.4 审计结果

Vroom(1964)期望理论指出,人们实施某个行为的鼓舞很大程度上是由人们对行为结果的价值评估和完成该结果的概率共同决定的。依据此期望理论,被审计者会认真工作,以增加社会资源利用的效果性、效率性以及经济性,进而得到好的审计成果,预期对预算绩效审计成果的评估对该动力具有决定影响。在被审计者感觉审计成果的好或坏对其重要的情况下,被审计者为了获取好的审计成果会认真努力地工作,会欣然接受安排,积极协助开展审计工作。因此本书认为,审计结果会对被审计人员的行为产生影响,被审计者所感受了解到的审计结果的重要程度会对其预算绩效审计工作的行为意向产生明显的影响。由此本书提出:

假设 5:被审计对象所感受了解到的审计结果的重要性水平能对被审计者

对预算绩效审计的行为意向(也就是接受的程度)产生明显的影响。

7.2　预算绩效审计接受度实证研究设计

本书的研究建立在问卷调查数据的基础上。开始是对涉及组织行为、审计、公共管理以及心理学等领域的理论和文章进行整合,在此基础上设计问卷。随后会经常修改问卷,为了确保调查问卷的水平和质量,在修改期间会进行预测试和专家评审等必要的程序。

7.2.1　调查对象

本次调查领域涵盖除港、澳、台地区外的总计 28 个省、自治区和直辖市,本次研究的调查成员有 1 400 名除审计财政系统之外的政府机构各层级的负责人、200 名政府机构中的审计财政系统的负责人、400 名国有企业成员、200 名人大政协系统成员和 100 名相关领域的权威学者专家,合计 2 300 人。其中,1 400 名除审计财政系统之外的政府机构各层级的负责人中,包含 1 100 名各级地方的政府官员和 300 名国务院各部委的官员。本次调查的 2 300 名被调查对象是基于从总体中随机抽样的方法确定的,并从各个企业、各级政府和涉及单位的官网网站查询到被调查对象的联络方式。接着在 2018 年 6 月时开始以信函的方式分发调查问卷,同时告知被调查对象寄回调查问卷调查的截止时间是 2018 年 8 月。本次问卷调查截止日为 2018 年 8 月 31 日,合计收回 215 封问卷,其中只有 196 封问卷是有效的。此外,由于书写问题、变更地址、变更答卷人等其他原因有 19 封问卷被退回,有效回函率实际上是 91.16%。在统计了样本调查对象的基本特征之后,明显看出源于党政机构的被调查对象占比 80.5%,源于事业单位的被调查对象占 6.7%,源于国有企业的被调查对象占 11.8%,被调查对象所属的单位都是政府审计的对象。这些单位的级别中,最多的级别是占样本总量 57.8%的地市局级,其次是省部军级占比 19.3%,县处团级也占比 19.3%。在回函对象中,行政职务级别最多的是占样本总量 54.1%的地市局级,后面依次是县处团级、省部军级以及科级。在样本调查对象的学历层次上,博士占 12.1%,硕士占 34.7%,本科占 46.8%,可以看出被调查对象的受教育水平较高,有助于提升回函的质量。此外,被调查对象的平均年龄在 49 岁左右,中共党员占比超过 97%,其中男女比例分别是 84%和 16%。

7.2.2 变量设计

我们在大量阅读计划行为理论应用于管理学的文章的基础上发现，大多数文献设计调查问卷和量表时，是模仿以前学者的成熟量表，或是在此之上考虑自身的研究问题修改，比如典型的 Boldero(1995)及 Cordano 等(2000)的工作。然而，目前在研究的政府预算绩效审计问题方面，还没有能够直接进行引用的成熟量表，所以本书在借鉴了计划行为理论创始者 Ajzen(2002)倡议的原始量表的基础上设计了本书的变量的度量，同时结合政府预算绩效审计问题的固有特点进行修改。此外，本书也参考了政府预算绩效评价范畴中存在的实证中的量表设计，比如 Cavalluzzo 和 Ittner(2004)、Yang 和 Hsieh(2007)等学者的工作。本书基于 Likert 5 点量表测量所设计的 5 个变量，见表 7.1：

表 7.1 各个变量的描述和取值

变量及简称	具体问项	选项
态度(*attitude*)	实施政府绩效审计，有助于政府合理经济地分配使用各种资源，塑造一个清廉、让百姓相信爱戴的政府 政府绩效审计将来会营造出更加公平公正的竞争环境	非常不赞同→非常赞同
行为意向(接受度 *acceptance*)	在《审计署 2003 年至 2007 年审计工作发展规划》中指出，积极主动实施效益审计是未来 5 年的审计工作的主要任务之一 倘若我所处的是被审计单位，那么我会非常愿意配合协助审计人员开展审计工作 我不愿意所处的单位实施绩效审计	非常不赞同→非常赞同
评价指标的选取及绩效测度问题(*measurement*)	评估时选取有意义的绩效评估指标的难度 测量政府行为(或项目)的长期成果的难度 存在某些外部因素不可避免地影响项目的收益，清楚这些影响因素的难度	很容易→很困难
审计结果重要性(*result*)	被审计单位受审计结果的影响很大 被审计单位的主管受审计结果的影响很大	非常不赞同→非常赞同
所在单位级别(*department*)	0 代表没有级别；1 代表科级；2 代表县处团级；3 代表地市局级；4 代表省部军级	
个人职务级别(*position*)	0 代表无职级；1 代表乡科级；2 代表县处级；3 代表厅局级；4 代表省部级	
教育背景(*edu*)	1 代表本科以下；2 代表本科；3 代表硕士；4 代表博士	
是否来自审计系统(*auditsystem*)	1 代表审计系统；0 代表非审计系统	

此外，本书的研究把控了样本回函对象所处的部门级别、担任的行政职务的级别、接受的教育水平，以及是否来源于审计系统等要素，以防止这些要素影响结果。

表 7.2　影响被审计人员对绩效审计态度及接受度的因素分析

变　量	*attitude*	*attitude*	*acceptance*	*acceptance*	*acceptance*	*acceptance*	*acceptance*	*acceptance*
_cons	5.456*** （10.531）	5.402*** （7.382）	9.339*** （10.882）	10.092*** （11.608）	12.309*** （13.647）	9.864*** （11.987）	5.987*** （5.683）	6.278*** （4.837）
attitude			0.326*** （4.567）				0.268*** （3.884）	0.258*** （3.508）
support	0.329*** （4.851）	0.343*** （4.641）		0.259*** （3.416）			0.153** （2.180）	0.127 （1.610）
measurement					0.007 （0.094）		0.068 （1.037）	0.074 （1.024）
result						0.299*** （4.096）	0.213*** （3.192）	0.228*** （3.155）
department		0.037 （0.408）	−0.035 （−0.390）	0.004 （0.044）	−0.044 （−0.466）	−0.009 （−0.102）		0.001 （0.013）
position		0.006 （0.067）	0.025 （0.289）	0.008 （0.085）	0.044 （0.465）	0.010 （0.114）		0.004 （0.045）
edu		−0.058 （−0.782）	−0.058 （−0.783）	−0.087 （−1.143）	−0.070 （−0.884）	−0.040 （−0.530）		−0.046 （−0.629）
auditsystem		−0.066 （−0.899）	0.052 （0.727）	0.001 （0.011）	0.053 （0.696）	0.076 （1.043）		0.039 （0.546）
经调整的 R^2	0.104	0.087	0.09	0.045	−0.019	0.071	0.184	0.153
F	23.536***	4.418***	4.555***	2.7**	0.344	3.731***	12.021***	5.045***
N	196	196	196	196	196	196	196	196

针对各个变量的描述和取值大小如表 7.1 所示。

为检验本书提出的假设，我们构造如下两个模型，模型中各变量的具体统计结果如表 7.2 所示：

$$attitude = B_0 + B_1 support + B_2 department + B_3 position + B_4 edu + B_5 auditsystem + \$$$

$$acceptance = B_0 + B_1 attitude + B_2 support + B_3 measurement + B_4 result + B_5 department + B_6 position + B_7 edu + B_8 auditsystem + \$$$

7.2.3 结果与分析

对于模型中每个变量的描述性统计可以参见表 7.3。从表中能够明显看出被审计者对于政府预算绩效审计的态度方面指标的平均值是 7.93，最大值是 10，最小值是 2。被审计者对于绩效审计的接受程度方面指标的平均值是 12.02，最大值是 15，最小值是 6。依据上述指标结果，基于平均状况而言，被审计者对于预算绩效审计持有“较为赞同”的态度，对于预算绩效审计的接受程度也是“较为赞同”的状态，然而个人之间对于预算绩效审计的态度以及接受的程度呈现出明显不同。除此之外，被调查的对象所感受了解到的组织机构对于预算绩效审计支持的水平的平均值是 11.48，选取的评估指标的平均值是 11.49，预算绩效测量问题的指标的平均值也是 11.49，审计成果的重要水平指标的平均值是 6.86。被调查对象对于前述的几个问题的回复有着明显的不同。

表 7.3 各主要变量的描述性统计

变 量	样本数	最小值	最大值	均值	标准差
attitude	196	2.00	10.00	7.928 6	1.368 14
acceptance	196	6.00	15.00	12.015 8	1.580 75
support	196	6.00	15.00	11.475 5	2.088 31
measurement	196	3.00	15.00	11.489 8	2.026 09
result	196	2.00	10.00	6.864 3	1.421 29

依据 Pearson 的相关分析，没有表明观察变量之间具有很高的共线性关系。最高的相关系数是 *support* 和 *result* 之间为 0.222。

因为篇幅受到限制，所以本文的其他检验结果不列示。下面分析假设检验的结果：

首先，假设 1 的检验通过。被审计者对于政府预算绩效审计的态度在影响被审计者的行为意向方面是积极的(0.258),也就是说政府人员持有越积极的“态度”,其对于预算绩效审计工作的接受程度会越高,会更加乐于积极主动协助开展审计工作。众多基于计划行为理论的研究以及本书的结论均证实,态度会非常强烈地影响行为意向(Ajzen, 1991)。

其次,假设 2 的检验通过,但是假设 3 的检验并没有通过。被审计者所感受了解的组织支持将明显地正向影响被审计者对于预算绩效审计所持的态度,这也证实了审计署、各层级的政府机构和政府官员大力支持预算绩效审计会对政府工作成员对于绩效审计采取的态度产生积极的影响(0.343)。

同时,本书研究表明,在控制变量不加入的情况下,组织的支持会明显地正向影响被审计者的接受程度(0.153),但是在控制变量加入的情况下,组织的支持不会对接受程度有直接的影响。所以,本书并未发现组织的支持对于被审计者的接受程度会有直接的影响。但是依据假设 1,态度对于被审计者的行为意向会有积极的影响,所以,尽管结果未表明组织的支持对于被审计者的行为意向会产生直接作用,然而经过“态度”这一变量的影响,最终组织的支持积极地作用于行为意向。在政府绩效评估相关领域的研究结论和上述结论一样。

第三,假设 4 的检验没有通过。被审计对象感受了解到的选取指标和绩效测量等方面的问题的难度对被审计对象的行为意向没有产生显著的影响。这个结果表明,尽管被审计对象意识到在技术方面绩效审计面临一连串的困难,然而这对于被审计对象接受和配合预算绩效审计的程度没有影响。

最后,假设 5 的检验通过。被审计对象感受了解到的审计结果效力对于其行为意向会产生影响(0.228),被审计对象感受了解到的审计结果如果更加重要,那么他们会更加乐意接受预算绩效审计工作并且会配合协助审计人员开展审计工作,说明预算绩效审计结果效力的提升可以提高接受政府绩效审计的程度。

7.3 预算绩效审计接受度实证研究结论

本书的结论是:第一,被审计者对于政府预算绩效审计的态度在影响被审计者的行为意向方面是积极的;其次,被审计者所感受了解的组织支持将明显地正向影响被审计者对于预算绩效审计所持的态度;第三,被审计对象感受了解到的选取指标和绩效测量等方面的问题的难度对于被审计对象接受预算绩效审计的程度没有产生显著的影响；最后，被审计对象感受了解到的审计结果的重要程度对其行为意向具有显著的影响。

7.4 本章小结

本章依据 Ajzen（1985）的"计划行为理论"来研究以深入理解中国的被审计者面对政府预算绩效审计的态度。按照计划行为理论，个人的行为意向会随着对某行为的态度的主动积极性的增强而更加明显。本章在前面分析的基础之上提出 5 个假设，通过问卷调查、变量设计、得出结果并分析。本章的结论有四：第一，被审计者对于政府预算绩效审计的态度在影响被审计者的行为意向方面是积极的；其次，被审计者所感受了解的组织支持将明显地正向影响被审计者对于预算绩效审计所持的态度；第三，被审计对象感受了解到的选取指标和绩效测量等方面的问题的难度对于被审计对象接受预算绩效审计的程度没有产生显著的影响；最后，被审计对象感受了解到的审计结果的重要程度对其行为意向具有显著的影响。

8 制约中国政府预算绩效审计发展的影响因素分析——基于问卷调查

8.1 引言:中国实施政府预算绩效审计工作中的制约因素

21世纪以来,中央和地方的审计机关在中国审计署的积极倡议下开始陆续开展绩效审计项目,在中国,绩效审计工作历经十几年的发展后取得了明显的业绩。深圳市审计局是一个地方审计机构,在中国较早实施绩效审计,它在2001年公布的《深圳经济特区审计监督条例》中第一次确定了绩效审计拥有的法律地位,对政府预算绩效审计的审计范畴进行了明确的界定,同时还在监督条例中对于政府预算绩效审计的办法、审计报告的递交相关者以及运用审计结果进行了规范。可以由中国审计署官方网去了解到,许多除深圳以外的地方审计机关同样在主动积极地开展政府预算绩效审计工作。

在这几年审计署宣告的审计公告方面,2006—2010年分别宣告了6份、8份、15份和22份;2011年11月30日时宣告了38份公告,在公告的数量方面有了明显的增加。

但是值得注意的是,许多问题和取得的成绩是并存的。对比审计署的实际进展状况和发展规划,2003—2007年计划上是在2007年的时候全部审计力量中一半是投入效益审计力量;2008—2012年计划上是全部项目在2012的时候实施政府预算绩效审计。然而实际状况是，推动政府预算绩效审计的进程中面临许多困难，审计署的计划和真实进展状况存在着明显差距。依据审计公告可知，政府预算绩效审计只是偶尔在一些政府的投资项目中涉及，主要是叙述型的介绍，没有让人们深信的数据和透彻的深入研究，主要内容还是被审计单位的财务收支和预算执行状况。很多学者关注实际开展中遇到的这些问题，众多文献尝试探讨在中国实施政府预算绩效审计寸步难行的缘由。因为难以获取数据，故国内外大多数研究都是探讨政府预算绩效审计的理论。一些国内的学者在近些年利用调查统计等方法，分析在中国实施政府预算绩效审计工作中的制约因素；如表 8.1 所示：被审计者和政府决策者对于政府预算绩效审计的接受程度不高、理解不到位；负责审计机构的决策者的想法和任职期限，审计部门中职员的思想意识，都存在约束；缺乏必须的法律依据支持实施政府预算绩效审计工作；现有的审计体制的束缚；不充足的审计经费；政府预算绩效审计工作的固有特点；审计职员的独立性问题和胜任能力；不完善的政府问责制度等等。

以上研究的共性是大部分研究角度都是审计实施者，大部分被调查对象是某个地区的政府审计部门职员，忽略了被审计单位以及被审计人员才是政府预算绩效审计的核心利益相关者。

石桂峰等(2009)的调查尽管包含地方的政府部门，却也只包含辽宁省，而且一般的政府工作职员是大多数的调查者，接触政府预算绩效审计的可能比较有限，进一步推广所得结论有待考证。

表 8.1 显示了已有研究指出的制约中国政府绩效审计发展的影响因素。

表 8.1　已有研究指出的制约我国政府绩效审计发展的影响因素

	石桂峰(2009)	陈宋生(2006)	吕珺(2009)	杨惜春(2006)	刘家义(2004)	左敏(2011)
研究方法	统计调查	统计调查	统计调查	规范研究	规范研究	规范研究
影响因素						
被审计者和政府决策者对于政府预算绩效审计的接受程度不高、理解不到位	√	√	√	√	√	√
审计机关人员对于政府预算绩效审计的接受程度不高、理解不到位	√	√	√		√	

续表

	石桂峰(2009)	陈宋生(2006)	吕珺(2009)	杨惜春(2006)	刘家义(2004)	左敏(2011)
研究方法	统计调查	统计调查	统计调查	规范研究	规范研究	规范研究
缺乏必须的法律依据支持政府预算绩效审计工作的实施	√		√	√	√	
现有的审计体制的束缚			√	√		
不充足的审计经费				√		
审计所需的资料和数据不足				√	√	
未确立审计评价标准	√		√	√	√	√
审计人员的胜任能力不够		√	√	√	√	√
审计人员的独立性低	√					
不完善的政府问责制度		√				

汪洪涛(2003)认为,在政府的治理框架之下,预算绩效审计是一项重要的制度安排,在一定程度上预算绩效审计顺利实施且深化实施的程度,取决于政府要员了解制度的程度、领会能力和评估意愿。在实施预算绩效审计的过程中,需要行政官员等被审计人员的扶持、协助和配合,同时针对预算绩效审计政府官员所采取的态度和作出的评价会对政府官员的行为产生影响。除此之外,作为管理政府的日常业务活动和投资项目的官员,在预算绩效审计工作中,对政府官员有较深的实务问题方面的感触。所以,在分析国内国外已经发表的文章之后,本章开展了一项针对全国领域内的问卷调查,对于在中国实施预算政府绩效审计中面临的许多重要问题进行了实证分析,对目前阶段实施预算绩效审计中遇到的阻碍,以非审计部门为主的政府官员(当然也包含一些审计部门的政府官员)认识这些问题的程度进行了着重描述,并且站在被审计人员的立场上依据分析的结果提出了相关建议。

8.2　理论分析与问题提出

在对相关文献研读整理后,我们对于目前在我国影响预算绩效审计的制约要素形成了初步认识。前述文献的学者有的深入透彻地研究过预算绩效审计领域,他们中有的是政府审计机关的核心要员,其理解预算绩效审计问题的层次较深,因此,本章认为前述的影响要素是重要和普遍的。在整合前述要素的基础上,本章基于下述四方面进行理论分析，同时提出了有待检验的详细问题。

8.2.1 对预算绩效审计的认知与评价

杨肃昌等(2004)认为在当前中国的审计制度下，政府领导个人的偏向爱好和安排审计工作两者之间有着间接或者直接的关系。决定政府预算绩效审计的供给方面的最重要的要素之一是官员的偏好。

赵保卿等(2008)认为在中国20世纪80年代政府审计制度开始萌芽，21世纪初开始实施预算绩效审计，目前是全方位推行预算绩效审计的阶段。

刘家义(2004)认为，在中国政府官员主动接受监督的意识淡薄，公共管理部门和权力机构的负责人表示政府审计应该只局限于对其是否违反法规法律进行审计，不应该享有审计管理决策方面问题的权力——该思想观念较为保守，是中国难以仿效发达国家顺遂实施预算绩效审计的重要制约因素。然而万事万物时刻都在变化，在政府需要不断提升自身效能和各层级审计机关的积极推进下，中国众多地方对预算绩效审计展开了积极的探索。

在全国范围内，作为实施预算绩效审计"明星城市"的深圳，受到了各大媒体的广泛关注。除深圳之外，江苏省的审计厅规定2010年是"全省预算绩效审计普及年"，在该年江苏省的审计厅长赵耿毅出版了《预算绩效审计指南》；山东青岛审计局设立了研究预算绩效审计的课题组，制定了《政府部门预算绩效审计操作指南(试行)》；在中国实施预算绩效审计项目极大地提高了政府人员(涵盖审计和非审计系统)对于预算绩效审计的理解。

陈宋生(2006)和石桂峰等(2009)认为对中国的政府人员实施预算绩效审计工作的必要性展开了问卷调查。然而陈宋生是在2005年之前展开问卷调查的，和本次的审计工作之间有较长的时间距离，而且该文主要是对江西等地方的审计机关进行调查，没有对非审计部门的人员进行关注。

本研究和石桂峰等(2009)的研究的时间短比较相近，然而其只对辽宁省两级一般政府官员实施了调查，推广其结论尚需检验。需要了解的是：在中国，政府的相关成员是否具备真正的预算绩效理念？其对于审计人员的审计领域从财务收支审计拓宽到预算绩效审计是否赞同？政府人员是积极主动地需要还是被动消极地接受预算绩效审计？倘若政府人员保持赞同，那么"认同度"或者赞同在哪些方面表现出来？积极的态度有助于实施预算绩效审计的程度如何？预期在各个方面会面临哪些困难？

本章在上述分析的基础上提出下列的问题：

问题 1：政府审计人员实施预算绩效评价活动是否恰当？

问题 2：基于全国范畴来看，目前相关人员了解绩效审计的水平如何？

问题 3：各个主体对于绩效审计的"价值性"、实施的"紧迫性"和"困难性"有着怎样的观点？

问题 4：来自审计系统和非审计系统的官员对于以上问题是否有不同的观点？

8.2.2　开展预算绩效审计的数据和预算绩效测量的问题

首先，被审计部门和相关第三方的数据资料是实施预算绩效审计的基础，比较分析、评估被审计对象以及提出建议必须建立在及时有效的数据基础上。

杨锡春(2006)在中国当前的政府会计制度是不完善的，普遍存在弄虚作假、会计信息造假的现象，政府相关部门依然没有高质量的信息系统支持审计需要的数据和资料。比如辽阳市的某个审计分局，审计过程中发现某村平均不到两天会发生一笔小车费用，4 年来合计 5 万多，在一定程度上损害了群众利益。虽然分局的审计人员认真负责地进行审计调查，但是村级失真的会计资料致使最终无法形成结论。

石桂峰等认为审计部门可否及时搜集到真实有效的数据，以及为此需要的成本，会影响实施预算绩效审计的程度，政府工作人员和政府审计的工作者对此深有感触。其次，政府预算绩效审计的工作比传统的财务收支审计工作更专业，更具综合性。

本章对 Cavalluzzo 等人(2004)归纳的普遍存在的政府活动的特点进行了仔细探讨，众多公共机构、职员执行任务的情况由于这些特点的存在而难以准确客观地进行量化评价。实质上，上述问题增加了预算绩效审计的难度。

蔡春等(2006)认为，西方发达国家实施预算绩效审计的时间较长，实践经验丰富，美、英、澳等国家均具备预算绩效审计的规范程序和方法。然而，中国的实务中多数情况是依照《国家审计准则》以及《审计法》中的步骤和审计程序，没有普遍适用的统一审计程序，该实际情形对于实施绩效审计造成了束缚。我们基于上述分析提出：

问题 5:目前政府官员对于绩效审计中的“审计数据”和“绩效测量”问题是如何看待的?

问题 6:以上问题中,表现最为突出的是哪些?

8.2.3 政府审计人员的职业胜任能力和独立性

预算绩效审计在工作的性质方面,要求审计人员不再遵循以前的审计思路,比如检查账簿、纠正错误等,而是要求审计人员对政府的工作性质有透彻的理解,通过预算绩效的科学评估方法对被审计单位进行综合判断。预算绩效审计要求审计团队包含财务、会计、工程学、经济学、计算机、法学等各类专业的精英,即要求更高的审计团队职业胜任能力。

国际审计组织(INTOSAI)制定的《预算绩效审计实施指南》表示,募集有职业胜任能力的职员以及构建合适的工作条件是最有效的增强审计质量的方法。

Berry 等人(1987)实证研究表明,在美国,政府审计质量和审计人员的专业水平高度相关。

马曙光(2007)研究了中国审计署在 1992—2001 年间 16 个特派办的人员素质结构和审计成果,发现审计人员的经验和高学历与审计成果之间高度正相关,表明审计人员的职业胜任能力对审计成果具有显著的影响。政府审计过程中人员的独立性问题同样备受关注。

宋夏云(2007)表明能够基于形式独立以及实质独立两方面来衡量政府预算绩效审计的独立性。形式独立指在外表形象方面,审计机关及机关的人员与被审计单位是独立的,实质独立是指国家的审计机关及机关人员在精神态度方面是正直且客观的。行政性的领导模式是现在中国的审计体制,国家审计署由中国最高行政机关即国务院领导,审计署在全国开展审计工作,在一些大中城市和国务院的各个部门设立派出机构,审计各个部门以及经济实体所属的企事业单位,且定期向国务院汇报工作。除此之外,在县级之上的各层级地方人民政府设置审计机关,地方人民政府领导行政方面,上级审计机关领导业务方面。

郑石桥等(2010)认为当前的审计体制具有“行政型”以及“双重领导型”的特点。一方面,地方审计机关监督地方政府;另一方面,地方政府负责任命领导、配置审计人员、批准审计经费等。

王德河等(2003)认为,政府审计在越来越复杂的审计环境中主要负责内部监督，其审计独立性方面的角色会越来越不清晰，审计机关工作人员的职业操守在一定程度上决定了审计机关的独立水平。

我们基于上述分析指出：

问题7：自绩效审计开展以来的十多年，审计部门的领导对目前政府审计人员的职业胜任能力和独立性怎么看？

问题8：非审计部门领导对于政府审计人员的职业胜任能力和独立水平怎么看？

问题9：关于上述看法，来自不同系统的官员是否不一样？

8.2.4　对审计结果的运用

运用审计结果对于能否发挥政府预算审计的监督作用具有重要意义。

黄溶冰等(2010)认为根据中国现有的涉及审计范畴的法律法规，审计机关有权对预算审计过程中违反财务收支或者财政预算的行为，在其职权领域内应移交纪检、司法等相关部门，或者对审计机关作出处罚。相关数据表明，发现第二年审计问题的数量由于政府预算审计第一年效力的存在而明显减少。政府预算审计的效力常常表示为审计的处理、惩罚的金额等，初步展现了政府预算审计的震慑效果。然而上述法规是关于审计过程中违反财务收支或者财政预算的行为，没有规定审计结果体现在政府的问责中的效果。

张贺等(2013)表明，在审计的实务中，审计机关的权利仅仅是在违规行为方面向主管机关提交处罚的看法，没有明确规定审计机关在问责主体方面的权限，同时相关的主管机构没有很重视审计结果，在预算审计中很大程度上削弱了监督的效果，所以，预算绩效审计在目前会对被审计主体在哪些方面产生影响还不清楚。除此之外，递交审计结果是运用审计结果的重要环节，由于微观动机的存在，不一样的利益相关者会选择不一样的递交对象。

我们基于以上分析提出：

问题10：政府的预算绩效审计结果在当前阶段影响被审计单位及其负责人的程度如何？

问题11：被审计单位在哪些方面受审计结果影响？

问题 12：应该向哪些部门递交审计的结果？

8.3　研究设计

8.3.1　问卷的设计和收发

这次问卷调查的领域涉及我国的 22 个省、2 个自治区和 4 个直辖市。因为大部分被调查对象是回函率可能较低的政府官员，为了样本充足，所以确定被调查对象大约是 2 500 名。本次分发问卷调查是通过邮寄信函，我们借助官网搜集了中国相关政府机构人员的信息，随机确定了 2 300 名被调查者，有关情况如表 8.2 所示。

表 8.2　被调查者特征

调查人员所属单位性质		人数及比例	说　明
政府机构	国务院各部委	300 人（13%）	随机抽取的 10 个国务院部委中司局级及以上级别官员
	省部级（各省）	440 人（19.15%）	28 个省、自治区及直辖市省部级官员
	司局级（各省）	440 人（19.15%）	28 个省、自治区及直辖市司局级官员
	县处级（各省）	220 人（9.6%）	28 个省、自治区及直辖市县处级官员
审计部门		200 人（8.7%）	审计署及其特派办县处级别以上官员
国有企业		400 人（17.4%）	中央国资委下属的中央国企及地方国资委下属的地方国企高管人员
人大政协		200 人（8.7%）	28 个省、自治区及直辖市人大政协系统官员
专家学者		100 人（4.3%）	高校、科研院所等机构中研究相关领域的专家、学者
共　计		2 300 人	

由表 8.2 可以看出，被调查对象涵盖 1 400 名政府机构非审计系统中各层级负责人，200 名审计系统负责人，400 名国有企业人员，200 名人大政协系统成员和 100 名有关领域的专家学者。其中，1 400 名政府机构的被调查对象包含 1 100 名地方政府官员和 300 名国务院各个部委的官员。在 2010 年 6 月、7 月开始分发问卷，在截止日期 2010 年 9 月时总计有 215 份问卷被收回，由于书写错误、变更地址等原因退回 19 份问卷，无效问卷剔除之后，总计有 196 份有效问卷，有效的回函率是 91.16%。超过 85%邮寄方式调查问卷的回收率，是较高的，故本次调查的回收率是在正常的范畴内的。以下分析回函者的基本信息。

由表 8.3 可以看出样本成员的基本特征，被调查对象中党政机关占比 80.3%，事业单位占比 6.7%，国有企业占比 11.5%；审计部门的被调查对象占比 16.8%，非审计部门占比 80.1%；在回函者的单位级别中，最多的是占总量 54.1%的地市局级，其次是省部军级占比 19.2%，县处团级也占比 19.3%；在回函对象方面，厅局级占比 53.9%，县处级占比 27.5%，省部级占比 6.7%；在回函者的学历层次方面，博士占比 11.9%，硕士占比 33.7%，本科占比 46.8%，可以看出回函者的受教育水平较高，有助于提升回函的质量。其次，回函者平均在 49 岁左右，中共党员占比超过 97%，其中男女比例分别是 84%和 16%。

表 8.3 样本人员特征描述

分类依据	各子类比例					
所在单位性质	党政机关 80.3%	事业单位 6.7%	国有企业 11.5%	其他 1.0%	未填 0.5%	
所在单位系统	审计系统 16.8%	非审计系统 80.1%	未填 3.1%			
所在单位级别	省部军级 19.2%	地市局级 56%	县处团级 19.2%	科级 3.1%	无级别 0.5%	未填 2.1%
行政职务级别	省部级 6.7%	厅局级 53.9%	县处级 27.5%	乡科级 8.8%	无级别 2.1%	未填 1%
最后学历	博士 11.9%	硕士 33.7%	本科 45.1%	本科以下 6.2%	未填 3.1%	
性　别	男 84%	女 16%				

在回函对象的所处领域方面，有 85 份来自东部地区的回函，有 46 份来自中部地区的回函，有 65 份来自西部地区的回函。北京集中了众多国务院各个部委的政府机构，所以有较多的东部回函；中部区域的省份比东西部少几份，所以有较少的中部回函，下表 8.4 展示了有效回函地区分布的情况。从总体来看，来自 28 个省份的样本数比较平均，代表性好。

表 8.4 有效回函地区分布

	各区域所属省、自治区及直辖市	有效回函样本数
东部地区	广东、浙江、福建、江苏、山东、北京、上海、天津、海南、辽宁、河北	85
中部地区	安徽、河南、湖北、湖南、吉林、黑龙江、江西、山西	46
西部地区	四川、重庆、广西、云南、贵州、陕西、甘肃、青海、新疆	65
总　计		196

8.3.2　问卷效度与信度检验

由于被调查对象对于预算绩效审计存在的诸多问题的立场和观点是本次研究的主要测量重点，所以采用 Likert 量表测量大部分题项。4 点量表到 6 点量表是被使用较多的量表填达方法，依据 Berdie（1989）的研究，多数情形下最可靠的是恰好显示强烈意见和温和意见之间差别的 5 点量表。所以，本文把需要解决的问题拆分成详细题项，对所有题项应用 Likert 5 点式表，以数值 1—5 依次赋值赞同题项程度的由弱到强。

1. 效度检验

一项测试能够预测的行为特质或者心理的程度是效度。为了确保问卷效度，本次研究进行了如下工作：

一是在政府预算绩效审计方面只有较少的国内外的实证研究。陈宋生（2006）、赵彩霞等（2010）和石桂峰等（2009）的研究，在中国比较具有代表性；Cavalluzzo 等人（2004）的研究在国外比较具有代表性。设计本次问卷时对以上文章的研究方法进行了综合。

二是笔者参考并听取了众多组织行为学和审计学专家学者的提议，同时在上海对外经贸大学 MBA 和 MPACC 的班级中预测试以提高调查问卷的质量。依据 DeVllis（1991）的提议，研究者倘若发展或者编制一个正式的量表或者测验，那么最好预测试题项是未来正式题项的 3 倍；倘若在无需太多题项的情况下，要测试的构思就能达到较好的内在一致性，那么预测试题项是未来正式题项的 1.5 倍左右。

本次研究最终是为了在现有研究成果的基础上探究预算绩效的审计问题，不是为了对量表进行开发，所以说预测试题项是最后保留题项的大约 2 倍（50 题左右）。对各个题项在预测试结果的基础上筛选，最后留下大约 40 道题项。

2. 信度检验

“内在一致性程度”是 Likert 量表法极为重视的。采用因子分析的方法数据处理过问卷结果之后，因子载荷矩阵旋转之后把不同的题项归纳成 10 个因子，表 8.5 展示了每个因子和其相应题项以及需要检验的问题，本研究分析问卷的信度大体是检验内部的一致性。调查问卷整体来说 Alpha 值是 0.653，因子 4 的 Alpha 值大约是 0.6，除此之外的因子 Alpha 值都在 0.6—0.9，达到社会科学范畴所要求的信度的一般水平（吴明隆，2013），调查问卷有着比较好的内部一致性。考虑到因子 4 的重要性水平，本次研究依旧视其为研究对象。

表 8.5 各因子对应的题项及待解决的问题

待解决的问题	要求	因子	对应题项	Cronbach alpha
认知与评价	了解程度	1	2	
	价值型	2	6、8、9	0.747
	紧迫性	3	5、7	0.747
	困难性	4	11、14	0.591
数据及评价问题	数据质量	5	19.1、19.2	0.766
	数据收集	6	19.3、19.4	0.683
	绩效测度问题	7	20.1、20.2、20.3	0.629
审计人员	专业胜任能力	8	25、26	0.768
	独立性	9	27、28、29、30	0.856
审计结果	重要性	10	31、33	0.746

8.4 问卷的数据分析和检验

在一个全新领域开展调查的基础性工作时，石桂峰等(2009)、杨肃昌等(2008)和张琦等(2007)分析数据时常常使用独立样本的 T 检验，配对样本的 T 检验、分析均值等研究方法。本研究同样采用这些方法，下面探讨数据的分析结果。

8.4.1 对绩效审计的认知和评价

1. 关于在审计部门实施政府预算绩效评价的认知

执行预算绩效评价的人对于政府绩效评估工作的公平公正有重要影响，故需要关注审计部门能否评价预算绩效。首先，评估预算绩效的成员需要不被个人或者评估单位影响，拥有独立性；其次，执行评估的人员需要较高的专业水平和技能，有丰富的经验，从容应对各种工作环境；再次，执行评估的人员需要被赋予充分的权力，能够在评估的过程中充分调查评估的内容。我们基于上述考虑给出了八类让被调查者选择的机构(如图 8.1 所示)。采用多选的方式提问，图 8.1 显示了统计结果。

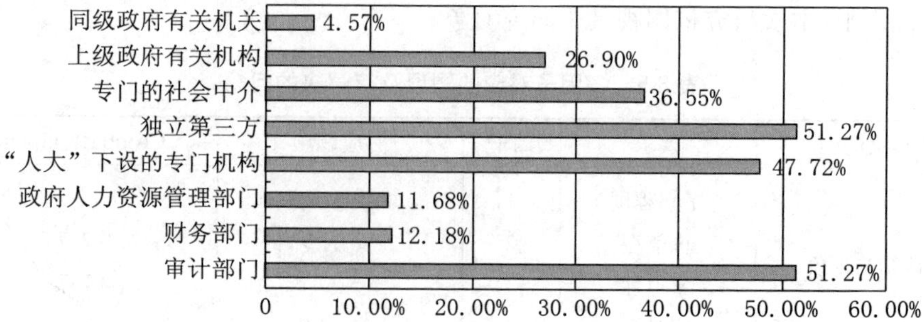

图 8.1 有关对是否应由审计部门开展预算绩效评估的认识

从图 8.1 可以看出，被调查对象中有 51.27%的人同意由“独立第三方”和“审计部门”实施政府预算绩效评估，表明由审计部门开展审查监督是被调查对象比较认同的。然而同时也表明大约有一半的被调查者对此并不认同，也许是出于质疑审计人员的胜任能力、没有深入理解政府预算审计的领域、审计机构中行政体制问题的特殊等原因，下面会更进一步展开讨论。例如图 8.2 展示了被审计官员对政府绩效审计的了解程度。

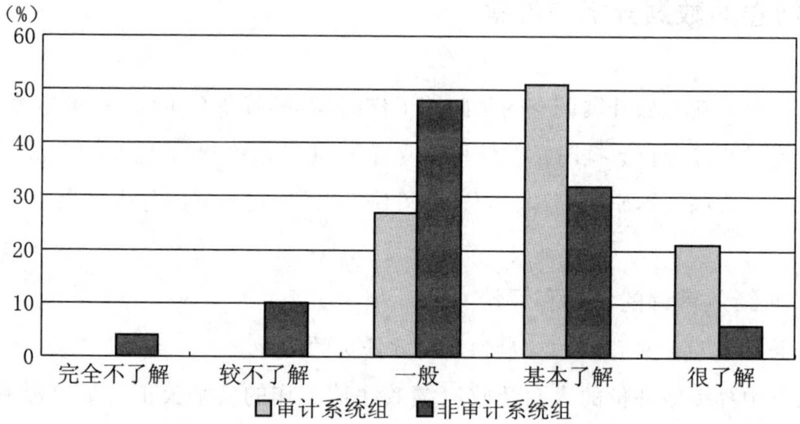

图 8.2 被审计官员对政府绩效审计的了解程度

历经十几年之后，目前被审计官员了解预算绩效审计的水平是怎样的呢？调查问卷显示，非审计系统的官员中有 3.2%“完全不了解”，10.2%的官员“较不了解”，47.8%的官员“一般了解”，32.5%的官员“基本了解”，6.4%的官员“很了解”；审计系统组的官员中有 27.3%“一般了解”，有 51.5%的官员“基本了解”，有 21.2%的官员“很了解”，见图 8.2。

分别以数值1到5对前述的5个选项进行赋值，由表8.6可以看出，非审计系统的平均值是3.29，审计系统的平均值是3.94。从整体看，非审计系统的官员了解预算绩效审计的水平一般，审计系统的官员中30%的成员了解预算绩效审计的程度一般，50%左右的成员对预算绩效审计有着基本的了解，尽管了解程度明显比非审计系统组高，然而还不是“非常了解”。

表8.6 被调查者对政府绩效审计的认知

认知情况	具体问项	审计系统组（样本数33）	非审计系统组（样本数157）	独立样本 T 检验（T 值）
了解程度（know）	您对政府绩效审计的了解程度如何？	3.94*** (0.704)	3.29*** (0.855)	−4.651***
价值性（vau）	vau 1：开展政府绩效审计，有利于政府经济、节约地使用各种资源，建设一个廉政的、取信于民的政府	4.242*** (0.502)	4.083*** (0.808)	−1.090
	vau 2：开展政府绩效审计有利于促进国家财政收支计划及目标的实现	4.03*** (0.474)	3.89*** (0.867)	−1.284
	vau 3：政府绩效审计将会为政府职员带来更加公平的竞争环境	3.70*** (0.883)	3.83*** (0.767)	0.830
行动性（move）	move 1：审计署《2008至2012年审计工作发展规划》中明确提出，该五年期审计工作的主要任务之一就是要积极开展绩效审计	4.33*** (0.816)	4.12*** (0.784)	1.392
	move 2：当前在中国推行政府绩效审计非常紧迫	4.42*** (0.614)	4.10*** (0.734)	2.395**
阻碍（diff）	diff 1：开展政府绩效审计的障碍之一是对时间、人力、物力的巨大耗费	3.00(1.146)	3.13(1.057)	0.651
	diff 2：开展政府绩效审计的障碍之一是缺乏法律法规方面的强制性推行保障	4.03*** (0.918)	4.00*** (0.742)	0.178

注：各变量均值右上角的星号表示对各变量的均值进行的单样本 T 检验，检验与测试值3之间是否存在显著差异。如果 T 值显著，则变量均值显著异于3；否则，均值与3无显著差异。括号内的数据代表该变量的标准差（不特别指出，本章其他图表与之相同）。

表8.6详细展示了在政府预算绩效审计方面审计系统组和非审计系统组的认识了解状况。本次调查要求被调查对象在“行动性”“困难性”以及“价值性”这三个方面作出判断,越高的分数代表赞同该题项的程度越高。从表8.6可以看出,困难题项中的题目1除外,剩余题项的平均值在0.001的程度上明显不同于代表中立的3。

由该表可以看出:(1)官员都比较认可预算绩效审计的价值性,审计系统和非审计系统之间没有明显的不同,官员清晰地了解预算绩效审计的工作性质以及审计的内容等。(2)在实施预算绩效审计的行动性方面,被调查对象对于审计署主动实施预算绩效审计的开展计划是比较认可的,被调查对象中审计部门的积极性明显高于非审计部门,在一定程度上体现了被审计对象依然有害怕预算绩效审计潜在的工作压力和利益侵犯的心理,表明被审计对象存在认识预算绩效审计不深刻、接受预算绩效审计的程度不高的现状。(3)双方对于实施预算绩效审计的困难性方面的理解比较一致,共同认为推行预算绩效审计的重要阻碍之一是缺失法律法规带来的制度性制约,而由于过多地消耗时间、人力、物力等资源使得没有办法顺利实施预算绩效审计的观点,双方对此没有达到一致认可。

8.4.2 实施预算绩效审计的数据和绩效测度问题

这部分着重探讨在实施预算绩效审计的过程中国有企业和政府等部门的相关人员对数据和评价预算绩效问题的了解,以数值1—5分别对每个选项赋值,越高的题项的分数说明问题有着越高的难度。依据表8.7的结果能够看出,在绩效审计中审计系统和非审计系统认识了解数据质量、采集数据以及绩效测量问题的程度明显不同于3,审计和非审计系统组织认识了解的程度没有明显的不同。分析表8.7总结如下:审计系统和非审计系统的双方共同认为对政府行为产生的长时间收益进行度量(均值为4.16, 3.95)、怎样排除会影响政府预算项目收益的外部因素(均值为4.00, 3.96)和收集有效数据(均值为3.70, 3.63)是预算绩效审计中最难克服的一些问题。这些既表明预算绩效审计具有难度高且综合性的特点,审计以及非审计系统的官员都担心可否对政府项目的效益实施正确测量,也表明需要进一步增强所搜集到的数据的有效性和可信性,有关情况见下表8.7所示。

表 8.7　被调查者对预算绩效审计中的数据问题和绩效测度问题的认知

	具体问项	审计系统组（样本数 33）	非审计系统组（样本数 157）	独立样本 T 检验（T 值）
数据质量	获取有效、可信数据的难度	3.70*** (1.045)	3.63*** (0.853)	−0.380
	及时获取数据的难度	3.52*** (0.962)	3.50*** (0.715)	−0.071
数据收集	收集数据的高成本	3.32** (0.748)	3.18*** (0.768)	−0.978
	利用现有的信息系统获取相关数据的难度	3.45*** (0.888)	3.34*** (0.841)	−0.657
	评价时选择有意义的绩效评价指标	3.69*** (1.091)	3.54*** (1.028)	−0.725
预算绩效测度	度量项目（或政府行为）的长期效益	4.16*** (0.860)	3.95*** (0.851)	−1.233
	项目的效益可能受到一些外部因素的影响，排除这些影响的难度	4.00*** (0.894)	3.96*** (0.787)	−0.253

8.4.3　对政府预算审计人员的评价

表 8.8 是现阶段评价中国政府审计人员的结果，评价如果越高，则选项的得分就越高。在总体评价中，审计和非审计系统组的评估都明显不同于 3，来自审计系统的成员表示“比较胜任”(3.30)，来自非审计系统的成员表示“不太胜任”(2.82)，在 0.001 的水平上两者表现出明显的不同。这说明在评价政府审计人员方面，审计和非审计系统的官员对此有着不同的表示，来自非审计部门的官员比较不相信现阶段的审计人员的职业胜任水平。

表 8.8　被调查者对政府预算审计人员的评价

评价	具体问项	审计系统组（样本数 33）	非审计系统组（样本数 157）	独立样本 T 检验（T 值）
总体评价	中国现有的政府预算审计人员能否胜任现有的绩效审计工作？	3.30** (0.730)	2.82*** (0.693 3)	−3.576***
职业胜任能力	qua 1：我国政府预算审计人员是否具备与绩效审计工作相适应的专业素质和学历层次？	2.94	2.75	−2.329**
	qua 2：我国政府预算审计人员是否具备充足的预算绩效审计工作经验？	2.78	2.73	−0.678
	qua 3：政府审计人员是否能够应对来自被审计部门的压力，恪守审计结论？	2.97	2.75	2.162**

续表

评价	具体问项	审计系统组（样本数 33）	非审计系统组（样本数 157）	独立样本 T 检验（T 值）
职业胜任能力	qua 4：我国政府预算审计人员是否能够公正、不偏不倚地进行审计判断？	2.99	2.76	2.727***
	qua 5：政府审计人员是否能够根据搜集到的审计证据，客观地对被审计单位出具审计意见？	3.12	2.82	3.274***
	qua 6：我国政府审计机构在对被审计单位进行审计时拥有完全的自由调查权	2.94	2.96	0.218

由于存在一些被调查对象从未和政府预算审计人员接触过，所以在本次评价选项中提供了“不清楚”的可选项，有助于提高调查的真实可靠程度。从调查数据可以看出，除了“自由调查权”方面，审计系统对审计成员的“独立性”和“职业胜任能力”方面的评价明显比非审计系统组高，而且两组被调查对象对审计人员的“专业素质和学历层次”“应对压力恪守结论”“不偏不倚的审计判断”和“出具客观意见”这四方面的回复明显不同，非审计系统组作出的评价都比审计系统组低。除此之外，我们通过配对样本 T 检验来研究对审计人员的职业胜任水平以及独立水平形成干扰的重要影响要素，由于篇幅受到限制，所以只对三个回答不同程度最高的问项进行报告。通过表 8.8 和表 8.9 可以看出，在预算绩效的审计工作过程中，审计系统成员在评价审计人员的工作经验时给出的分数最少(2.78)，接着是审计人员的“专业胜任能力以及学历层次”(2.94)，最后对审计人员的“公平公正客观”评价最高(3.12)，也就说在审计的独立性以及专业胜任能力这两者之间，审计系统的成员对后者更加担心。对比之下，非审计系统组中被调查对象在问题的回答方面，对于 qua 1 至 qua 5 的每个问题回复都呈现出比较平均的特点，然而非审计系统组认为中国的审计机构在审计的过程中，有比较大的自由调查被审计单位的权力。总体来说，在中国目前来看，审计成员的职业胜任能力和专业水平明显没有缺失，审计部门和非审计部门的官员在评价审计成员时，后者给出的评价更低。

表 8.9 对政府审计人员职业胜任能力和独立性损害因素的分析

审计系统组		配对样本 T 检验（T 值）	非审计系统组		配对样本 T 检验（T 值）
qua 2(2.78)	qua 5(3.12)	−2.809***	qua 4(2.76)	qua 6(2.96)	−5.165***
qua 4(2.99)	qua 5(3.12)	−2.242**	qua 2(2.73)	qua 6(2.96)	−5.018***
qua 1(2.94)	qua 2(2.78)	2.077**	qua 3(2.75)	qua 6(2.96)	4.927***

注：括号内数据代表该变量的均值。

8.4.4　运用审计结果

1. 各级别官员对于预算绩效审计结果重要性的认知

本章依据审计所得出的结果从被审计的单位及其核心主管人员两个角度对审计结果的重要程度进行了检验，1 到 5 的选项依次代表从低到高的重要性水平。我们依据所调查的对象在行政中职务的等级划分了四类，通过表 8.10 能够看出，对于被审计的单位产生的影响明显和 3 不同(3.53)，对于其核心主管人员产生的影响也明显和 3 不同(3.33)。这两者有着明显的不同，也就是对于被审计的单位产生的影响比对于单位负责人产生的影响要更强，表明尽管审计有一定的监督作用，然而当前的问责方式在很大程度上主要是处理事件，次要才是处理人员。检验县处级的分样本以及厅局级的分样本和全样本的结果是一样的，表明在感知审计结果的重要水平方面，官员不会由于级别的不同而产生明显不同的感知。深入分析可以看出，尽管所感受到的全部样本的审计结果的重要水平明显和 3 不同(3 意味着中立)，然而 3.53 和 3.33 作为平均数值，表明整体而言审计结果的重要性水平在“比较赞同”和“中立”中间，被调查对象中存在部门人员是“中立”的状态，说明在某些单位和地区审计成果对于被审计的单位没有造成重大的影响。

表 8.10　各级别官员对审计结果重要性的认知

样本细分(括号内代表样本个数)	对被审计单位的影响	对被审计单位主要负责人的影响	配对样本 T 检验(T 值)
乡科级(17)	3.24(1.033)	2.88(0.885)	
县处级(55)	3.80*** (0.650)	3.48*** (0.818)	3.620***
厅局级(105)	3.49*** (0.774)	3.34*** (0.796)	2.054**
省部级(13)	3.38(0.870)	3.31(0.751)	
全样本(190)	3.53*** (0.787)	3.33*** (0.813)	3.696***

2. 审计结果对于被审计单位造成的影响

表 8.11 体现了审计结果影响被审计单位的具体方面。题项是多选，每个选项的比例就是被调查对象中选择这个题项的人员的比重。从结果能够看出，产生主要影响的方面是社会形象(80.95%)以及将来预算的支出(67.20%)，对其他题项产生的影响都没有大于 50%。数据结果表明，倘若社会公众可以了解审计结果，那么社会方面的舆论对于审计存在问题的单位会造成较大的压力，来自社会公众的监督在某种程度上能够制约政府行为，表明在政府预算绩效审计之中，公告审计结果的制度具有重要意义。除此之外，审计的结果主要对被审计单位将来预算的支出

产生影响，进而对被审计单位形成束缚，使得其决策时更加审慎。然而被审计的单位在安排组织中的人事的过程中，还没有全面地体现出审计结果产生的影响。

表 8.11　审计结果对被审计单位的主要影响

调查的项目	被调查者选择比例
影响其将来预算的支出	67.20%
影响预算支出在不同单位（与被审计单位同级）之间的分配	37.04%
影响其未来发展的战略方针	24.34%
影响其组织人事安排	44.97%
影响其社会形象	80.95%

3. 审计结果的呈送对象

表 8.12 展示了来自不同组别的被调查对象所认可的审计结果的递交对象。在审计系统成员的立场，他们认为公开媒体是最应该递交的对象（72.73%），接着是同级的政府（69.70%）以及人大（69.70%）。在非审计系统成员的立场，他们认为同级人大是最应该递交的对象（70.70%），接着是同级（64.33%）和上级（57.96%）的政府。在将审计结果递交给“公开媒体”方面，审计系统和非审计系统的成员有不同的态度，来自政府审计系统的成员更倾向于将审计的结果公之于众。两者都倾向于递交给同级的政府和人大。依据中国的审计准则，每年审计机关应该将有关预算实施和财政收支状况的审计报告进行汇总，递交给同级和政府以及上一层的审计机关，同时代表本级的政府对审计工作中的相关情况进行报告的起草，在本级政府的行政首长审核决定之后，接受本级政府的委托，报告给本级的人大会常务委员会。此外，审计机关要向相关的监管部门以及行政首长汇报经济责任审计项目的结果。这些表明审计系统和非审计系统成员对于现有的政府审计结果报告机制还是比较认可的。

表 8.12　审计结果应该递交的对象

	审计系统组	非审计系统组
上级政府	57.58%	57.96%
同级政府	69.70%	64.33%
上级人大	39.39%	39.49%
同级人大	69.70%	70.70%
公开媒体	72.73%	52.87%
其　　他	0	4.46%

8.5　本章小结

21 世纪以来,中央和地方的审计机关在中国审计署的积极倡议下,开始陆续开展绩效审计项目,在中国绩效审计工作在历经十几年的发展中取得了明显的业绩。本章从制约中国政府预算绩效审计发展的影响因素分析出发,做了基于问卷调查的方法展开,充分体现理论分析,提出开展预算绩效审计的数据和预算绩效测量的问题;另外被审计部门和相关第三方的数据资料是实施预算绩效审计的基础,比较分析、评估被审计对象以及提出建议必须建立在及时有效的数据基础上;最后,提出运用审计结果对于能否发挥政府预算审计的监督作用具有重要意义。

9　中国被审计方对政府预算绩效审计接受度的影响因素分析——基于计划行为理论

9.1　引言:被审计单位的认可度与接受度没有予以足够的重视

曾任审计署审计长刘家义指出,中国的预算绩效审计工作与国外的差距着重体现在政府机关的思想观念不接受预算绩效审计工作,部分被审计者抱有“政府决策、体制、管理等方面存在的问题不属于被审计内容,也不能被审计”的心态。更有学者如宋常教授指出,多数情形下政府审计机关在工作中只要遇到关于非财务审计的内容,就会受到被审计单位或者企业的干扰,对审计工作产生阻碍。所有研究人员都指出,被审计人员对预算绩效审计认识不到位,不接受预算绩效审计,是制约中国预算绩效审计发展的重要问题。通过第5章问卷调查的结果也可以发现,来自非审计系统的政府官员对预算绩效审计的行动性也显著弱于审计系统官员,说明其对当前是否应开展预算绩效审计仍存有疑虑。

在研究政府预算绩效审计的相关问题时,我们需要借鉴公共管理领域及一般组织中关于预算绩效评价方面的理论与方法。

政府预算绩效评价是近年来学者研究公共管理的重要方式,很多学者从不同角度出发对政府预算绩效评价展开研究和讨论。

Ittneretal(1998)认为对政府的预算绩效评价工作的情况进行分析。

Alfred Tat-Kei Ho(2006)认为对于政府预算绩效评价的价值展开深入的分析。

Cavalluzzoetal(2004)、de Lancer Julnesetal(2001)、Yang 等人(2007)从影响因素的角度出发对政府预算绩效评价展开研究和讨论,并重点分析制约政府预算绩效评价发展的因素。西方国家公共部门的预算绩效评价工作已经开展了数十年,并且有国会及政府部门颁布的法律要求其开展预算绩效评价。

De Lancer Julnes(2001, p.694)指出,“尽管有法律的强制,也只有一部分公共部门开展预算绩效评价并使用绩效指标”。

White(1973)、Carrolletal(1982)、Bernardin 等人(1984)等组织行为学领域的学者通过分析指出,绩效评价系统的落实与效果在很大程度上取决于工作人员对评价系统的认可程度与接受程度,一般而言,工作人员的接受程度越高,绩效评价系统成功落实的可能性越大。

Roberts 等(1994)认为因为工作人员的行动往往会受到其态度的影响,因此在预算绩效评价中,参与绩效评价的工作人员对评价系统的态度会决定评价系统成功落实并发挥作用的时间。工作人员的态度越积极,评价系统落实所消耗的时间就越短。

Alfred Tat-Kei Ho(2006)认为相关研究资料的总结能够发现,无论是营利性组织,还是政府机构,绩效评价系统的效果都会受到参与者的影响。在政府预算绩效审计中,虽然是以被审计单位整体或整个项目作为审计对象,但被审计单位的官员及领导往往是单位预算绩效及项目预算绩效的主要负责人,是预算绩效审计中最重要的利益相关方,而常常被科研人员忽视的是政府官员在预算绩效评估中扮演的角色,以及他们对评估系统的认知。

针对中国政府预算绩效审计接受度较低的现状,探究背后的原因并为预算绩效审计的有效开展提供证据支持非常重要。目前中国关于政府预算绩效审计的研究多为定性研究或简单的统计分析,还缺乏深入的理论分析和充分的数据证据支持,且很多学者的研究都是从主导者或者实施者入手展开研究和讨论,但是对被审计单位或者组织的认可度与接受度,以及这种接受度会受到哪些因素的影响,则没有予以足够的重视。

通过全国范围的问卷调查,本章基于社会心理学中的“计划行为理论”,对影响中国被审计者对政府预算绩效审计接受度的诸多因素采用结构方程方法进行了实证研究。

9.2　理论分析与研究假设

9.2.1　计划行为理论介绍

因为被审计单位或者组织对绩效评价的态度会对预算绩效审计工作的开展产生显著影响，因此本节主要对国内外关于计划行为理论的研究进行分析。20 世纪 80 年代中期 Ajzen 首次提出了计划行为理论的概念，也被称为 TPB。

Conner 和 Armitage（1998）、Sutton（1998）指出，随着越来越多的学者开始对计划行为理论进行分析，该理论也在逐渐发展成为学界研究态度与行为关系的最重要的理论之一，并被很多国家用于企业信息系统的采纳、管理层制定某些管理决策的意愿（如是否降低企业污染），及其他社会学研究领域（如废品回收利用行为、大学课程选择行为，以及安全带使用行为等），并被证实能显著提高对行为的解释力和预测力。

于丹（2009）认为计划行为理论最早源自 Fishbein 和 Ajzen 提出的理性行为理论，简称为 TRA。他们通过分析指出人的行为意向对其行动有决定性影响，而主观规范与行为态度对人的行为意向有显著影响，因此无论是主观规范还是行为态度都会影响人的行为，TRA 强调了个体行为的发生取决于个体的动机与外部信息，个体行为的实施往往会向符合他人预期且对自己有利的方向倾斜。理性行为理论也存在一定缺陷，因为理论的成立假定个体行为完全受意志控制，如果应用到非意志控制的行为，其适用性就会降低。

段文婷等（2008）认为 Ajzen 在 20 世纪 80 年代中期基于理性行为理论的研究提出了计划行为理论，较理性行为理论的内容新增了感知行为这一变量。20 世纪 90 年代初期，Ajzen 在其作品中正式提出计划行为理论。

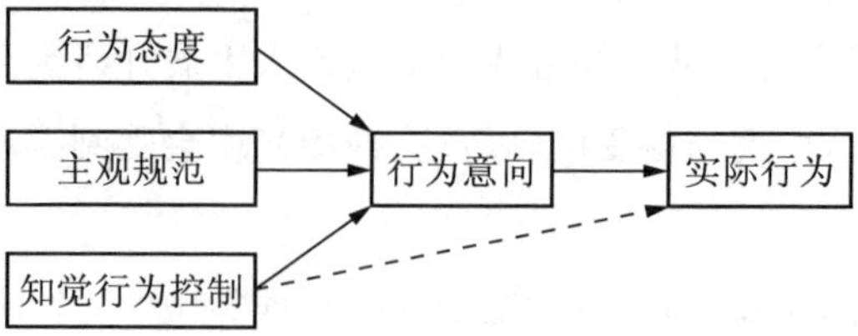

资料来源：Ajzen（1991）。

图 9.1　计划行为理论结构模型图

如图 9.1 所示，计划行为理论主要包括知觉行为控制、主观规范和行为态度三个独立变量。

Ajzen(1991)认为对计划行为理论的分析中应强调，行为态度是某一个体对某一事物的评价，往往会受到个体的情感反应以及信念的影响；主观规范指的是个体的行为发生时感知到的社会压力，可以体现与个体有关的团体或者个人对其行为决策的影响；知觉行为控制指的是个体在作出行为决策之前以及决策的过程中对行为后果的预期或者是感知到的难易程度，往往源自前辈的经验或者个体的主观预期和判断。根据计划行为理论，个体行为意向受这三个因素的影响，行为意向指的是个体为了执行某一行为愿意付出的努力或者计划付出的努力，这是个体执行某种行为的动机的重要体现。

一般而言，个体制定某种行为的意向和其执行行为的可能性存在正相关关系，即行为意向越强烈，个体执行该行为的可能性越大。

本章主要采用调查方法了解中国国有企业、事业单位以及党政机关的管理人员对审计工作的看法和态度，因为他们是被审计单位的主要负责人，也是预算绩效审计工作的重要审计对象。我们的研究是为了了解被审计单位的工作人员对审计工作的认识和态度，进而对其行为意向进行分析，研究被审计单位工作人员对审计工作的接受度以及在开展审计工作过程中的配合度。

9.2.2 被审计人员预算绩效审计接受度的影响因素分析

1. 对绩效审计的态度

Ajzen 和 Fishbein(1980)认为大量的研究都显示，态度是影响个体行为意向的重要因素，并且与计划行为理论中的其他影响因素相比，态度对行为意向产生的作用最为强烈。

Ajzen(1991)认为在其他领域的研究中，例如企业管理者的降低污染行为(Cordano and Frieze, 2000)、消费者采纳电子商务的行为(Pavlou, 2003)，以及员工是否服从公司制度的行为(Bulgurcu, 2010)等研究中，态度对行为产生的影响得到了众多经验证据的支持。

刘家义(2004)、陈宋生(2006)及杨锡春(2006)等人通过分析指出，影响审计工作的顺利开展的最主要原因，就在于被审计人员对政府绩效审计工作的态度，很多被审计人员对政府绩效审计工作并不认可，接受度不高，也不愿意配合审计工作的开展。

刘家义(2004)、杨锡春(2006)认为,政府预算审计就是审计被审计单位是否违反了预算法律法规,至于管理和决策等方面存在的问题,是改革和发展中的问题,不违法因而也不能审计。

陈宋生(2006)也通过深圳市审计局开展预算绩效审计的实践工作发现,被审计单位尚未认识到预算绩效审计的重要性。

Ajzen(1991)对计划行为理论的分析指出,个体的态度与其行为意向存在正相关关系,即个体制定某种行为的态度越积极,就越愿意制定该行为,行为发生的可能性就越大。论文通过上述分析提出假设 1:

假设 1:被审计人员对审计的主观态度会影响其对绩效审计行为的意向,并且这种影响是正面的。

2. 组织支持

各国的预算绩效审计发展经验均表明,组织支持非常重要。美国审计总署(GAO)一直很重视预算绩效审计的开展,并于 1972 年颁布了《政府审计准则》,成为指导政府预算绩效审计开展的权威性文件。美国审计总署从 21 世纪开始正式公布了绩效责任报告,在其中对政府审计机构的工作作出了详细、具体的介绍和说明,正式了审计机构存在的价值和意义,证明政府审计机构的成立能够更好地为民众提供服务。此外,审计长的个人作用对审计的发展也起到了至关重要的作用。1981 年,Bowsher 就任美国审计总署审计长,通过一系列改革措施提高审计部门的服务质量;而 1988 年就任的美国审计长 Walker 则致力于扩大审计范围,积极采取各种方法推动预算绩效审计工作的发展。在理论分析方面,许多学者从管理者于组织系统的关系入手,分析管理层支持对信息系统落实的影响,并且通过分析证实了管理层的支持可以有效提高组织信息系统的成功率。

Doll(1985)、Sharma 和 Yetton(2003)、Shields(1995)通过分析指出,企业高级管理层对其战略决策的制定以及资源的分配都享有决策权,所以企业高管对组织系统的态度对系统的落实有显著影响。如果管理层愿意为某个活动的开展提供支持和帮助,那么即使其他个体或者团体并不认可,也不会对最终结果产生显著影响。

Fernandez 等人(2006)指出,公共部门要进行任何的组织变革,例如进行预算绩效评价,首先要得到高层管理者的认同,然后获得中层领导及员工的支持。高层管理人员的支持可以帮助克服组织中的抵触情绪,整合资源并维持组织对变革的认同度。而机构内部各部门及中层管理人员的支持可以保证预算绩效评价成为组织战略管理框架的一部分(Ingraham et al., 2000)。

Cavalluzzo 等人(2004)、Yang 等人(2007)都采用实证分析法研究企业内部支持与外部政治环境对政府预算绩效评价工作的影响,指出组织内部以及外部环境对绩效评价工作的顺利开展有一定的促进作用。

Chan(2004)及 Ramanna(2009)均调查了预算绩效评估系统在西方国家政府部门的使用情况,他们提出,由于实施预算绩效评估系统会使得组织的受托责任更加透明,这给公共组织带来一种忧虑的氛围,从而更加强调高层管理人员支持的重要性。

石桂峰等(2009)主要采用调查分析法对辽宁省预算绩效审计工作开展的影响因素展开研究和讨论,指出机构负责人的任职时间、知识结构,以及思维都会对预算绩效审计工作的开展产生显著影响。

Yang 等人(2017)主要采用实证分析法对被审计机构内部与外部政治环境同绩效评价活动的关系展开研究和讨论,指出被审计机构内部与外部环境的支持对绩效审计活动的顺利开展具有十分显著的促进作用。

White(1973)主要分析了某一组织内部工作人员对项目的态度与该工作人员感知的领导对项目的态度存在密切关系,一般工作人员感知到的领导对该项目的态度越积极,该工作人员对项目的态度也就越积极。按照计划行为理论,被审计人员的感知往往受到组织内部以及外部环境的态度的影响,这就是前文分析的主观规范,这种主观规范对个人行为意向的影响一般都被证明是积极的。若被审计人员感知到的周围的环境对审计工作的态度是正面的,那么被审计人员就会积极配合预算绩效审计工作的开展,认可预算绩效审计的价值并更加积极地配合审计工作。论文在此基础上提出假设 2 和假设 3:

假设 2:被审计人员对内外部环境支持的感知,会影响其对审计工作的态度,并且这种影响是积极的。

假设3:被审计人员对内外部环境支持的感知,会影响被审计人员对审计工作的行为意向,并且这种影响是积极的。

3. 评价指标的选取及绩效测度问题

刘家义(2004)预算绩效审计区别于一般的财务收支审计,财务收支审计关注被审计单位资金使用的真实性、合法性,而预算绩效审计涉及对政府绩效的评价,它关注政府管理、利用社会资源的合理性、有效性和科学性,需要根据被审计对象建立评价指标以测度其绩效。

Cavalluzzo等人(2004)分析指出,公共机构的工作人员的任务完成效果很难准确评价,因为没有相应的可以量化的指标。他们通过理论和实证分析总结了活动的普遍特征:(1)中央政府及地方各级政府的行为及目标之间存在复杂的相互作用;(2)一些政府活动的目标超出了政府的控制范围(例如干预全球经济、生态系统等);(3)政府的一些使命很难建立评价指标,同时很难将政府活动的结果归因于某个部门的努力或者作为某一个观测年份的成果;(4)社会福利及政府目标的很多维度都难以测量。政府活动的上述特征使得建立起的评价指标很难面面俱到,这限制了预算绩效评价活动的开展和效果。中国很多学者对预算绩效审计都非常重视,并且从绩效测度以及评价指标等多个角度对预算绩效审计展开研究和讨论。

刘力云(2001)主要对预算绩效审计的评价标准进行分析,指出因为预算绩效审计对象有很多种类型,其效果、效率以及经济型等评价标准也存在差异,所以很难对其进行统一评价,也无法制定相应的标准。

杨惜春(2006)主要对政府活动的预算绩效审计进行分析,指出政府行为会对预算绩效审计产生限制,很难对其经济效益和成本进行量化处理。因此,选择科学、合理的评价标准非常重要,而评价标准难以确定的问题一直是制约预算绩效审计有效开展的因素。

Cavalluzzo等人(2004)也发现,政府预算绩效评价在应用过程中暴露出来的问题使政府工作人员对系统有效性的预期有一定的下降。尽管被审计人员仅仅需要接受评价,但是评价效果却会受到指标选择的影响,一旦指标选择不准确,就很容易造成预算测度结果不准确,这样就会导致被审计人员对绩效审计的认可度与接受度降低,对预算绩效审计的应用产生不利影响。由此可见,被审计人员对审计工作的难度感知会对行为意向产生一定的消极影响。因此论文提出第四个假设：

假设4：被审计者所感知到的指标选取及预算绩效测度问题的难度会对其预算绩效审计的行为意向(即接受度)产生消极(负面)的影响。

4. 感知审计质量

杨惜春(2006)认为与政府财务收支审计相比，预算绩效审计的专业性和综合性都更强，审计技术与方法也更加复杂，审计人员仅仅具备财经、审计方面的知识显然是不够的，还需要通晓经济管理和工程技术等多方面的知识。而预算绩效审计的质量也更加依赖于审计人员素质。国外许多国家一直非常重视预算绩效审计人员的素质。20世纪70年代，美国审计总署就开始招聘物理学家、社会学家、计算机专家和诸如健康、公共政策和信息管理等方面的专家，让这些专家参与到政府绩效审计的工作中来。

陈宋生(2006)、石桂峰等人(2009)的调查中，当被问及“地方政府机构预算绩效审计工作的开展情况”时，有接近80%的被调查对象认为审计机关应该积极引进管理学以及经济学等领域的高水平人才，有超过80%的被调查对象表示审计人员应该努力学习预算绩效审计的相关知识，积极采取措施提高专业水平。可见，无论是审计人员还是被审计人员，都较为关注审计人员自身的素质。只有当预算绩效审计的实施者具备了工作所需的专业基础和工作经验，并具有权威、独立的审计形象时，其审计结果才能获取公众及政府部门的信任，发挥其第三方鉴证的作用，为被审计单位解除受托责任，并提供专业建议。基于上述讨论，我们提出以下假设：

假设5：被审计者所感知到的中国当前政府绩效审计的审计质量会对行为意向产生一定的正面影响。

此外，中国政府审计系统的工作人员(如国家审计署及其各级分支机构)由于也承担了相应的公共受托责任，因此，在审计他人的同时，其自身也接受政府审计的监督。为了控制来自审计系统工作人员与非审计系统工作人员之间可能出现的系统差异，我们加入了“是否来自审计系统”这一控制变量。综合上述几个假设，我们提出本文的模型，如图 9.2 所示。

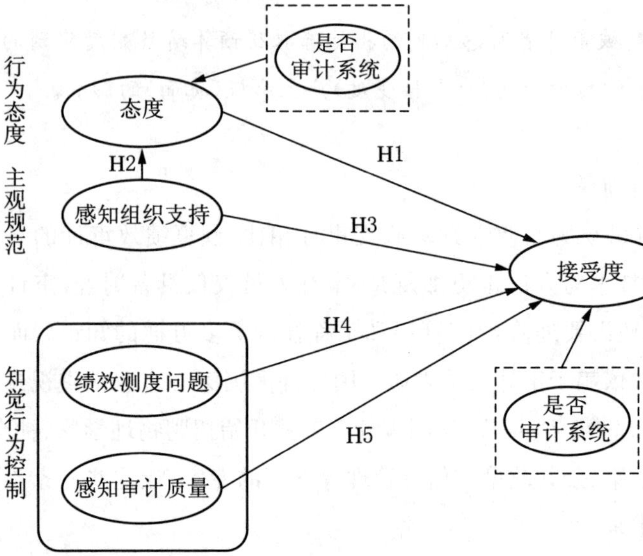

图 9.2　被审计人员对政府绩效审计行为意向影响因素图

9.3　研究设计

9.3.1　结构方程分析方法

林嵩等(2006)认为在社会科学领域，很多变量都不能准确而直接地测量(结构方程分析中又将这些无法观察的变量称为潜在变量或构念)，比如企业的品牌意识以及个人成就感等等，这些会在一定程度上增加行为难度。有学者分析提出结构方程模型，指出模型的应用有利于降低操作难度。

结构方程模型的概念出现在 20 世纪 70 年代初，Joreskog(1973)和 Wiley(1973)主要采用路径分析以及因子分析等方法展开研究，通过一系列分析提出了结构方程模型(structural equation models，SEM)。

Ullman(2004)认为，通过分析指出结构方程模型是一种用于某几个因变量或者自变量关系分析的多元分析方程式，分析的因变量与自变量可以是连续或离散的。

程开明(2006)认为，结构方程模型主要包括两个部分，分别是结构模型和测量模型。其中,测量模型主要用来描述潜在变量和指标之间的关系,也就是潜在变量是如何被相对应的显性指标所测量的;结构模型用于潜变量关系的描述和分析,所谓潜变量关系就是指因变量与自变量的关系。具体而言,结构方程模型的方程式如下:

$$x = \Lambda\xi + \delta \tag{9.1}$$

$$y = \Lambda\eta + \varepsilon \tag{9.2}$$

$$\eta = B\eta + \Gamma\xi + s \tag{9.3}$$

上述方程式(9.1)和(9.2)都是测量模型,(9.3)是结构模型。所有方程式中变量的含义如下:在第一个方程式中,ξ 表示的是外生潜变量向量,x 表示的是外生观测变量向量,Λ_x 表示的是外生潜变量与观测变量的关系,也可以理解为外生观测变量的因子载荷矩阵;δ 表示的是误差项向量。在第二个方程式中,η 表示的是内生潜变量向量,y 表示的是内生观测变量向量,Λ_y 表示的是内生潜变量与观测变量的关系,也可以理解为内生观测变量的因子载荷矩阵,ε 表示的是误差项向量。在第三个方程式中,B 表示的是内生潜变量的关系,Γ 表示外生潜变量对内生潜变量产生的影响,B 和 Γ 表示的是路径系数,s 表示的是误差项。这些方程式的拟合就是结构方程模型的分析过程,主要包括四个过程,即模型设定、模型识别、模型估计与模型评价及修正。

21 世纪初,林嵩等(2006)与李晓煦等(2006)对传统回归模型进行了系统的分析,通过分析指出结构方程的模型主要有以下五个特点:一是能够根据模型的拟合程度确定最佳模型;二是能够在此基础上获取弹性更高的测量模型;三是可以兼顾因子关系与结构;四是能够包容因变量与自变量的测量误差的存在;五是能对很多因变量同时处理。

温忠麟等(2004)认为学界对结构方程模型非常重视,很多学者都尝试从不同角度出发对结构方程模型进行分析并提出不同的研究方法,在管理学以及教育学等很多领域都得到应用。在论文研究中,结构方程模型主要用于数据的检验和假设的验证。

9.3.2 调查问卷发放及样本选择

考虑到时间成本,本章研究所需的问卷设计与上一章研究所需的问卷设计同时进行,整合成一份问卷对外发放,并且两项研究有部分内容用到同一些问项,问卷内容不冲突。因此，本章研究所使用的数据也来自上一章所介绍的问卷调查，即通过随机抽取的方式确定 2 300 名被调查者，并最终得到有效问卷 196 份。回函者的职务级别、所在单位级别、所在部门所属系统、学历、性别等个人特征详见第 8 章 8.3 节。

9.3.3 本研究关键变量的测量

由于本章的研究涉及社会心理学中的理论，并要结合政府绩效审计问题的特殊性，因此，我们先在知网以及万方等数据库查阅关于公共管理以及组织行为等的研究文献和资料，之后参考计划行为理论的量表进行设计问卷。我们查阅了大量关于计划行为理论在管理学方面的应用的有关研究资料，发现学者在设计计划行为理论量表以及调查问卷时，往往参考其他学者研究的成熟量表，部分学者会根据自己的研究作出一定的改动。

Boldero(1995)及 Cordano 等人(2000)重点分析了政府预算绩效审计。目前，学界关于政府预算绩效审计的研究并没有可以参考和借鉴的成熟量表，所以论文主要参考 Ajzen(2002)提出的原始量表对相关变量进行度量，同时结合政府预算绩效审计的情况进行了调整。除此之外，论文还参考其他学者对政府预算绩效评价的实证分析设计量表，主要有 Cavalluzzo 和 Ittner(2004)以及 Yang 和 Hsieh(2007)等人的研究。

Cavalluzzo 等人使用美国审计总署(GAO)的调查数据，分析了影响美国政府部门预算绩效评价活动的发展、实施情况及实施效果的因素，提出了“评价指标的选取及绩效测度问题”量表及“对预算绩效评价的组织支持”量表，而 Yang 等人对台湾省台北市的政府官员进行了问卷调查，研究了哪些因素会影响政府部门对预算绩效评价系统的采纳及实施效果，他们发展了“对绩效评价的内外部支持”量表。本章设计了 5 个变量，这些变量的测度均采用里克特 5 点式量表。

1. 被审计人员对政府绩效审计的态度

Ajzen(2002)的量表建议直接询问被调查者对某一事物的态度，如是有利还是有弊，有价值还是无价值。我们在此基础上进行了修订，通过两个问题考查被调查者对绩效审计的态度：开展政府预算绩效审计，对政府资源的合理配置以及廉政建设等都有十分重要的促进作用，有利于维护政府职员竞争的公平、公正。

2. 感知组织支持

我们从被审计人员所感知到的内外部环境对预算绩效审计的支持程度来测度主观规范。

基于 Cavalluzzo 等人(2004)及 Yang 等人(2007)开发的量表，我们分别从“国家审计署”“所在单位的领导”及“所在单位的上级部门”对预算绩效审计的支持程度来测度主观规范。

3. 绩效测度问题

对于评价指标的选取及预算绩效测度问题的测量主要参考了 Cavalluzzo 和 Ittner(2004)研究中使用的“预算绩效测量难度”量表，从三个方面考察政府预算绩效审计所面临的绩效测量问题。

4. 感知审计质量

Copley 等(1993)认为政府预算审计质量应被定义为审计人员是否遵从了相关的政府审计准则，即审计人员应就政府财务报告是否得到公允表达发表意见，查证政府部门的内部控制是否有效，并查证其在使用财政资金时是否存在违法违规的现象。但由于预算绩效审计的工作性质已远远超出了查错纠弊的范畴，因此，笔者认为上述解释不够全面。

DeAngelo(2008)通过分析指出，独立审计质量指的是审计师发现财务报表出现漏报或者重大错误的联合概率。同时，独立审计质量具有“内隐的真实质量”和“市场感知质量”的双重维度，而真实的审计质量通常难以直接观察。

借鉴这一思路，陈俊等(2009)主要通过被审计人员所感知到的审计师专业胜任能力及审计师独立性来对绩效审计质量进行测度。具体来说，专业胜任能力通过 2 个问项测度，分别是“政府审计人员的学历和专业素质”“政府审计人员的审计工作经验”；独立性通过 3 个问项测度，分别是“公正、不偏不倚地进行审计判断”“根据搜集到的审计证据，客观地对被审计单位出具审计意见”“审计时拥有完全的自由调查权”。考虑到部分被调查者可能未接触过政府审计人员，我们在上述几个问题中加入了“不清楚”选项，以保证被调查者回答的真实性和可靠性。因此，该题项实际的测量变为四点式里克特量表，这对本章的实证分析不会产生影响。

5. 行为意向

根据 Ajzen(2002)建议，我们通过三个问题测度被审计人员对预算绩效审计的行为意向，分别是:“我希望我所在的单位推行预算绩效审计”“我十分乐意配合审计人员的工作”“我赞同审计工作的主要任务之一就是要积极开展效益审计”。

6. 是否来自审计系统

该变量为虚拟变量。具体来说，若被调查者来自审计系统，该变量取值为 1，否则为0。根据第5章5.3节的统计分析，在196个回函中，有190位被调查者注明了其是否来自审计系统，其中，16.8%来自审计系统，80.1%来自非审计系统，因此，本文的结构方程部分有效回函样本变为190。

下表9.1总结了本章关键构念的测度以及来源文献。

表9.1 关键构念的定义及来源

构 念	定 义	来源文献
态 度	个人对政府预算绩效审计的喜好程度及评价	Ajzen(2002)
接受度	个人在多大程度上相信他/她会接受政府绩效审计以及配合审计工作	Ajzen(2002)
感知组织支持	个人所感知到的所在组织对预算绩效审计的支持程度	Cavalluzzo和Ittner(2004)；Yang和Hsieh(2007)
指标选取及绩效测度的难度	个人所感知到的在开展预算绩效审计活动中技术上的难度	Cavalluzzo和Ittner(2004)
感知审计质量	个人所感知到的当前中国政府预算绩效审计人员的专业胜任能力及独立性	自编
是否来自审计系统	被调查者是否来自本单位的审计部门或是否为政府预算审计系统人员	自编

9.4 研究结果与分析

为保证测量模型的准确性，我们必须区分上述变量为“形成型构念”(formative construct)还是“反映型构念”(reflective construct)。

Edwards和Bagozzi(2000)的论述认为，当测量指标是由潜变量导致(Items are caused by a latent construct)时，该构念为反映型构念；当指标决定了构念时(items determine a construct)，该构念为形成型。

Jarvis等人(2003)运用Jarvis等人提出的几个规则来判断本文的构念为哪种类型，得出以下结论：

第一，对于形成型构念来说，指标与构念间的因果关系为指标指向构念，即指标为因，潜变量为果，而反映型构念相反。

第二，反映型构念的各指标是可以相互替代的，而形成型构念的各指标反映了构念的不同方面，不能互相替代。

第三，对于反映型构念来说，各指标应有同样的起因和结果，而反映型的指标则不必须。根据上述判断标准，我们将"态度""接受度"这两个构念定义为反映型构念，将"感知组织支持""指标选取及绩效测度的难度""感知审计质量"定义为形成型构念。

Diamantopoulos 和 Winklhofer(2001)认为由于本章的模型包括 2 个反映型构念及 3 个形成型构念，为了能够方便地在模型中同时纳入上述两种构念，我们使用偏最小二乘(partial least squares, PLS)方法来进行模型检验。

PLS 是一种典型的基于成分的(component-based)结构方程模型分析方法，它的原理是使得模型中内生变量的已解释方差最大化，能够显示内生变量方差在多大程度上得到解释，此外，PLS 的一大优势在于它不像那些基于协方差的(covariance-based)结构方程模型分析方法(典型的如 AMOS、LISREL)一样需要模型拟合，它还可以使我们同时检验测量模型及结构模型。

9.4.1 测量模型结果

1. 探索性因子分析

研究主要采用探索性因子分析法对问卷进行分析。16 个观测变量的因子模式如表 9.2 所示，旋转后各题目的因子载荷均在 0.659 以上，共形成 6 个主因子，积累解释总变异的 71.747%。

表 9.2 探索性因子旋转矩阵

变量	观测变量	题项	因子 1	因子 2	因子 3	因子 4	因子 5	因子 6
1. 被审计人员对绩效审计的态度	*A*1	预算绩效审计，有利于政府经济、节约地使用各种资源	0.031	0.128	0.035	0.015	0.120	0.852
	*A*2	预算绩效审计将会为政府职员带来更加公平的竞争环境	−0.064	0.132	−0.105	0.015	0.169	0.851
2. 被审计人员行为意向	*B*1	相关文件明确指出要积极开展预算绩效审计	0.147	−0.067	0.094	0.178	0.665	0.244
	*B*2	我十分乐意配合审计人员的工作	0.040	0.154	−0.163	−0.089	0.792	0.046
	*B*3	我希望在我所在的单位推行政府预算绩效审计	0.050	0.132	0.129	0.026	0.668	0.071

续表

变量	观测变量	题　　项	因子 1	因子 2	因子 3	因子 4	因子 5	因子 6
3. 感知组织支持	C1	所在单位的领导对预算绩效审计的支持程度	0.184	0.706	0.187	0.171	0.207	0.277
	C2	国家审计署对预算绩效审计的支持程度	0.039	0.812	0.104	0.223	0.063	0.048
	C3	所在单位的上级部门对绩效审计的支持程度	0.132	0.838	-0.154	0.050	0.060	0.195
4. 评价指标的选取及绩效测度问题	D1	选择有意义的预算绩效评价指标的难度	0.064	0.005	0.801	0.179	0.163	0.050
	D2	度量项目(或政府行为)长期结果的难度	0.057	0.056	0.803	0.033	0.175	0.085
	D3	排除项目的效益受到的外部因素影响的难度	0.319	0.106	0.659	0.124	0.060	0.042
5. 感知审计人员专业胜任能力	E1	政府审计人员的学历和专业素质	0.221	0.256	0.028	0.873	0.027	0.017
	E2	政府审计人员的审计工作经验	0.274	0.148	0.065	0.885	0.013	0.006
6. 感知审计人员独立性	F1	公正、不偏不倚地进行预算审计判断	0.843	0.154	0.054	0.121	0.068	0.051
	F2	根据搜集到的审计证据，客观地对被审计单位出具审计意见						
	F3	审计时拥有完全的自由调查权						

本研究的第一个变量由 A1、A2 两个观测变量组成，根据它们的共性，我们将其定义为“被审计人员对绩效审计的态度”(即变量 1——态度)；第二个变量由 B1、B2、B3 三个观测变量组成，根据其共性，我们将其定义为“被审计人员行为意向”(即变量 2——行为意向)；第三个变量由 C1、C2、C3 共三个观测变量组成，根据它们的共性，我们将其定义为“感知组织支持”(即变量 3——组织支持)；第四个变量由 D1、D2、D3 共三个观测变量组成，将其定义为“评价指标的选取及绩效测度

问题”(即变量 4——测度问题);第五个变量由 $E1$、$E2$ 两个观测变量组成,将其定义为“感知审计人员专业胜任能力”(即变量 5——专业胜任能力);第六个变量由 $F1$、$F2$、$F3$ 共三个观测变量组成,将其定义为“感知审计人员独立性”(即变量 6——独立性)。对于结构方程而言,只有当每一个测量问项在其所要测量的理论构念上拥有更大因子载荷时,才能被纳入最后的数据分析(Chin, 1998)。表 9.2 的结果显示,探索性因子分析的结果表明每一个题项都干净地落在其所要测量的构念上,均可以纳入模型检验。

2. 变量的信度、效度检验

测量各变量有效性的指标主要包括了信度和效度两个方面。构念的信度(construct reliability)分析主要检验各构念指标间的内部一致性。

根据 Peter(1981)的定义,构念效度(construct validity)是指指标与其构念之间的一致性,构念效度是理论发展及检验的必要前提。具体来说,构念效度可以分为两种,分别为聚合及区分效度。其中,聚合效度是检测某个构念的指标是否与其他构念的指标更加相关,而区分效度检验不同的构念的指标是否具有区分性。对于所有的构念来说,其测量指标应在其测度的潜变量上有显著的载荷,即每个指标 T 值应在 0.05 的水平上显著。

Gefen 和 Straub(2005)认为根据这一要求,我们删除了“测度问题”构念中的第二个指标,即 $D2$,其余指标均在其要测度的构念上有显著的 T 值。

(1) 反映型构念。

Nunnally 和 Bernstein(1994)认为,对于反映型构念,我们通过组合信度分数(CR)及 Cronbach’s alpha 值来评估其信度,建议的上述两项指标的临界值均为 0.7。

本研究中,对绩效审计的态度构念的组合信度为 0.88,而绩效审计接受度的组合信度为 0.78,均超过了建议的临界值。此外,态度构念的 Cronbach’s alpha 值为 0.73,而接受度的 alpha 值为 0.57,虽然接受度 alpha 值未达到标准,但是考虑该构念为自行开发,该信度可以接受。

为了检验反映型指标的区分效度,根据 Gefen 和 Straub 提供的方法,我们将构念间的相关系数与构念的平均方差抽取量 AVE(average variance extracted)的平方根进行比较,结果如表 9.3 所示,我们发现 AVE 的平方根远大于构念间的相关系数,这说明构念的区分效度较好。

表 9.3　构念间的相关性与 AVE 矩阵

构　念	构念类型	1	2	3	4	5	6	AVE
对预算绩效审计的态度	反映型构念	0.888 5						0.789 5
预算绩效审计接受度	反映型构念	0.348 4	0.734 4					0.539 3
感知到的组织支持	形成型构念	0.448 0	0.320 3	0.718 1				0.565 5
预算绩效测度问题	形成型构念	−0.063 5	−0.064 1	−0.157 5	0.756 4			0.615 2
审计人员 1	形成型构念	0.168 9	0.195 5	0.417 4	−0.011 2	0.894 1		0.799 4
审计人员 2	形成型构念	0.187 8	0.069 6	0.302 3	−0.177 5	0.316 5	0.836 2	0.699 2
控制变量								
审计系统	单指标构念	0.004 9	0.046 5	0.151 1	0.052 0	−0.030 7	1.00	1.000 0

(2) 形成型构念。

Petter(2007)认为与反映型构念不同的是，对于形成型构念来说，内部一致性或者说信度并不是非常重要，因为形成型构念的各个指标代表了构念的不同方面，因此不要求具有较高的一致性。

Diamantopoulos(2006)也指出，指标间的多重共线性的问题可能会导致某些指标不显著，因此，我们需要对每个构念的指标进行线性回归以检验其方差膨胀因子 *VIF*(variance inflation factor)是否过高。

Diamantopoulos 和 Siguaw(2006)认为，当 *VIF* 低于 3.3 时，可以认为指标间不存在显著的多重共线性问题。按照上述方法，我们分别检验了各构念的 *VIF* 值，感知组织支持的 *VIF* 为 1.5，指标选取及绩效测度的难度构念的 *VIF* 为 1.2，审计人员专业胜任能力的 *VIF* 为 1，审计人员独立性的 *VIF* 为 1.2，均未超过 3.3，可以认为本研究中的形成型构念的指标间不存在明显的多重共线性问题。

Johnston(2010)认为，计算了"组合构念分值"，具体来说，是将每一个指标对其构念的权重乘以指标的得分并进行加总，然后检验了"指标对指标"以及"指标对构念"之间的相关性，结果如表 9.4 所示，可以看到，在这个相关性矩阵中，相对于其他构念，每一个指标都与其测度的构念间有更强的相关性，这也证明了区分效度良好。

表 9.4 “指标对指标”以及“指标对构念”之间的相关性矩阵

	组织支持 C1	组织支持 C2	组织支持 C3	组织支持	绩效测度 D1	绩效测度 D2	绩效测度	专业胜任能力 E1	专业胜任能力 E2	专业胜任能力	独立性 F1	独立性 F2	独立性 F3	独立性
组织支持 a	1													
组织支持 b	0.623***	1												
组织支持 c	0.125	0.222***	1											
组织支持	0.871***	0.840***	0.483***	1										
绩效测度 a	−0.176**	−0.127*	0.018	0.148**	1									
绩效测度 b	−0.183**	−0.184**	−0.042	0.194***	0.291***	1								
绩效测度	0.203***	0.160**	0.006	0.181**	0.971***	0.510***	1							
专业能力 E1	0.249***	0.222***	0.176**	0.291***	0.168**	0.048	0.163**	1						
专业能力 E2	0.236***	0.173*	0.138*	0.251***	−0.152**	−0.088	−0.158**	0.600***	1					
专业能力	0.271***	0.219***	0.174**	0.301***	−0.178**	0.077	−0.179**	0.883***	0.905***	1				
独立性 F1	0.404***	0.349***	0.107	0.410***	−0.005	−0.227***	0.061	0.332***	0.251***	0.324***	1			
独立性 F2	0.406***	0.377***	0.101	0.420***	0.019	−0.184**	−0.029	0.305***	0.229***	0.296***	0.744***	1		
独立性 F3	0.240***	0.163**	0.040	0.217***	0.005	0.211***	0.102	0.201***	0.201***	0.172**	0.475***	0.408***	1	
独立性	0.427***	0.365***	0.103	0.428***	0.004	0.247***	0.058	0.309***	0.272***	0.324***	0.912***	0.878***	0.704***	1

9.4.2 假设检验

图 9.3 展示了 PLS 模型回归的结果。模型解释了“对预算绩效审计态度”构念 20.5%的方差，解释了“对预算绩效审计接受度”构念 16.5%的方差。

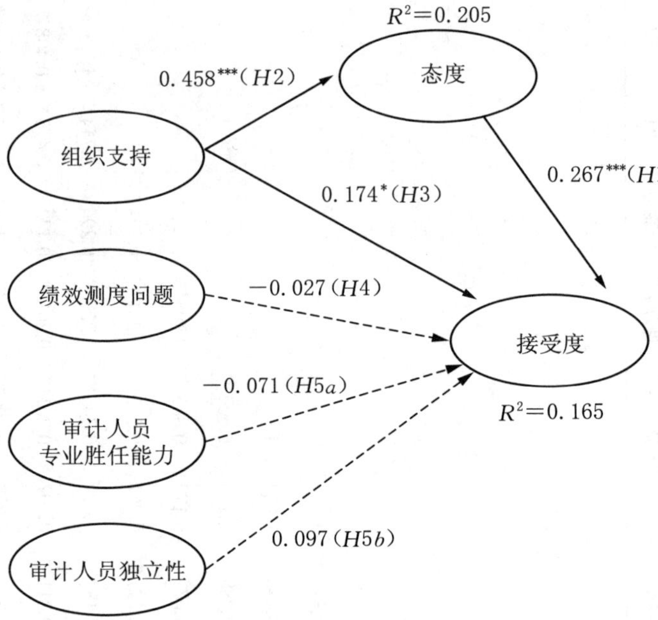

注：*** 、** 、* 分别表示路径系数在 0.001、0.05，以及 0.1 的水平上显著。

图 9.3 PLS 回归结果

根据图 9.3 中检验结果能够得到以下结论：

第一是假设 1 成立，路径系数为 0.267，即对政府预算绩效审计的态度直接影响被审计人员的行为意向。很多学者的分析也都证实了这一点(Ajzen，1991)。

第二是假设 2 成立，路径系数为 0.458。

第三是假设 3 也通过了检验，证实被审计人员感知到的各方对绩效审计的支持会积极的影响其接受度(0.147)。

第四是假设 4 没有通过检验，尽管预算绩效测度问题对接受度的路径系数为负(－0.027)，但不显著。

第五是假设 5 也未通过检验。被审计人员所感知到的审计人员的专业胜任能力及独立性均未显著影响其接受度。此外，控制变量“是否来自审计系统”对“态度”及“接受度”的影响均不显著(未在图 9.3 中标出)，说明审计系统与非审计系统人员对预算绩效审计的态度和接受度不存在显著差异。

9.4.3 实证结果讨论

我们的结果解释了态度构念 20.5%的方差，解释了接受度构念 16.5%的方差，说明计划行为理论能够在一个稳健的、适中的程度上较好的解释被审计人员对政府绩效审计的接受度。我们的结果证实了被审计官员所感知到的组织对绩效审计的支持(来自国家审计署、被审计单位领导及被审计单位的上级部门)，不仅会积极地影响被审计人员的接受度，而且在很大程度上积极地影响其对绩效审计的态度，进而间接影响其接受度。上述结论与 Yang 和 Hsieh(2007)的结论一致，他们针对台湾省台北市的调查也发现，缺少这样的支持对于公共部门开展绩效评估活动而言是非常严重的问题，否则公务人员会将绩效评估看成是一种政治家用于控制他们的“骗人的把戏”，会威胁到他们的官僚统治从而忽视甚至反对绩效评估。他们指出支持的外部政治环境和积极的组织内部支持都会对绩效评价系统的采用与实施产生积极的影响。尽管 Cavalluzzo 和 Ittner(2004)花了大量的篇幅探讨了组织支持应对管理控制系统的实施效果产生影响，他们使用美国审计总署(GAO)的调查数据，分析了美国自 1993 年开始实施的《美国联邦政府绩效与成果法案》的实施情况，但他们并没有发现组织支持会对绩效评估的效果产生积极的影响。鉴于之前的研究结论存在分歧，本研究在中国特殊的背景下证实，组织支持对公共管理部门管理控制系统的作用可推广到预算绩效审计领域，且组织支持会对绩效审计接受度产生积极的影响。由于中国的预算绩效审计还处于发展起步阶段，一部分回函者可能未被审计过，因此，我们无法研究组织支持对绩效审计效果的影响，但该结论正说明了在中国预算绩效审计发展初期，加大各方面对绩效审计的重视能够显著降低审计开展中的阻力，提高各方的接受度，包括审计系统和非审计系统。此外，我们并没有发现“知觉行为控制”对绩效审计接受度的影响。即“绩效测度”与“审计人员职业胜任能力”都没有显著地影响被审计人员的接受度。

Cavalluzzo 和 Ittner(2004)对美国的研究发现预算绩效测度的难度会负面地影响绩效评价的实施效果，管理人员认为即使实施了绩效评估，这些问题在未来仍然很难克服。本书虽然借鉴了上述研究的量表，但结论不一致。笔者分析此处知觉行为控制变量不显著的原因可能是：在计划行为理论中，知觉行为控制变量测度的是个人意识到的实施某行动的难易程度，而此研究为了切合绩效审计的实际情况，我们将该变量定义为被审计人员所感知到的在进行预算绩效测度时的难度以及审计人员各方面的胜任能力，由于大多数被调查者是被审计人员而非审计人员，也就是说大多数被调查者并不是绩效审计的实施者，这一改变可能是导致结果不符合计划行为理论预期的原因。由此可见，被审计人员对操作困难的感知，以及他们所感知到的现有审计人员的不胜任，并没有显著影响其对绩效审计的接受度和配合度。研究者们应更多地通过比较性统计分析方法去探讨预算绩效审计问题，与中央政府审计相比，地方政府审计应得到更多的重视。本研究不仅丰富了这一领域的文献，同时也为我国政府预算绩效审计实践提供了一些理论依据。

9.5 本章小结

曾任审计署审计长刘家义指出，中国的预算绩效审计工作与国外的差距着重体现在政府机关的思想观念不接受预算绩效审计工作，部分被审计者有“政府决策、体制、管理等方面存在的问题不属于被审计内容，也不能被审计”的心态。所以本章从中国被审计方对政府预算绩效审计接受度的影响因素理论分析出发，作出了几点研究假设，介绍了计划行为理论，做了被审计人员预算绩效审计接受度的影响因素的实证分析，对绩效审计的态度、组织支持、评价指标的选取及绩效测度问题、感知审计质量等方面做出延伸实证研究，研究包括设计、结构方程分析方法、调查问卷发放及样本选择、本研究关键变量的测量、结果与分析等。由此可见，被审计人员对操作困难的感知，以及他们所感知到的现有审计人员的不胜任，并没有显著影响其对绩效审计的接受度和配合度。研究者们应更多通过比较性统计分析方法去探讨预算绩效审计问题，与中央政府审计相比，地方政府审计应得到更多的重视。本研究不仅丰富了这一领域的文献，同时也为中国政府预算绩效审计实践提供了一些理论依据。

10 中国被审计方对政府预算绩效审计需求的影响因素分析——基于制度变迁理论

10.1 引言:被审计方对政府预算绩效审计需求的影响具有可能性

新制度经济学家 North(1990)认为,制度是为决定人们的相互关系而人为设定的一些制约,由非正式约束(道德约束、传统、行为准则等)和正式的法规(宪法、法令、产权等)组成。根据新制度经济学,某项制度的选择及其变迁可以用"需求—供给"这一经典的理论构架来进行分析。

林毅夫等(1997)认为,政府预算绩效审计是政府治理框架下一项重要的制度安排,其在中国从无到有、由少至多的发展轨迹,体现了中国政府治理改革的历程,其能否顺利推进以及推进程度能否深化,依赖于利益相关主体对该制度的需求。因此,沿袭制度变迁理论的一般研究思路,探讨预算绩效审计利益主体对该制度的需求就显得非常必要。

汪洪涛(2003)认为,厘清这些问题对于进一步积极稳妥地推动我国预算绩效审计发展,消除发展中的阻力因素,完善预算绩效审计制度建设具有重要的现实意义。由前文第 3 章的分析可知,中国的政府预算绩效审计自 20 世纪 80 年代萌芽阶段起,在近 30 年的时间内经历了巨大的发展变迁。首先,由于中国特殊的审计行政体制,绩效审计能否顺利推进在很大程度上取决于被审计方(特别是被审计方行政官员)对该制度的认同度及需求。其次,从制度变迁的方式上来说,预算绩效审计是最高审计机关为适应社会发展的潮流而对传统政府审计领域进行的拓展,是一种由审计机关主导的、自上而下发展的强制性的变迁模式。

陈全民(2005)和刘玉娟(2009)认为,作为一项新的制度安排,预算绩效审计的开展必然会改变被审计单位特别是被审计单位官员的切身利益,而由于各地区在经济发展、法制环境、技术水平等制度环境方面存在差异,不同地区预算绩效审计运行效果、审计结果运用程度等方面也存在差异,使得预算绩效审计带给被审计部门及被审计官员的预期收益大小也不尽相同,并最终表现为被审计主体对预算绩效审计的需求。本章根据新制度经济学中的制度变迁理论,深入分析影响中国被审计人员对预算绩效审计制度需求的诸多因素,并进行实证检验。

Johnsen 等(2001)认为,研究者们应更多通过比较性统计分析方法去探讨预算绩效审计问题,与中央政府审计相比,地方政府审计应得到更多的重视。本研究不仅丰富了这一领域的文献,同时也为中国政府预算绩效审计实践提供了一些理论依据。

10.2 被审计方政府预算绩效审计需求的影响因素分析

10.2.1 预算绩效审计需求影响因素的分析框架——基于制度变迁理论

林荣日(2007)认为,制度决定经济绩效,这是迄今为止制度经济学家们给出的最为重要的结论。有关制度和制度变迁理论的研究,可能是 20 世纪最后几十年世界经济研究界的一道靓丽的风景线。

1993 年,由于对制度变迁理论研究方面的重大贡献,道格拉斯 · 诺斯(North)获得了诺贝尔经济学大奖,此后,世界许多国家,特别是正在经历经济转型和社会转型的国家,如中国、印度和东欧国家,都高度重视制度变迁理论的引介、探讨和研究,制度变迁理论不仅被应用于研究经济领域的问题,许多学者也纷纷运用这种理论来解释本国历史上和现阶段政治、科技、教育等领域的问题。

汪洪涛(2003)认为新制度经济学中的制度变迁理论认为,预期收益、技术特征及市场规模是影响制度需求的主要因素。首先,当新的制度安排能为需求主体带来更多的预期收益时,其对新制度的需求就会更加强烈。其次,技术的发展能够降低交易费用并使得原来不起作用的制度安排变得有用,从而使需求得到扩大。第三,市场规模的大小对于制度需求也会产生影响。当某一市场规模较小时,制度安排所牵涉的面较窄,制度难以受到关注。

新制度经济学家 North(1990)认为,在强制性制度变迁带来的制度安排投入运行时,首要考虑的问题是制度安排与制度环境之间的协调问题。制度环境是一系列用来建立生产、交换与分配基础的基本的政治、社会和法律基础规则。作为外生变量,制度环境会对各种制度安排的发展变迁及其利用程度产生重要影响。

在审计理论研究中,部分学者探讨了制度环境与绩效审计的关系。

MUNIAÍN(2005)调查了 13 个欧盟国家及 4 个非欧盟国家最佳价值审计的开展情况,他发现这些国家审计发展程度的不同很大程度上受到立法、经济环境、公共组织管理文化等因素的影响,这些环境差异甚至使得彼此对最佳价值审计的定义都不能统一。

Nath(2010)详细调查了斐济政府绩效审计的发展历程,并揭示了总审计师、公共会计委员会、议会以及媒体在其发展过程中发挥的作用,从而说明了社会及政治力量是如何影响预算绩效审计的。上述文献虽然研究了制度环境与预算绩效审计的发展互动关系,但均是从审计供给的角度展开,忽视了被审计主体的审计需求对绩效审计的作用。

陈宋生(2006)从制度变迁中成本与收益的角度分析了中国被审计单位对绩效审计需求不足的原因,但并未对其进行直接的实证分析。本节基于制度变迁理论,讨论上述三个方面是如何影响被审计人员的审计需求,以及在不同的制度环境下上述因素是如何发挥作用的,有关情况如下图 10.1 所示:

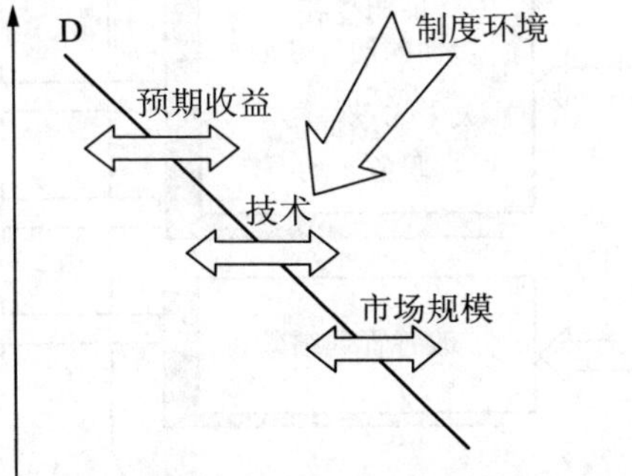

图 10.1 绩效审计需求影响因素的分析框架

10.2.2 被审计人员对预算绩效审计需求的产生机制

对预算绩效审计制度而言，其需求主要来自两个方面：社会公众和政府及公共部门（包含国务院各部门和地方各级人民政府及其各部门、国有金融机构和企事业组织）。社会公众作为公共资源的委托者，是政府预算绩效审计的最终需求者，而政府及公共部门对绩效审计同样存在需求。首先，对于各级政府部门的上级主管单位，他们希望了解下级被审计部门的权利运行情况及资源使用的效率效果，有动机了解绩效审计的结果。其次，各级政府部门同时也是预算绩效审计的被审计方，被审计方对绩效审计同样存在需求。

赵保卿等（2008）指出当存在合理有效的审计结果运用机制（赵保卿等称之为一种有效的奖惩机制），即审计结果能够有效证明被审计人员较好地履行了公共受托责任时，被审计人员会因有效地使用公共资源而获取社会公众的信任，并获得良好的业绩评价及职务升迁等个人效用，此时，其对预算绩效审计会产生需求。同时，被审计单位相关决策制定者也要承担公共资源使用绩效低下的责任，出于自身利益考虑，被审计人员就会转向对委托人利益的保护，在增加委托人信心的同时争取更多的资金投入。此外，笔者认为，被审计人员对预算绩效审计需求的产生还能通过另一条路径实现。由于预算绩效审计的开展有助于被审计单位发现自身制度、管理等方面的问题，良好的预算绩效审计建议也有利于提升被审计单位的业绩，从而进一步得到社会公众及有关部门的肯定。因此，预算绩效审计的建议与改善效果同样能够有效刺激被审计人员对预算绩效审计的需求。本章主要侧重分析作为被审计方，政府部门及公共机构的官员对绩效审计的需求。图 10.2 描述了被审计人员对绩效审计需求的产生机制。

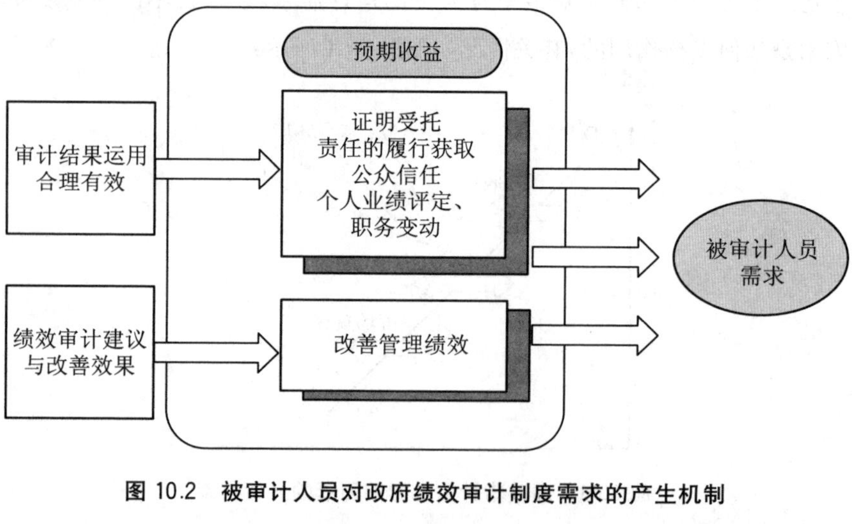

图 10.2 被审计人员对政府绩效审计制度需求的产生机制

10.2.3　被审计人员预算绩效审计需求影响因素的理论分析

杨惜春(2006)、刘家义(2004)认为中国的预算绩效审计开展尚处起步阶段，受经济发展水平、法制观念、地区文化差异等因素的影响，有关政府机构、公共管理部门对绩效审计的接触及了解程度也参差不齐。正如一些学者所指出的，绩效审计认识不充分一直是制约中国绩效审计难以顺利开展的重要因素。有人认为预算绩效审计理论神秘莫测、高不可攀，在中国不具有实施基础。

孟华(2008)提出政府部门和非营利组织不存在经济效益问题，无需审计。这些片面的认识已经严重影响了预算绩效审计工作的开展。被审计人员首先要对预算绩效审计有清晰的认识，了解预算绩效审计能够帮助被审计单位查找绩效不佳的原因、提供绩效改进的建议并帮助其更好地履行受托责任。只有真正认识到预算绩效审计能够带来的预期收益，才能从思想上接受绩效审计。由此我们提出假设1：

假设1：被审计人员对预算绩效审计的了解程度与绩效审计需求显著正相关。

如上文所述，只有当预算绩效审计能为被审计人员带来预期收益时，才能激发出被审计人员对该制度的需求。这种预期收益来自两个方面：首先，当预算绩效审计结果能够得到合理有效的运用，即对于3E的政府行为给予肯定，而对于非3E的政府行为予以处理，则政府部门及政府官员能够通过审计结果充分证明其受托责任的履行，从而获取社会公众的信任，以获得更多的预算分配或资金投入等。特别是当被审计单位的绩效评定、官员的绩效评定与职务升降等方面考虑预算绩效审计的结果时，则在位的政府官员会产生动机追求其管理活动的绩效，从而对绩效审计产生需求。

2011年6月，中国红十字会发生了“郭美美事件”，社会对红十字会产生了严重的信任危机，质疑声层出不穷。据报道，深圳市红十字会在“郭美美事件”后收到的社会捐款几乎为“0”，河南省红十字会工作会议透露，和上一年度相比，2011年，全省红十字系统接受捐赠物款总数减少了5 000余万元。面对这场危机，2011年7月，红十字总会主动邀请国家审计署工作组进驻商业系统红十字会进行审计，以期重获社会公众的信任。应该指出，预算绩效审计工作本身还不足以充分说明被审计单位的责任履行情况，只有当预算绩效审计结果的运用合理有效，即能使绩效不好的单位及负责人受到惩处，绩效佳的单位及负责人得到认可，审计结果能够为被审计单位“解除责任”“验明正身”时，被审计人员对预算绩效审计的需求才会得到显著提高。由此我们提出假设2：

假设2：预算绩效审计结果的运用越合理有效，被审计人员对绩效审计的需求越高。

其次，作为一种有效的管理工具，绩效审计本身能够为被审计单位提供好的建议，帮助其完善内部控制，提高管理水平，促进资金的使用效率，从而得到上级政府、社会公众及有关机构的认可，从而得到更多的收益。由此我们提出假设3：

假设3：预算绩效审计的建议与改善效果越强，被审计人员对预算绩效审计的需求越高。

10.3　制度环境与被审计方政府预算绩效审计需求

10.3.1　制度环境与预算绩效审计运行效果

1. 预算绩效审计运行效果

随着中国各种政府审计活动的普遍开展，近几年，一些学者开始关注政府审计的运行效果问题。

韦德洪等(2010)指出政府审计效能反映为政府审计的“效果”和“能量”。其中，效果是指政府审计的效率和结果；能量是指政府审计所释放出来的社会能量，亦称社会震慑力。政府审计效能是政府审计作用得以充分发挥的根本保证。政府预算绩效审计是一种特殊的政府预算审计业务类型，有别于传统的“财务收支审计”“经济责任审计”等审计形式。“财务收支审计”是指对政府及公共机构的资金使用情况进行审计，主要查证其资金使用是否符合相关的法律法规，其会计记录是否真实可靠。

刘家义(2004)认为财务收支审计与政府的财政预算资金运行具有密切联系。韦德洪等实证分析了中国政府财政财务收支审计的运行效果，发现财务收支审计效能对中国财政资金运行的安全(指财政资金在运行过程中没有发生问题的金额和审计案件)存在显著影响。“经济责任审计”重点关注党政领导干部履行经济决策权、管理权、执行权、监督权所遵守程序的合规性,所产生效果的经济性、效率性和效果性,重点是对重大经济活动中遵守廉政规定情况进行检查。

李江涛等(2011)指出经济责任审计运行效果是指该审计活动是否有效地对领导干部进行了监督,并通过实证研究发现,经济责任审计力量越强,审计执行力度越强,越能预防领导干部腐败案件的发生。这说明中国经济责任审计已初见成效。

表 10.1 各种政府审计形式的异同点比较

	财务收支审计	经济责任审计	绩效审计
审计对象	政府及公共部门的财务活动	党政主要领导干部和国有企业领导人员	政府及公共部门管理当局
审计内容	单位财务收支是否真实,开支是否合法,会计处理是否符合有关规定	领导干部经济行为及其任职期间履行经济责任的情况	公共资源的配置、管理和利用的经济性、效率性和效果性,公共责任的履行情况
审计目标	查错纠弊	加强管理监督干部,促进廉政建设,具有浓厚的行政监督特色	解除受托责任,并实现决策有用
成　　效	防护性	监督性	建设性

注:该表格内容根据刘家义(2004)、谢志华等(2006)、梁雪铖(2009)、蔡春(2011)文献归纳整理。

如表 10.1 所示,由于审计对象、审计内容及审计目标等方面存在显著差异,对政府绩效审计运行效果的评价与财务收支审计、经济责任审计的运行效果不能一概而论。前文已经廓清了政府绩效审计的定义及内涵,但是通过开展政府绩效审计应实现哪些具体的审计目标,理论界仍在探讨。

亚审组织(ASOSAI)2000 年的《绩效审计指南》提出,绩效审计负有双重职责:一方面,向公众提供公共资产管理质量方面的信息与保证;另一方面,协助公共管理者提高管理水平,提高资源利用的经济性、效率性和效果性,改善服务质量,促进更好地实现公共部门目标,为被审计单位增值。

谢志华等(2006)将上述两个方面归纳为“解除受托责任”和“实现决策有用”,解除受托责任主要侧重于考评、审查、揭露和监督,即确定政府及其部门负责人是否存在因失职或决策失误造成的无效投资、损失浪费或国有资产流失等;而决策有用主要强调通过事前、事中和事后的绩效审计工作,为被审计单位提供有用的信息、建议和参考，避免经济损失和效益低下。部分学者则较为强调预算绩效审计的建议性审计成效，如娄尔行与汤云为就提出："进行经济效益审计，目的在于促进被审单位的经济工作，帮助它在经济过程中实现更大的经济效益。这个目的应当指导经济效益审计各个阶段的工作，贯穿审计的全过程。"通过本书第3章介绍国外政府绩效审计发展变迁的历程可以看到，西方国家的预算绩效审计实践更为重视其建设性功能，英国、澳大利亚等国都将政府等被审计机构视为其服务的客户，并通过"咨询式"的方法来推动绩效审计项目的开展。与西方国家不同，中国的预算绩效审计运行有其特殊性，中国的预算绩效审计与财务收支审计目前基本是"融合"在一起的，即在开展财务审计的基础上，针对被审计单位存在的管理、制度等方面的问题提出审计建议，这就使得政府审计项目具有了财务收支审计与预算绩效审计的双重功效。

笔者认为，针对中国当前普遍存在的公共资源管理不善、利用率低的情况，中国预算绩效审计的开展应兼顾"监督与揭露""建议与改善"的审计目标，一方面应正确反映政府权力运行情况和结果，加强对政府权力滥用、不作为、乱作为行为的制约，另一方面应为被审计单位揭示风险、提出建议，为提高政府效能，促进经济社会科学发展提供帮助。因此，在评价中国政府预算绩效审计是否达到运行效果时，应从上述两个方面加以判断。

2. 制度环境与绩效审计运行效果

聂新军等(2008)认为作为一种制度安排，政府预算绩效审计的运行效果与该制度运行的制度环境有重要关系。西方国家的发展历程证明，社会需求是政府预算绩效审计产生和发展的原动力，这种动力来自较长时间段内社会公众和立法机构普遍认同的价值偏好，带有较强的不可遏制的势头。

陈全民(2005)、刘玉娟(2009)认为与西方国家的发展模式不同，已有实证研究未发现中国政府审计供给与社会需求有正向关系，中国的绩效审计从根源上说是审计机关为适应社会发展的潮流而对传统政府预算审计领域进行的拓展，是一种供给推动式的发展模式，这种自上而下的发展模式使得该制度的运行效果更多地受到制度环境的影响。已有学者开始关注政府预算绩效审计的地区差异问题。

聂新军等(2008)认为预算绩效审计制度要得到贯彻执行，必须培育出一种"绩效考核"与"行政公开"的文化，并使这种文化深入人心。从地区文化差异的角度考虑，沿海地区的社会公众民主意识较强，思想比较解放，因此，沿海地区应比内陆省市更愿意开展绩效审计并进行审计结果公告。通过对广东、江西两省的政府审计机关进行问卷调查，搜集了相关数据并进行分析，结果发现广东珠三角地区的审计机关较多地开展了绩效审计，审计供给与地区文化之间存在一定程度的相关性。

赵彩霞等(2010)也发现，经济越发达、法律环境越好、越靠近沿海的地区，其审计机关在执行绩效审计程序时越严格，预算绩效审计的发展水平越高。而在中国经济欠发达地区，地方审计经费的拨付明显不足甚至停止拨付，审计人员待遇较低，绩效审计开展较为缓慢。

许百军(2008)认为预算绩效审计的开展需要投入大量的审计资源，也需要审计机关领导的大力推动。地区良好的经济条件为审计工作的开展提供了基础的物质保障，良好的法制环境使得审计机关开展预算绩效审计工作更多地受到相关法律法规及政策的支持(如深圳地区已明确了绩效审计的法律地位)，由此我们提出假设4：

假设4：制度环境越好的地区，政府预算绩效审计的监督与揭露效果越好。

作为一种新型的且难度较高的审计形式，开展预算绩效审计必然需要高层次、专业的审计人才。在中国制度环境较好的地区，其经济发展水平相对较高，市场化程度也较高，地方财力相对宽松，审计机关更有机会和条件吸引选聘到更为胜任的审计工作人员，并提供给审计人员更多的学习与培训机会。而政府审计人员的素质无论对审计成果还是对审计质量，都起到了积极的作用。

马曙光(2007)认为对于一个具体的审计项目而言，审计过程实际是审计证据的收集与分析判断的过程，由于经济发达地区绩效审计工作开展较为普遍，审计人员积累了相对更多的审计实务经验，对于同一个审计项目，在评价标准的选择、经济效益的衡量、审计建议的提出等方面应把握得更为准确。由此我们提出假设5：

假设5：制度环境越好的地区，政府预算绩效审计的建议与改善效果越好。

根据上文的分析，制度环境越好的地区，其政府预算绩效审计的运行效果越佳，越能为当地的被审计单位提供有益的建议和帮助，促使其更好地开展各项工作，从而提高其收益。由此我们提出假设6a：

假设6a：经济越发达，市场化进程越快，法制环境越好的地区，绩效审计带给被审计人员的预期收益越高。

10.3.2 制度环境与绩效审计技术、市场规模

技术的变化会在很大程度上引发制度安排的重新调整。绩效审计定位于评价、提高公共资源使用的经济性、效率性和效果性，与传统的财务收支审计相比，其工作的专业性和综合性都更强，需要更先进的审计技术与更多的社会资源作为支撑。

陈宋生（2006）指出，中国开展预算绩效审计相对价格偏高抑制了被审计主体的审计需求。而近年来，随着信息化建设的推广及信息技术在公共部门和审计机关中的应用，原有的高昂的审计成本在一定程度上得到缓解，为绩效审计的开展创造了条件，但对于发展程度不同的各地区，相对的审计成本仍存在差距。在经济发展水平较低、整体制度环境较差的地区，其相应的知识积累及科技发展水平也较低，由此我们认为，经济越落后，市场化水平越低，法律环境越差的地区，开展绩效审计的相对成本越高。

陈宋生（2006）认为预算绩效审计的市场规模也显著影响其审计成本。经济发展程度较高的地区，其审计供给相对富裕。由于规模经济效应的存在，此前开展预算绩效审计的前期成本已经成为沉没成本，分摊在后期每一个审计项目的成本将会较小。对绩效审计技术、市场规模进行分析后，我们提出假设6b：

假设6b：经济越发达，市场化进程越快，法制环境越好的地区，开展预算绩效审计的成本相对较低。

10.3.3 制度环境与被审计人员绩效审计需求

由假设6a及假设6b可以看到，无论是从预期收益的角度看，还是从技术水平、市场规模方面看，制度环境越好的地区，由于其经济发展水平、科技水平等方面的优势，开展预算绩效审计的条件更为成熟，审计运行效果也相对更好，在审计结果能被合理有效运用的条件下，其被审计人员对预算绩效审计的需求也应更高，如图

10.3 所示。由此我们提出假设 7：

假设 7: 经济越发达，市场化进程越快，法制环境越好的地区，被审计人员对政府预算绩效审计的需求更高。

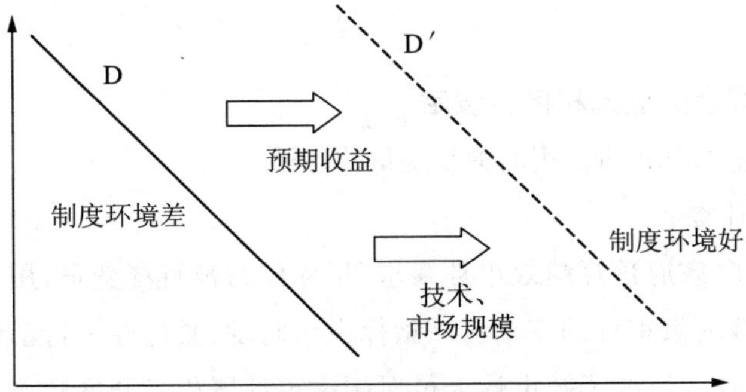

图 10.3　制度环境对绩效审计需求的影响

此外，本书第 6 章 6.2 节已经通过理论分析说明了被审计人员所感知到的来自单位领导、单位上级部门对预算绩效审计的支持，会积极地影响其对绩效审计的接受度和态度，实证研究的结果也证实了上述分析。因此，本章将“组织支持”也纳入对需求的影响因素分析，虽然不作为主要的观测变量，但应控制其对需求的影响。而第 6 章所讨论的预算绩效测度问题和感知审计人员素质变量，由于实证结果不影响绩效审计接受度，因此本章不再控制这两个变量。

10.4　研究设计

10.4.1　样本选择

首先梳理一下本章研究所涉及的变量。10.2 节主要涉及“被审计人员对绩效审计的需求”“被审计人员对预算绩效审计的了解程度”“审计结果运用合理有效性”“绩效审计的建议与改善效果”(审计运行效果的一方面)。10.3 节涉及“各地区制度环境”、“绩效审计运行效果”及“被审计人员对绩效审计的需求”变量。此外，为了控制其他因素对个体需求的影响，我们还要控制“被审计人员所感知到的组织对预算绩效审计的支持”以及被审计人员的个人特征。因此，本章的研究样本来源于三个部分。关于政府预算绩效审计的运行效果，数据来源于中国统计数据库中的2007年与2008年的《中国审计年鉴》;各地区制度环境方面的数据来自2010年的《中国统计年鉴》以及樊纲等(2006)编制的《中国市场化指数》;被审计人员对政府预算绩效审计的需求、了解程度、组织支持、个人特征这几个变量仍然选择第3章介绍的问卷调查所获取的样本。由于196个回函中有3位未写明所在地区,无法判断其所属省市,因此研究样本为193个。

10.4.2 代理变量的选择和模型设定

下面介绍本章分析所使用的关键变量的计量。

1. 绩效审计需求

我们构建了“政府预算绩效审计需求”指标作为被解释变量,用于测度被审计人员对政府预算绩效审计的需求。该指标由认同度、紧迫性及行动性三个二级指标构成,其中认同度反映了被审计人员对国家审计署积极开展政府预算绩效审计规划的赞同程度,紧迫性反映了被审计人员对开展预算绩效审计时间上的需求,而行动性则表示被审计人员对审计工作的接受度和配合度,它们从不同角度反映了被审计人员对预算绩效审计的需求。具体问项均采用里克特五点式量表进行测量,最终一级指标的得分由三个二级指标的得分加总得到,分数越高表示需求越高。

2. 绩效审计了解程度

政府预算绩效审计在中国的开展时间不长,我们首先构建了“政府预算绩效审计了解程度”指标,从“个人了解”“他人了解”及“活动开展”三个方面来了解目前政府官员等被审计人员对绩效审计的了解情况。如表10.2所示,具体问项采用里克特5点式量表进行测量,分数越高表示回函者的了解程度越高。

表10.2 关键变量的指标构建

一级指标	二级指标	具体问项	选项
政府绩效审计需求	认同度	《审计署2008年至2012年审计工作发展规划》中明确提出,今后五年审计工作的主要任务之一就是要积极开展绩效审计	非常不赞同→非常赞同
	紧迫性	当前在我国推行政府绩效审计非常紧迫	非常不赞同→非常赞同
	行动性	如果我所在的单位被审计,我十分乐意配合审计人员的工作	非常不赞同→非常赞同

续表

一级指标	二级指标	具体问项	选项
政府绩效审计了解程度	他人了解	在您的印象中,本单位主要领导对政府绩效审计的了解程度如何? 在您的印象中,所在部门主要领导对政府绩效审计的了解程度如何?	完全不了解→很了解
	活动开展	在您的印象中,同级别同事对政府绩效审计的了解程度如何? 您所在的单位是否召开过关于“绩效审计”的会议或者相关活动?	从未开展过→经常开展
组织支持	领导支持	在您的印象中,您所在单位的领导对绩效审计的支持程度如何?	非常不积极→非常支持
	上级部门支持	在您的印象中,您所在单位的上级部门对绩效审计的支持程度如何?	非常不积极→非常支持

3. 绩效审计运行效果

一是监督与揭露效果。审计监督与揭露效果代表了预算绩效审计开展所达到的对政府权力的制约效果,无法直接测度。这里我们借鉴李江涛等(2011)的测度方法,使用《中国审计年鉴》各省级审计机关的统计数据,用各省级审计机关“年度审计单位数”和“年度涉案人员”作为监督与揭露效果的代理变量。这两个变量分别代表了预算绩效审计的审计覆盖面及审计发现被审计人员及单位非3E行为的多少,代表了预算绩效审计的执行力度,是审计监督与揭露效果的直接体现。

二是建议与改善效果。审计建议与改善效果代表了预算绩效审计为被审计单位提供有用的信息、建议和参考,帮助其改善管理效能的效果。这里我们借鉴McCrae等(1997)采用的预算绩效审计运行效果的代理变量,使用各省级审计机关“被采纳的审计建议占审计提出建议比率”这一指标,它代表了各审计机关为被审计单位所提供建议最终被采纳的比率,由于被采纳的审计建议通常是得到被审计单位的认同的有益建议,对其管理活动有所帮助,因此,能够在很大程度上代表绩效审计的建议与改善效果。为保证稳定性,上述指标最终计量均对2007年及2008年度数据取平均值。

4. 审计结果运用合理有效性

预算绩效审计结果分为两个方向:正面的审计结果与负面的审计结果,关于审计结果运用的合理有效性无法直接测度。这里我们借鉴黄溶冰等(2010)、韦德洪等(2016)关于政府审计“处理力度”的测度方法,用该变量作为“审计结果运用合理有效性”的代理变量。具体来说,“处理力度”由四个比率的平均值构成,分别是“已上缴财政金额占应上缴财政金额比率”“已减少财政拨款或补贴金额占应减少财政拨款或补贴金额比率”“已归还原渠道资金占应归还原渠道资金比率”及“已调账处理金额占应调账处理金额比率”。这四个比率都代表了审计发现违法违规、管理不规范、损失浪费等现象,审计机关提出审计决定,而审计决定也得到落实的情况,反映了审计结果的有效性。上述四个比率均为处理力度,即“负面审计结果”利用的有效性,通常情况下,“负面审计结果”运用的有效性与“正面审计结果”运用的有效性是相对应的,即“惩罚”与“奖励”是相对应的,也就是说,根据负面审计结果对被审计单位处理更为严肃的地区,根据正面审计结果对被审计单位的肯定也越充分,为被审计单位带来的收益也越大。关于这一假设的合理性,我们将在实证结果后进行讨论。

5. 各地区制度环境

本书采用2009年各省人均GDP(万元/人)来表示地方经济发展水平,数值越大,表示地区经济发展水平越高。

采用樊纲(2006)编制的《中国市场化指数》来衡量各地区的其他制度特征。由于制度环境是一种相对稳定的区域特征,各省市区在市场化进程中的相互关系变化很小,本书使用各地区2005年的市场化指数不会对本书结论产生重大影响。

樊纲(2006)市场化指数由五个方面的指数构成,每一个指数从不同的角度反映了地区的制度特征。我们选择了“市场化进程总得分”代表各地区的市场化总体进程,选择“市场中介组织发育和法律制度环境”代表地区的法律环境。上述指数越大,代表各地区市场化程度越高、法制环境越好。

6. 组织支持

“组织支持”变量的测量,我们借鉴了Cavalluzzo等人(2004)及Yang等人(2007)开发的量表,从“单位领导支持”和“上级部门支持”两个角度进行测度(如表10.2所示),体现了被审计人员所感知到的组织对预算绩效审计的支持程度。该项同样采用五点式量表进行测度,分数越高表示被审计者所感知到的组织支持程度越高。

7. 控制变量

我们控制了回函者的所在部门级别、行政职务级别、受教育程度,以避免这些因素对结果产生影响。此外,我们也区分了回函者是否来自审计系统。各变量的描述与取值详见表 10.3 所示：

表 10.3　变量定义

变量名称	简　写	变量定义与衡量
政府绩效审计需求	*DEMAND*	数值越大，表明被审计人员对政府绩效审计的需求越大
政府绩效审计了解程度	*KNOW*	数值越大，表明被调查者越了解政府绩效审计
审计结果运用合理有效	*Eff_dispose*	虚拟变量，所在省市的审计处理力度高于各省中位数则为 1，否则为 0
建议与改善效果	*Eff_suggest*	虚拟变量，所在省市的建议与改善效果高于各省中位数则为 1，否则为 0
经济发展水平	*eco*	数值越大，表明地区经济发展水平越高
市场化进程	*mar_index*	数值越大，表明该地区市场化程度越高
法律环境	*law_index*	数值越大，表明该地区的法律制度环境越好
组织支持	*support*	数值越大，表明政府官员所感知到的组织支持程度越高
政府官员行政职务级别	*position*	虚拟变量，被调查者的行政职务级别若为“省部级”或“厅局级”，则为 1；否则为 0
政府官员所在单位级别	*department*	虚拟变量，被调查者所在单位的级别若为“省部级”或“厅局级”，则为 1；否则为 0
是否来自审计部门	*audit depart*	虚拟变量，被调查者来自审计系统则为 1，否则为 0
受教育程度	*edu*	虚拟变量，被调查者学历为“硕士”“博士”则为 1，“本科”及“本科以下”则为 0

为检验本文提出的假设，我们构造如下模型，各变量具体含义见表 10.3 所示。

$$\begin{aligned} DEMAND = {} & \beta_0 + \beta_1 KNOW + \beta_2 Eff_{-dispose} + \beta_3 Eff_{-suggest} + \beta_4 eco + \beta_5 mar_{-index} + \\ & \beta_6 law_{-index} + \beta_7 support + \beta_8 position + \beta_9 department + \\ & \beta_{10} audit\ depart + \beta_{11} edu + \varepsilon \end{aligned}$$

10.5　实证检验

10.2 节、10.3 节共提出了 7 个假设。鉴于实证检验方法的区别，我们首先在 10.5.1 小节检验假设 4 及假设 5，在 10.5.2 小节检验假设 1、假设 2、假设 3 及假设 6、假设 7，并在 10.5.3 小节汇总实证结果并进行分析。

10.5.1 制度环境与绩效审计运行效果

首先，我们对中国内地 31 个省、自治区及直辖市 2007—2008 年度的平均审计单位数、涉案人员及提出的审计建议被采纳率进行了统计分析，见表 10.4 所示：

表 10.4 2007—2008 年度 31 个省（区市）政府审计机关开展审计的情况

	审计单位（个）	涉案人员（个）	建议采纳率		审计单位（个）	涉案人员（个）	建议采纳率		审计单位（个）	涉案人员（个）	建议采纳率
北 京	781.5	2	0.62	安 徽	7 321.5	38.5	0.62	重 庆	2 034.5	121	0.76
天 津	750.5	4	0.56	福 建	3 748	86	0.48	四 川	8 506	139.5	0.64
河 北	4 715.5	30	0.74	江 西	8 432.5	149	0.63	贵 州	2 607	67.5	0.54
山 西	7 910.5	230	0.47	山 东	8 918	134.5	0.68	云 南	5 661.5	47.5	0.63
内蒙古	5 526.5	19	0.58	河 南	9 027	161.5	0.76	西 藏	290.5	3.5	0.40
辽 宁	4 894.5	26	0.73	湖 北	5 800	85.5	0.59	陕 西	7 281.5	75	0.58
吉 林	3 015	23.5	0.64	湖 南	5 742.5	84	0.72	甘 肃	6 341.5	10	0.57
黑龙江	5 378	60	0.58	广 东	5 680.5	147.5	0.67	青 海	1 334.5	4	0.28
上 海	820.5	27.5	0.51	广 西	3 179	61	0.40	宁 夏	1 008.5	57	0.45
江 苏	9 220	217.5	0.75	海 南	689.5	3.5	0.25	新 疆	3 121.5	74	0.54
浙 江	4 261.5	106	0.56					平均值	4 645	74.04	0.58

注：上表数据均为 2007 年与 2008 年数据的平均值。

从上述各个指标的平均值及各省情况可以看到，各省市的上述三个指标均存在较大差异，如江苏省平均每年审计被审计单位 9 220 个，为各省之最，而西藏自治区只审计了 290.5 个单位；年度涉案人员中，北京地区只有 2 人，山西省达到 230 人；对于审计建议的采纳率，由于是比率指标，可比性相对较强，重庆市达到 0.76，海南省仅为 0.25。初步证实我国政府绩效审计的运行效果存在地区差异。

由于样本量相对较少，本书使用方差分析对各地区预算绩效审计运行效果的差异进行检验。表 10.5、表 10.6 及表 10.7 分别表示在不同的制度环境下，31 个省市开展绩效审计的运行效果之间的差异。具体来说，本书根据“各省 2009 年人均 GDP”这一指标的中位数进行划分，将各省划分为“人均 GDP 高组”和“人均 GDP 低组”，分别检验这两组地区的预算绩效审计运行效果指标是否存在差异。同样，对另外两个制度环境指标“各省市场化进程总体得分”和“各省法制环境分数”也进行同样的分析。从结果中看到，对于三个绩效审计运行效果指标而言，只有“审计建议采纳率”存在显著的地区差异，即经济发展水平越高、市场化进程越快及法制环境越好的地区，其开展预算绩效审计的“建议与改善”效果越强。结果并未发现“审计单位数”与“涉案人员数”存在显著的地区差异。

表 10.5 预算绩效审计运行效果与地区经济发展

	31 个省、自治区、直辖市			27 个省、自治区		
	人均 GDP 高组	人均 GDP 低组	*F* 统计量	人均 GDP 高组	人均 GDP 低组	*F* 统计量
审计单位数	4 159	5 163	0.958	5 342	5 011	
涉案人员数	71.69	76.57	0.045	82.11	76.67	0.048
建议采纳率	0.618 8	0.537 2	3.266*	0.617 7	0.534 1	2.995*

注：***、**、*分别表示在 1%、5%、10%水平下显著（双尾），下同。未填写的空格表示在进行方差分析时，由于不满足方差齐性的要求，不能进行该检验。

表 10.6 预算绩效审计运行效果与地区市场化进程

	31 个省、自治区、直辖市			27 个省、自治区		
	市场化进程快组	市场化进程慢组	*F* 统计量	市场化进程快组	市场化进程慢组	*F* 统计量
审计单位数	4 879	4 425	0.191	6 635	3 810	10.266***
涉案人员数	83.30	65.38	0.620	108.11	52.53	6.288**
建议采纳率	0.642 6	0.520 0	8.6***	0.660 2	0.494 7	16.301***

表 10.7 预算绩效审计运行效果与地区法制环境

	31 个省、自治区、直辖市			27 个省、自治区		
	法治环境优组	法治环境劣组	*F* 统计量	法治环境优组	法治环境劣组	*F* 统计量
审计单位数	4 575	4 710	0.017	5 598	4 773	
涉案人员数	84.07	64.66	0.73	88.38	70.85	0.51
建议采纳率	0.627 7	0.534 0	4.475**	0.629 4	0.523 3	4.481**

在 31 个省、市、自治区中，北京、上海、天津和重庆为直辖市，其审计机关与各省、自治区的政府审计机关可能存在一定差异，因此，我们将这 4 个地区剔除，对其余 27 个省、自治区重新进行方差分析。“审计建议采纳率”的结果与上文完全一致；即制度环境越好的地区，预算绩效审计的建议与改善效果更强。此外，根据市场化

进程对 27 个省、自治区进行划分，我们发现“市场化进程快组”的“审计单位数”和“涉案人员数”显著多于“市场化进程慢组”。但这一结论在另外两种划分方式中并不稳定。因此，我们可以认为假设 5 得到了证实，而假设 4 需要进一步的检验。我们认为，“监督与揭露效果”地区差异不显著的可能原因是，“审计单位数”和“涉案人员数”这两个指标是绝对值，而我们的观测年份较少，样本数量有限，可能在一定程度上影响了结果。

10.5.2 被审计人员对预算绩效审计需求的影响因素

1. 描述性统计

关于被审计人员对预算绩效审计需求的模型中各变量的描述性统计见表10.8。可以看到，政府预算绩效审计需求指标均值为 12.3，其中最小值为 6，最大值为 15。三个二级需求指标的均值介于 3.99 至 4.16 之间，其分布与一级指标较为近似。被审计人员对预算绩效审计的了解程度均值为 16.546 8，最小值为 5，最大值为 24，从全国平均水平来看了解程度介于“一般了解”及“比较了解”之间。数据表明个体间对预算绩效审计的了解程度及需求存在很大差异。回函所属地区的经济发展水平、市场化进程及法制环境水平之间也存在较大差距，如人均 GDP 最大值为 8.95（万元/人），最小值为 1.16（万元/人），法治水平最小值为 1.49，最大值为 13.07，有关情况如下表 10.8 所示。

表 10.8 各变量的描述性统计

变 量	*N*	*mean*	最小值	最大值	标准差
DEMAND	193	12.297 7	6	15	1.597 4
demand1	193	4.162 3	1	5	0.783 9
demand2	193	4.140 6	2	5	0.726 0
demand3	193	3.994 8	1	5	0.657 5
KNOW	193	16.546 8	5	24	3.356 8
support	193	7.631 0	4	10	1.501 3
eco	193	3.839 5	1.16	8.95	2.642 6
mar-index	193	6.960 5	3.84	10.41	1.877 3
law-index	193	5.445 7	1.49	13.07	3.141 0
eff_dispose	193	0.59	0	1	0.493
eff_suggest	193	0.57	0	1	0.496

2. 全变量的 Pearson 相关系数分析

从相关系数结果看。见下表10.9所示，被审计人员的预算绩效审计需求与其对绩效审计的了解程度显著正相关，与预期一致。同时，审计需求与被调查者所在地区的审计“处理力度”显著负相关，与我们的预期相反；需求与“建议与改善效果”无显著相关性。预算绩效审计需求与地区经济发展水平、市场化程度及法律环境均显著负相关。说明在经济发展更为落后、市场化程度较高及法律环境薄弱的地区，被审计人员对预算绩效审计的需求反而更高。组织对预算绩效审计的支持程度与预算绩效审计需求显著正相关，与预期相一致。此外，预算绩效审计的“处理力度”与经济发展水平、市场化程度及法律环境显著正相关，即经济越发达、市场化程度越高及法律制度越完善的地区，政府预算绩效审计的“处理力度”越强；预算绩效审计的“建议与改善效果”与市场化程度显著正相关，即市场化程度越高的地区，审计的“建议与改善效果”越优。

表 10.9　变量的 Pearson 相关系数分析

	KNOW	*economy*	*mar_index*	*law_index*	*eff_dispose*	*eff_suggest*	*SUPPORT*
DEMAND	0.239***	−0.276***	−0.269***	−0.273***	−0.239***	−0.037	0.321***
KNOW	1	−0.011	0.022	0.041	−0.050	−0.150	0.395***
eco		1	0.850***	0.939***	0.469***	0.026	−0.018
mar_index			1	0.918***	0.604***	0.148**	−0.002
law_index				1	0.463***	−0.070	0.029
eff_dispose					1	0.381***	0.006
eff_suggest						1	−0.088
SUPPORT							1

注：***、**、*分别表示在1%、5%、10%水平下显著(双尾)。

3. 政府预算绩效审计需求影响因素分析

我们首先仅在模型中纳入客观自变量，即不包括被调查者主观回答的“了解程度”及“组织支持”。表10.10是关于审计结果运行合理有效性、审计建议与改善效果、外部制度环境与绩效审计需求的全样本多元回归分析。回归(1)是对假设2和假设3进行检验。可以看到，“处理力度”(代表审计结果运用的合理有效)的系数为−0.289，且显著为负；“建议与改善效果”的系数为0.145，且显著为正。结果不支持假设2，支持了假设3。回归(2)至回归(4)是对假设6进行检验，其中，*eco* 的系数为

-0.295，显著为负；*mar_index* 的系数为-0.231，显著为负；*law_index* 的系数为-0.295，显著为负。回归(2)至回归(4)的结果说明在经济发展水平越低，市场化进程越慢及法律环境越薄弱的地区，被审计人员对绩效审计的需求越高，且均在1%的水平上显著。加入“处理力度”与“建议与改善效果”变量后［回归(5)至回归(7)］，经济发展水平与审计需求仍显著负相关，系数为-0.206；市场化进程与审计需求仍负相关，显著性有所降低，系数为-0.152；法律环境与审计需求仍显著负相关，系数为-0.210。总体来看，不同的制度环境下，被审计人员的绩效审计需求存在显著差异，经济发展落后、法治水平落后的地区，绩效审计需求反而越高，否定了假设6。此外，回归(5)至回归(7)的结果还显示，“处罚力度”对政府审计需求的影响在5%至10%的水平上显著为负，纳入不同的制度环境变量，系数分别是-0.184、-0.577、-0.176，但是“审计建议与改善效果”对绩效审计需求不再具有显著影响。另外，实证结果发现，审计处理力度与绩效审计需求负相关。被审计人员的行政职务高低、所在单位级别高低、受教育水平与其需求之间均没有显著相关性。

表10.11是在模型中纳入“了解程度”“组织支持”等主观变量及所在地区制度环境、政府审计处理力度、审计建议与改善效果以及被调查者个人因素等客观变量的多元回归分析结果。回归(8)结果显示预算绩效审计了解程度与绩效审计需求之间为正相关，了解程度的系数为0.197，且在5%的水平下显著。但是纳入组织支持变量后(回归9)，了解程度的影响变得不再显著，说明假设1不成立。而组织支持对绩效审计需求的影响在1%的水平上显著为正，系数是0.247。将外部客观变量(经济发展水平、审计处理力度、审计建议与改善效果)纳入回归模型后，组织支持仍然显著积极影响需求，也说明虽然第7章与第6章在研究方法上有所区别，但结论并未随研究方法的变化而改变，也说明中国被审计人员对绩效审计的需求在很大程度上受到所在单位领导及上级部门的影响。与表10.10的结果一致，经济发展水平与审计需求仍显著负相关，系数为-0.204；处理力度与审计需求仍显著负相关，系数为-0.176；审计建议与改善效果与审计需求无显著相关性。同时，表10.11的结果也显示，审计系统人员相对于非审计系统人员并未表现出更高的需求。

表 10.10 政府预算绩效审计需求的影响因素分析(纳入客观变量)

变量	DEMAND						
	(1)	(2)	(3)	(4)	(5)	(6)	(7)
_cons	12.356*** (18.264)	13.113*** (19.661)	13.759*** (17.788)	12.973*** (20.006)	12.793*** (18.049)	13.245*** (16.193)	12.916*** (18.306)
eco		−0.295*** (−3.806)			−0.206** (−2.322)		
mar_index			−0.231*** (−3.557)			−0.152* (−1.903)	
law_index				−0.295*** (−3.936)			−0.210** (−2.422)
eff_dispose	−0.289*** (−3.577)				−0.184** (−2.009)	−0.577* (−1.814)	−0.176** (−1.909)
eff_suggest	0.145* (1.708)				0.094 (1.086)	0.396 (1.463)	0.081 (0.920)
department senior	0.066 (0.690)	−0.016 (−0.172)	0.072 (0.313)	0.032 (0.355)	0.008 (0.080)	0.129 (0.546)	0.038 (0.401)
position senior	−0.02 (−0.227)	−0.019 (−0.216)	0.040 (0.138)	−0.008 (−0.090)	−0.021 (−0.240)	−0.012 (−0.040)	−0.012 (−0.139)
audit depart	0.143* (1.792)	0.122* (1.633)	0.600* (1.934)	0.139* (1.892)	0.137* (1.861)	0.615** (1.983)	0.150** (2.027)
edu	−0.066 (−0.869)	−0.046 (−0.601)	−0.195 (−0.817)	−0.044 (−0.584)	−0.046 (−0.615)	−0.183 (−0.773)	−0.045 (−0.603)
经调整的 R^2	0.066	0.078	0.069	0.083	0.089	0.080	0.092
F	3.043**	3.942***	3.565***	4.148***	3.439***	3.158***	3.514***
N	193	193	193	193	193	193	193

注:括号内为系数的 *T* 值;***、**、* 分别表示在 1%、5%、10%水平下显著(双尾)。

表 10.11 政府绩效审计需求的影响因素分析(纳入客观变量和主观变量)

变　量	DEMAND			
	(8)	(9)	(10)	(11)
_cons	10.787*** (13.436)	9.615*** (11.095)	10.661*** (12.196)	10.491*** (11.409)
eco			-0.289*** (-3.905)	-0.204** (-2.401)
eff_dispose				-0.176** (-2.003)
eff_suggest				0.105 (1.264)
know	0.197** (2.542)	0.108 (1.343)	0.113 (1.459)	0.111 (1.433)
support		0.247*** (3.147)	0.239*** (3.168)	0.239*** (3.183)
department senior	0.034 (0.365)	0.014 (0.151)	-0.070 (-0.755)	-0.042 (-0.444)
position senior	-0.035 (-0.377)	-0.054 (-0.605)	-0.057 (-0.666)	-0.061 (-0.706)
audit depart	0.055 (0.718)	0.049 (0.652)	0.072 (0.994)	0.085 (1.176)
edu	-0.087 (-1.133)	-0.080 (-1.061)	-0.044 (-0.609)	-0.045 (-0.620)
经调整的 R^2	0.036	0.084	0.156	0.167
F	2.291**	3.660***	5.581***	4.871***
N	193	193	193	193

注:括号内为系数的 T 值;*** 、** 、* 分别表示在 1%、5%、10%水平下显著(双尾)。

4. 稳健性检验

为保证结果的可靠性,本章进行以下稳健性检验:

(1) 将预算绩效审计需求指标设置成虚拟变量形式进行 logistic 模型检验。即将预算绩效审计需求指标位于全部样本中位数及以上的定义为“绩效审计需求高”,取值为 1;将预算绩效审计需求指标位于全部样本中位数以下的定义为“绩效审计需求低”,取值为 0,检验结果与连续变量结果一致。

(2) 为保证本章的结果不是由于来自某一地区的样本产生,本文首先排除了回函量最多的三个省份的样本，分别为北京（含 27 个样本）、上海（含 16 个样本），及江西（含 13 个样本），分别用剩余样本进行回归，结果未发生改变。此外，笔者又依次剔除了其他省份的样本，并用剩余样本进行回归，结果未发生改变。说明结果具有较好的稳健性。最后，我们还考察了各模型中自变量的方差膨胀因子（*VIF*），发现所有自变量的 *VIF* 值都小于 2，表明模型多重共线性问题不严重，对研究结论无显著影响。

10.5.3 对结果的讨论

表 10.12 本章理论推导得到的假设与实证结果

	理论分析	实证结果
假设 1	被审计者对绩效审计的了解程度与绩效审计需求显著正相关	不支持
假设 2	绩效审计结果的运用越合理有效，被审计人员对绩效审计的需求越高	不支持（与预期相反）
假设 3	绩效审计的建议与改善效果越强，被审计人员对绩效审计的需求越高	不支持
假设 4	制度环境越好的地区，政府绩效审计的监督与揭露效果越好	不支持
假设 5	制度环境越好的地区，政府绩效审计的建议与改善效果越好	支持
假设 7	经济越发达，市场化进程越快，法制环境越好的地区，被审计人员对政府绩效审计的需求更高	不支持（与预期相反）

本章通过理论分析所得到的 6 个假设以及各假设的实证结果如表 10.12 所示。虽然实证结果与理论分析的结果存在较大出入，但该实证结果恰恰反映了中国绩效审计运行中存在的一系列问题，我们可以从中得到一些有益的启示。根据实证结果，在经济越发达、市场化程度越高、法律环境越完善的地区，被审计人员对绩效审计的需求越低（假设 7）。我们似乎得出了一个与直觉相悖的结果（部分人认为，在经济发达地区政府的思想更为开放，应更容易接受政府绩效审计），但是通过深入分析，这种结果的出现有其内在的逻辑，见图 10.4：

被审计人员对绩效审计的需求来自两个途径，如图 10.4 所示。其一是绩效审计的“建议与改善效果”，实证结果显示，制度环境越好的地区，开展预算绩效审计的建议与改善效果越佳，但预算绩效审计的建议与改善效果对被审计人员审计需求的促进作用还未凸显，虽然表 10.10 中回归 1 的结果支持了假设 3，但加入制度环境变量后，建议与改善效果对需求的正向作用不再显著。事实上，中国部分地区的预算绩效审计工作已经逐渐显示出审计建议对被审计单位审计需求的积极作用。

如江苏邗江县审计局的预算绩效审计工作能够针对被审计单位提出切实可行的审计建议，且建议采纳率达到90%以上，这使得当地尝到甜头的政府部门纷纷邀请审计人员参与其单位的规章制度再完善工作，逐渐形成了从“被审计”到“主动审计”的良好趋势，审计需求有了显著提高。

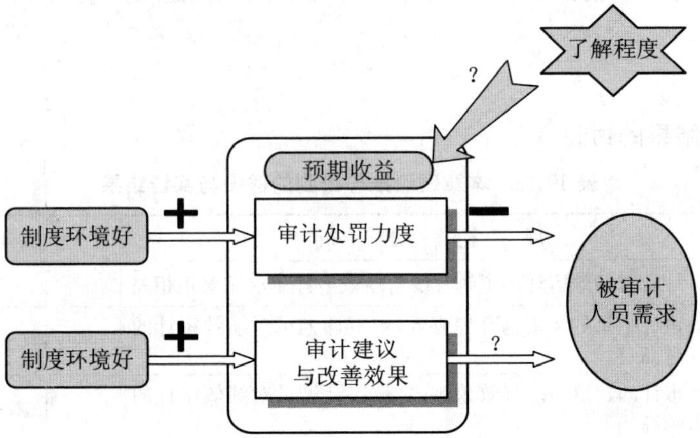

图 10.4 实证结果分析图

王鹏(2012)认为，这种现象还不够普遍，目前中国政府审计部门为被审计单位提出的审计建议在针对性与可操作性方面均较差，较为笼统，无法使被审计单位得到落实，这在很大程度上降低了审计建议的效力。此外，大多数被审计单位仍将审计建议视为整顿、纠错的手段，还看不到审计建议的正面作用，不能积极采纳有利于自身改善工作、提高效益的良好建议。审计建议本身的效力较差以及被审计方对审计建议的认识误区使得中国预算绩效审计的建议与改善效果未能得到充分的发挥。从另一条途径看，制度环境越好的地区，其审计结果的利用程度也越高，即审计的处罚力度越强。我们假设在审计结果得到合理及有效利用的情况下，对非3E的政府行为给予的惩罚力度越大，相应地，对3E的政府部门的肯定作用也越显著，即越能够帮助被审计单位及其负责人证明其受托责任，并为其带来积极的影响，如在职务调动等方面考虑其审计结果，使得被审计人员对绩效审计的需求更高。但实证结果显示，处罚力度显著降低了被审计人员的审计需求。这一结果让人思考，在中国现行的绩效审计运行机制下，审计结果为被审计单位带来的“正面影响”与“负面影响”是否对等？

Tillema等(2010)对荷兰格罗宁根市和吕伐登市的绩效审计开展情况进行了调

查，认为这两市的预算绩效审计并未达到改善公众对政府态度的目的。其中一个重要的原因是媒体总是倾向于关注审计报告中政府“负面”的信息，新闻和网络文章也总是“描绘一幅丑恶的地方政府图画”，最终，绩效审计的开展反而削弱了社会公众对政府部门的信心。事实上，中国大陆地区的绩效审计与财务收支审计目前基本是“融合”或“结合”在一起而进行的。

王慧等(2011)认为与财务收支审计一样，政府审计部门、被审计单位和社会公众仍主要关注审计中发现的负面问题以及主要负责人如何处理、处罚；很少有人关注审计报告中对被审计单位正面的、积极的评价，针对正面审计结果的正向激励更是少之又少。在这种只重负面效果、忽视正面效果的不对称的审计结果利用机制下，制度环境越好的地区，其处理力度更强，导致该地区的被审计官员对绩效审计的需求反而更低。结果显示，较强的审计“处理力度”会导致被审计人员审计需求的下降。由于中国实行“行政型”模式的审计监督体制，审计的实质是政府自己使用公共财产同时又让其分支机构审计部门进行审计，因此，实务中存在较多的对审计发现的问题压制不报、避重就轻的现象，众多学者与工作者都呼吁应将绩效审计与问责制度紧密结合。

韦德洪等(2010)、张贺等(2003)认为，由于现阶段中国的政府审计结果主要运用于对违法违规单位或个人的惩罚处理方面，因此，政府审计的处理力度越大，被审计人员对绩效审计的排斥性越强。但该结论并没有否认应将审计结果运用于被审计单位及被审计人员的绩效考评甚至职务升降等方面。笔者认为，要刺激被审计主体对绩效审计的“自愿性需求”，一方面，应进一步完善绩效审计结果的运用机制，对于良好的预算绩效审计结果，应加大对公众及政府部门的公告力度，使得审计结果有利于被审计单位得到社会公众的信任，有效证明其较好地履行了公共受托责任，并在政府官员的人事安排、职务调动等方面给予考虑，如果仅仅强调绩效审计结果所带来的负面作用，那被审计人员对开展绩效审计的积极性自然会大打折扣。另一方面，与财务收支审计相比，绩效审计应跳出传统的以查处事件为目的的局限，更加关注解决被审计单位体制、机制和管理等相对宏观层面的突出问题，同时向建设性审计转变，从而提高其对被审计的单位的有效性、有用性。

王慧(2010)认为，根据假设 1 的结果，即使对绩效审计了解程度较好的被审计人员，也可能并没有真正认同绩效审计能够带来的预期收益，对绩效审计的认识还停留在监督性、处罚性所带来的负面效果上，致使其对绩效审计的需求并没有相对更高。这反映出各级审计机关及政府部门应进一步加强对绩效审计的宣传普及工作，突出绩效审计相对其他审计形式的区别及优势。

10.6 本章小结

本章基于制度变迁理论，研究了中国被审计方对政府预算绩效审计需求的影响因素，首先建立预算绩效审计需求影响因素的分析框架，分析被审计人员对预算绩效审计需求的产生机制、制度环境与被审计方政府预算绩效审计需求、制度环境与预算绩效审计运行效果、制度环境与被审计人员绩效审计需求；其次设计了实证模型，就研究设计、样本选择、代理变量的选择和模型设定作出规定，也完成了实证检验的过程，就制度环境与绩效审计运行效果，被审计人员对预算绩效审计需求的影响因素作出改进建议。

11　推动财政资金执行审计的案例研究——以上海市农田水利财政资金为例

11.1　财政资金审计基础理论

11.1.1　新公共管理理论

新公共管理理论兴起于20世纪末蓬勃发展中的西方国家，它一种新的公共行政管理理论，也是一种以顾客为导向的政府管理模式，以现代经济学为基础，强调政府绩效，强化某些发达经济体的审计工作效能，体现在绩效审计领域中，这项理论还是要以结果为主要考量内容，基于客户优先的准则，以此作为价值导向确定科学化的绩效目标管控运行机制。这项理论更加关注政府运行的效率，主要是要保障存在明确的绩效管理与控制目标与相对应的评估指标等。原有公共行政管控活动更注重于依法合规的属性，忽视对绩效的评估结果，而该理论更加重视放宽行政运行体系的管控活动，同时要以业绩目标为重点管控内容，根据公共服务业绩目标，为组织和个人制定明确的目标，跟踪和监测公共服务提供的整个过程，给专项资金绩效审计活动展开全流程的追踪方式与绩效考评的运行体系，需要在绩效审计评估进程中关注服务品质环节、公共满意度环节以及效率环节等要点。

在创建审计目标和审计内容的过程中，不仅要重点分析专项基金的支出情况，同时也要了解到专项资金的使用效能，高度重视长期没有使用的专项基金，在更大层面上发挥出这些基金的使用价值。新公共管理倡导的“客户导向”服务理念，即需将政府资金的绩效管控和审计项目的关注内容进行全新的考量。要以客户群体作为价值导向，打造全心全意为人民服务的政府，让社会公众成为享受公共服务的主要群体。要以让客户群体满意为奋斗目标，充分保障人民群众获取相关的产品与公共服务。让专项资金用于为人民服务，提高最广大民众的幸福度和获得感。在针对专项基金展开绩效审计活动的过程中，不仅要保障资金科学利用效能与相关资源的优配活动，同时也需要向社会公众进行使用结果的信息公示，此外还需要社会大众广泛参与到相关活动中，增强公众当家作主的幸福感和自豪感。

11.1.2　公共财政理论

这项理论的含义为：鉴于市场有着难以管控的失序情况，这时候，没有人提供公共产品来满足公共需求，我们必须依靠其他力量来弥补缺口，其他力量需要由享有最广泛信任度的政府去赋予权力，但是政府必须规定明确和统一的公共产品范围。依据该理论能够了解到，政府资金能够在相应层面中进入到公共产品的一些领域中，譬如某些存在长周期与直接经济回报率的项目以及存在发展战略价值与可持续性发展的民生类工程。在针对财政资金展开审计工作时，需要更加重视在以下领域的相关运作情况，包括民生环节，经济环节，社会环节，生态环节以及可持续性发展环节等，审核相关领域中专项资金的分配方法、管控模式以及支出情况等，关注监管相关机构提供的公共产品以及相关的服务能否真正的符合人民大众的需要，是否真正意义上履行公共职责。

11.1.3　公共受托责任理论

全球知名的审计机构发表的《公共受托经济责任准则》指出，公共受托经济责任概念，是指受托经营公共财产的机构或人员有责任汇报对这些财产的经营管理情况，并负有财政管理和计划项目方面的责任。可以将受托经济责任关系视为一类委托和受托之间的关联，在政府审计工作中，人民群众成为公共服务的对象，政府属于代理方，同时也是行政权力的制造者，以委托的方式将公众的财政资金被科学运用到公共服务的各个领域。公众作为一个客户端，选择各种行政机构、公务员群体以及干部官员群体等，对政策的推行与公共财物的使用等存在决策权力。鉴于委托方和受托方之间存在信息不对称现象，所以要让前者对后者展开监察工作，以维护委托人的利益。不过，由于存在越来越复杂的受托责任情况，造成委托方存在诸多限制条件，譬如法律影响因素、时空影响因素、成本影响因素以及自身能力水平的影响因素等，难以展开亲自监管活动，故需要给受托方的业绩展开公正与独立和客观的审查和评估，独立于委托人和受托人以外的第三方，以维持信托经济责任和审计之间的关系。因此，审计委托活动与经济责任间存在互相依赖的关联属性，审计工作也是成为保障委托经济责任关系中不可或缺的因素。公众受托责任三方关系如图 11.1 所示。

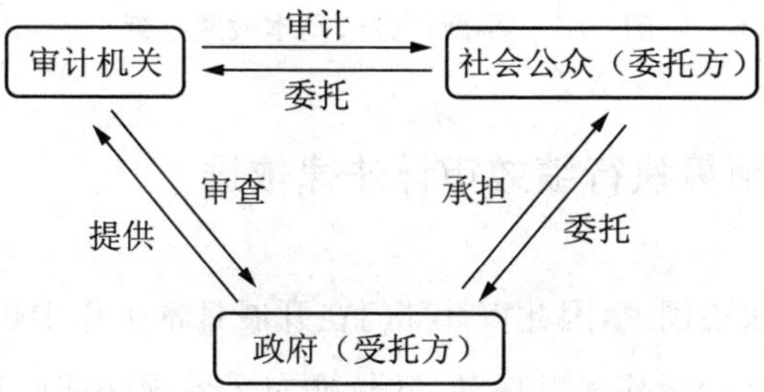

图 11.1 公众受托责任三方关系图

11.1.4 平衡计分卡理论

《哈佛商业评论》杂志上，人们第一次看到“平衡计分卡”(Balanced Score Card)这个名词，它由罗伯特・卡普兰(Robert Kaplan)、戴维・诺顿(David Norton)共同提出，通过 20 年的发展，逐渐被人们接受并在现代企业管理中得到普遍应用。它已经成为现代管理中管理者审查公司综合状况不可或缺的工具。它的使用者也已经不止限于现代公司中，而是发展到了国家行政管理部门，是政府施展绩效管理的利器。BSC 是一套集战略管理控制与战略管理绩效评估于一体的评价体系，它从四个方面对目标对象进行财务和非财务综合的管理评价，可以有效抑制传统财务评估方法的众多缺点(比如：数据滞后性；对长期利益、综合利益的高度近视；不注重无形资产收益等)，通过平衡不同层级的指标，实现被审计主体长期发展策略的顺利推动。平衡计分卡可以设置财务或非财务指标，定性化或定量化指标，根据实际情况的不同在此基础上拓展完善，一般分为四个维度：首先是财务维度；其次是客户维度；再次是内部流程维度；最后是学习和成长维度。平衡计分卡的基本流程如图 11.2 所示。

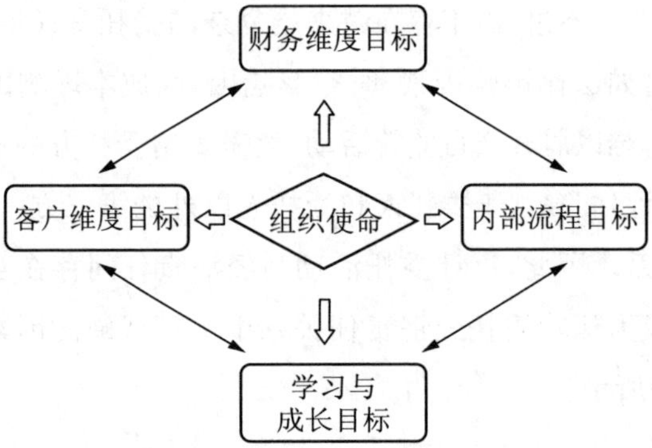

图 11.2 平衡计分卡基本战略框架

11.2 财政资金预算执行绩效审计法律依据

中国是现代化法治国家，因此审计部门在开展日常工作中也需要法律的规范。国家已经对绩效审计的运作尤其关注，陆续颁布了各项法律政策对绩效审计工作进行规范化的指导，使得开展国内绩效审计工作时可以有效遵守法律。为特殊财政支出的绩效审计活动也需要法律依据与法律保障，在 2006 年颁布的《审计法》第一条中明确指出："为加强国家审计监督，维护国家经济秩序，提高资金使用效率"。它为绩效审计的运作带来了法律规范。在 2004 年新颁布的《预算法》中对财政基金绩效明确提出了更为严格的法律法规，把注重绩效纳入财政预算编制的相关准则，需要在创建预算过程中结合绩效考评的结果。相关审计机构需要在人代会上公布审计结果，在《预算法》中指出县级财政预算中存在的负面现象，这也是在开展审计工作中需要关注的内容。如果以地方性政策法规为案例进行分析，其中珠海市与深圳市的绩效审计立法工作做得最好。2001 年，深圳市在国内率先推出了有关审计监督的条例。随后在 2003 年珠海市也推出了相关的审计监督条款，明确阐释绩效审计工作内容。同时在珠海市推出的有关监督条款中提出了经济性、效率性以及效果性等，这也是符合绩效审计的"3E"原则。在 2004 年推出的《深圳经济特区审计监督条例》中，更是从综合层面上对绩效审计工作展开明确的要求，包括目标环节、评价环节、报告环节及内容环节等。从整体层面上探讨国内各类有关审计的法律条例时可了解到，关注点依然是以概念为主，缺乏必要的可操作性，而且整体的法律构建体系对比发达经济体则展现出简单化状态。此外，目前尚没有创建与财政专项资金绩效审计关联紧密的法律条文，相关方面工作相对滞后，相关法律制度还需要进一步发展。

11.3　以大数据为基础的涉农财政资金审计现状

11.3.1　大数据的发展及实际应用

随着互联网的蓬勃发展，大数据技术与数据解决方案出现了，大数据应用的起点可以追溯至人类刚跨入 21 世纪时。网页的爆炸式增长为使用者提供了便捷的搜索服务，大数据技术已经在财政资金审计现代化发展中占据了非常重要的地位。据前瞻性行业研究所的《我国大数据产业发展前景及投资战略规划分析报告》数据显示，2016 年度中国大数据产业市场规模约 243 亿元，比 2015 年的 162 亿元增长 50%。2016 年中国约 40%的公司花费人力财力去完善和发展大数据应用技术，此外还有 30%的公司表示愿意使用大数据技术，有望在一年内采用大数据信息技术。New Vantage Partners 对大数据现状调研发现，2016 年全球 62.5%的公司现在有一个及以上的大数据项目正在运营，发展势头迅猛惊人。工业和信息技术部公布的"大数据产业发展规划（2016—2020 年）"表明，中国将在 2020 年之前建立一批大数据综合试验区，形成一批示范基地。中国大数据产业市场规模如下图 11.3 所示。

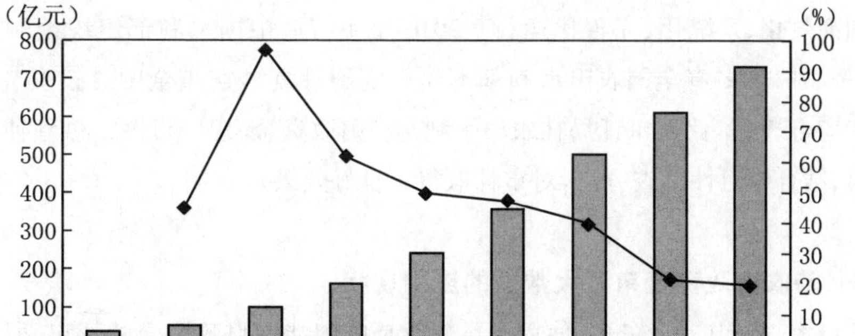

图 11.3　我国大数据产业市场规模

2017 年中国大数据应用领域占比如图 11.4 所示。

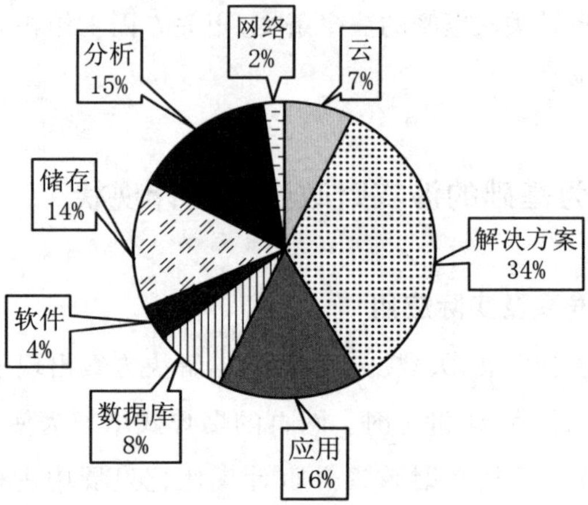

图 11.4 2017 年中国大数据应用领域占比

11.3.2 涉农财政资金中大数据应用的政府政策导向

审计单位对于大数据应用程序仍属于探讨时期，不过在对大数据关注层面上已经达到了最新高度，在很多政府审计流程中的操作内容已经有效发展，包括数据收集工作、审计模型确定工作以及数据分析工作等。自 2004 年开始，中国审计署创建的“网络审计技术研究与应用”项目，以“金审工程”为背景，标志着中国网络审计工作全面启动。2006 年，山东省青岛市审计局首次选择社保基金网络展开审计工作。2008 年，社保联网审计服务平台已经通过审计署的验收工作。湖北省审计厅也在 2013 年 3 月颁布《财政联网审计操作指南》，一共 40 个规范条例让联网审计工作达到高效化、系统化、完善化运行。2016 年 10 月，中国水利部组织编制出版了《2016—2017 年冬春全国农田水利基本建设实施计划》，宣布全国总投资 4 158 亿元。2017 年 7 月，武汉审计局在农田水利建设财政资金交叉审计中，创新使用大数据比对、结合针对性调查方法，对审计取得了良好效果。

11.3.3 涉农财政资金审计大数据的应用现状

数额大、范围广、业务多、使用项目分散是中国涉农财政资金的特点，所以在开展涉农资金项目的审计活动时更是需要大数据技术的有效支撑。要有效统筹电子信息化技术和涉农资金审计活动相融合的发展方式，因此需要变革原有的审计工作方式，让大数据审计活动在农业专项资金审计过程中产生出非常重要的价值。2002 年，针对河南某县农作物良种补贴与粮食直补以及农资综合直补资金的审计调研时了解到，采用电子数据比较分析得知，原先的审计工作中出现超过2万亩的种粮补贴虚报面积，由此会出现套取良种补贴资金超过30万元等审计问题，有效惩治了贪污腐败现象，切实保障了惠民政策的高效开展。中国政府现阶段主要通过下面几方面来推动涉农财政资金审计调查的信息化和大数据应用：(1)针对部分农业相关资金的补贴，以“一卡通”的形式发放给农民，审计人员能够采用计算机数据整理和分析技术。(2)抓住线索，进一步扩大审计范围，广泛走访农民，获取有效信息，并核实情况。(3)计算机技术创新团队建立，开发建设数字存储数据库，从而实现审计数据共通。

11.3.4　农田水利财政资金绩效审计存在的问题

1. 项目管理和监督方面

首先，各层级对自身职责的认识不深刻。2013—2015年，审计局随机抽选11个辖区乡镇、85个项目部，区农业委员会、区财政局均未参与项目法人验收以及项目竣工验收，区环保市容局仅参与项目竣工验收，未参与项目法人验收。其次，过程监督力度不够，部分项目建设随意性较大。第一，部分项目存在重大变更，然而为了抢工期，没有得到相应职责部门的审批就擅自施工。也没有用电子探针X射线显微分析仪(EPMA)对现有工程的施工过程进行监督和监督。如：2013年SY镇塘北村农田专项工程，将7个灌溉区减为5个灌溉区，减少投资10 601 700元，经核查改变更未经审批；2013年辖区某镇双店村改造项目、灌溉和排水设施辖区某镇镇1个月完成验收后，区环保局的指令要求增加投资300万元。第二，应急重建项目缺乏有效的事中监督。地区河流管理中心每年向各城镇补助计划发放应急改造项目。从2013年到2015年，PDX区每年拨款1 500万元到2 000万元。区河管理中心应当按照乡镇申报的金额实款实结，全程监督管理应急重建项目。例如，HN镇2013年应急重建项目规划资金890 500元，完成投资1 073 400元。部分城镇应急重建工程建设出现未经批准随意变更的现象。

2. 专项资金管理和使用方面

首先，区域代理渠道的资金分配缺乏进展监督。由于缺乏第二次资金分配的审计依据(即工程竣工验收后80%)，一些工程报酬过高。其次，配套资金管理不规范。审计调查从2013—2015年，审计范围涉及85个项目、11个乡镇，根据项目资金投配率，配套资金应该到位1.185 3亿元，而到2016年1月底，实际只有5 505.77

万元拨付到位,资金到位比率为46.45%。其中,资金未拨付的项目35个,资金部分拨付的项目13个。再次,部分镇宕存资金。XC镇2013—2015年农田水利项目共11项,总共宕存资金592.3万元。

3. 项目建设管理方面

首先,部分项目违法分包、转包。案例如下:2013年,XY镇二期农田项目由上海河道建设有限公司通过招投标程序合法中标,项目中标金额为5 299.92万元,上海河建有限公司将1 405万元项目非法分包给多家公司,分包对象和金额如下:上海以业实业有限公司非法分包200万元,上海伟侠实业有限公司非法分包305万元,上海垦利实业有限公司非法分包900万元。其次,招投标不规范。第一,存在项目虚假招标。2014年,ZP镇北村排灌设施系统改革、航头镇拱形村北港灌溉和排水设施系统改革、LG镇鑫河村特殊项目码头改造水果和蔬菜农田。2015年的LG镇农田等特殊项目中标通知书发出后,招标文件的日期为同一天。第二,在指定的媒体上没有发出招标通知。第三,不按规定进行招标。再次,中标单位资质审查不严格,未形成有效监督。2013年学院塘北村农田工程,牛道村老港镇、新华西站、新华东站、西沙站排水灌溉设施系统改造工程,2013年通志村和2013年新昌市王桥村特种农田外电工程,2014年LG镇新河村特种蔬菜水果、F大河村特种蔬菜果园工程等没有相应的建设资质。最后,未落实长效管理机制。第一,XC镇、LG镇和CS镇的一些泵站被非法占用,这些泵站用于非农业生产的日常生活和家禽养殖,并且存在非法连接电线现象,由此产生的外露的插头有巨大隐患。还存在排水渠被村民占用种植农作物,导致排水渠堵塞等现象。第二,项目完成后,没有及时进行确认。水利工程竣工后,部分城镇未能及时确认为城镇资产兴建的设施。部分农田用于私人项目,如2013年QT镇的猕猴桃核心基地等等。在工程完成后,这些设施没有及时确定为公共资产,也没有明确界定其所属权。第三,存在部分设施受损。2013年SY镇河道护岸绿化植被受到破坏,周围居民种植自家作物。LG镇的各个河流都被周围的居民网围住了。笼养的家禽和浮萍生长在河面上,影响着环境的美化。2014年,LG镇新河村特种蔬菜果场工程水箱发生渗漏。

11.4　构建农田水利财政资金绩效评价指标体系

基于BSC构建的评价指标是对被评价对象科学客观的评价,在全世界受到广泛的信任，运用层次分析法得出的审计结果具有高度的准确性、综合性，根据实际状况设计的评价指标可以准确看到目标对象的实现程度。因此，审计过程中农田水利财政资金绩效评价指标体系的构建显得十分必要。

农田水利财政资金的投入是国家推进农田水利“最后一公里”建设的重要举措之一，它主要是用以支持小型水源工程、农用机电泵站、田地排灌工程、河道治理工程等的补助资金，补助包括项目建设过程中发生的施工机械作业费、材料费、设备费、技工工资。农业财政资金的管理直接影响财政农业资本效率的发挥。目前专项资金存在难以及时有效地安排和使用、资金使用绩效低、前期工作准备不够充分等问题，确保农田水利财政资金的高效利用，对农村建设和社会发展起着积极的建设性作用。

11.4.1 平衡计分卡在财政资金审计中应用的可行性

平衡计分卡(BCS)的创始人认为 BCS 不仅适用于一般营利机构，也适用于非营利性机构的绩效审计，BCS 同样也可以应用于政府机关部门的审计。

首先，二者理念相通。BCS 强调财务指标与非财务指标；原因指标和结果指标相通，财政资金绩效审计也需要平衡经济性、效率性和效果性，即 3E 理论，三者之间的关系，既要考虑传统审计中重点考虑的经济性评价指标，还要考虑效率性、效果性等非经济性指标。

其次，引入 BCS 有助于绩效审计的指标设计。按照 BCS 的一般框架将财务指标与非财务指标进行不同的维度的分类，以此来构建一般性的框架，然后在此基础上作出针对具体审计对象的改进框架，这样有助于解决实践过程中评价标准的设计和指标建立困难的问题。

11.4.2 农田水利财政资金绩效评价构建原则

1. 理论基础与科学方法相统一

平衡计分卡理论能够比较完善地阐释了企业运营业绩考评中的财务规划与非财务规划等，已经构建了较为系统化的知识理论架构体系，同时产生了各类应用分析的实践研究方式，会给构建农田水利财政资金绩效审计及考评标准带来理论上的支撑。

2. 因素相关性与可接受程度同等重要

因素分析模式更加注重在各类体现出事物属性、形态等的变量中提炼优化，最终转化为少数决定事物实质的因素，所以在创建各个指标过程中，在进行不同要素选择时，需要关注其具备的独特性，以此能够产生相应的使用效能。而且基于审计工作群体等为主的考评主体为视角进行分析，要求指标运行机制可以展开实地检验操作，以此存在更高的可行性。

3. 定性指标与定量指标相结合

定量分析的本质是对社会现象的数量特征、数量关系与数量变化所进行的分析，它最大的功能在于揭示和描述社会现象的相互作用和发展趋势。定性分析的本质是对研究对象的“质”的方面所进行的分析，是对获得的各种事物的材料运营归纳和演绎、分析与综合以及抽象与概括等方法进行思维加工，进而去粗取精、去伪存真、由此及彼、由表及里，最终认识事物本质、揭示事物的内在规律。定量指标的量化选取过程中，基于数据支撑方式可以保障指标选取具备科学化性与精准性。定性指标是针对财政项目支出进行效益考评活动，尽管某些因素无法以量化形式进行评估，但是具有非常重要的绩效考评审计指导价值。有效统筹定性指标和定量指标等，不仅能深入考量农田水利财政资金在管理与具体使用过程中产生的经济收益效果，也可以作为积极推进小型农田水利工程产权制度与相关建设工作的改革发展大环境中企业可持续性战略规划的转变，能让考评标准更全面，给绩效考评结果带来极其重要的参考凭证。

4. 追求经济效益基础上的社会效益

现在国内已经长期推行农田水利财政基金政策活动，政府机构和社会大众都要考虑资金投入与人力投入产生的整体效益。开展农田水利专项资金绩效审计工作时，审计部门需要考量审计效能和审计目标规划是否存在不匹配现象。在打造相关考评标准系统过程中，除了要考虑审计的真实性、合法性以及关注经济效益，更要注重公平性、可持续性，关注农业科技升级和生态环境质量的改善，在追求经济利益的基础上增加社会效益的产出，平衡评价指标。

11.5　农田水利财政资金绩效评价维度分析

本章认为在打造绩效审计指标运行体系时，需要针对如下所述的几个绩效目标开展相关工作，包括经济性影响因素、公平性影响因素、效果性影响因素、环保性影响因素及效率性影响因素等，参考国内学术界的相关研究理论，基于初始平衡计分卡是为考评指标体系的前提下展开相应的优化与完善。将农田水利专项基金绩效审计考评标准理论架构体系完善成6个考评维度：第一个为财务维度；第二个为项目管理维度；第三个为审计方法维度；第四个为自主学习与成长维度；第五个为社会与公众维度；第六个为可持续发展维度。在对政府项目绩效考评指标体系进行变化过程中，只需要注重项目维度的某个改变情况。

(1) 财务维度。

指标创建的必要前提为农田水利专项基金流动情况，需要在预算环节、支付环节、使用环节，以及审计机关后续检验等环节，展开高效且合乎规范的评估活动，增加对专项资金使用的经济性方面的指标。

(2) 项目管理维度。

中国农田水利专项资金存在专业化的用途，发展目标要配合国家政策与经济发展的战略规划。存在诸多对农田水利专项资金利用效能与使用情况的作用要素，包括立项依据的科学性影响因素、有关规章政策条例是否详尽影响因素、后续监管是否到位影响因素，以及完成项目审计的后续管理影响因素等。

(3) 审计方法维度。

在开展绩效审计活动时，非常关键的考查内容体现在审计方式种类的选取与使用环节中，赵耿毅编纂的《绩效审计指南》中列举出了收集审计材料与分析时经常使用的操作方式，如果审计工作者在对投资资源、操作过程以及践行结果展开审查中进行绩效标准评估活动时，确定的审计手段需要和实际情况相匹配，能从这个层面上认知各类方法具备的专业性与独特性等，同时也需要考量经济可行性，参考专家提供的建议且获取该领域资深审计工作者的指导，针对获取的资料要能够充分有效地利用。

(4) 自主学习与成长维度。

这项维度是以审计机关内部运行与管控能力的持续优化为立足点展开分析，让审计工作群体受到专家培训指导，参与技能培训的具体考评指标，能给别的维度分析带来更好的保障效果。自学的动力是要持续强化自身能力素养，可以更好地给人民群众带来服务保障，关注效率性与效果性，对审计机关的完善发展起到促进作用。

(5) 社会与公众维度。

农田水利专项资金投入的社会贡献度能够基于以下领域进行指标的确定，包括农户群体安置率信息与政府信息公开等，其中农田水利资金投资核心考评标准为群众受益率层面与群众满意度层面等，绩效规划要基于效果性与公平性等进行分析。

(6) 可持续发展维度。

在保证项目进度基础上，添设评级指标的应变能力，有规划地实现原有生产方式的有效转变，以及向着节约型发展模式、循环型发展模式、环保型发展模式，及集约型发展模式过渡，从科学发展观和可持续发展两个长远方面出发来设置评价指标。

基于平衡计分卡的基本维度改进后的战略框架如图 11.5 所示。

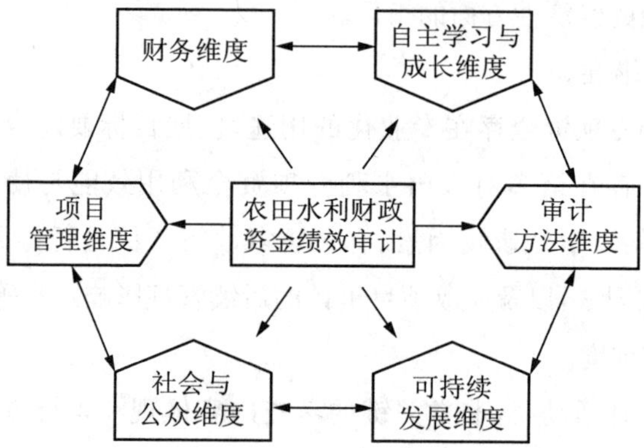

图 11.5 改进后的战略框架图

11.6 农田水利财政资金绩效评价指标体系

本章以平衡计分卡为基础针对上海市农田水利财政资金发放过程中的风险进行综合评价，采用定性与定量相结合的方法，通过专家打分法以及层次分析法计算指标权重，然后通过插值法构建隶属矩阵，进而构建农田水利财政资金风险综合评价模型，对上海市农田水利财政资金拨付风险状况进行评价，构建步骤如图 11.6 所示：

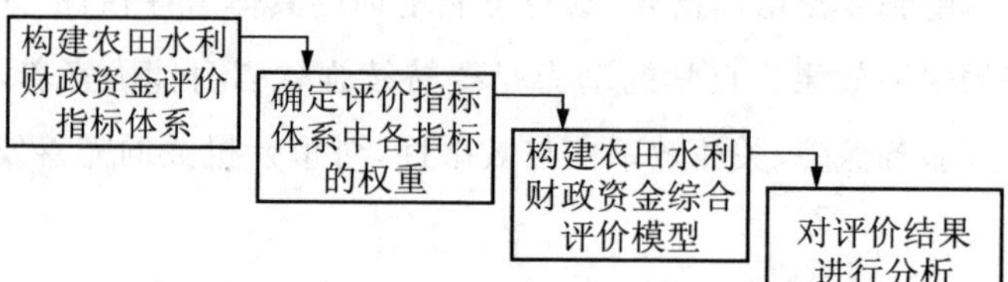

图 11.6 绩效评价指标体系构建步骤

1. 结构模型

在绩效评价指标体系构建的基本准则下，针对农田水利项目的特点，构造阶梯层次架构体系模型，整体指标是政府基于绩效审计目标进行相关工作的规划，一共包括 6 个维度，共计一级指标数量为 17 个，基于定性指标与定量指标的方式将二级指标划分为 67 个，详情如下表 11.1 所示：

表 11.1　BSC 指标评价体系

<table>
<tr><th></th><th>所属维度</th><th>一级指标</th><th>指标类型</th><th>二 级 指 标</th></tr>
<tr><td rowspan="24">农田水利财政资金绩效审计评价指标R</td><td rowspan="16">财务维度 A1</td><td rowspan="8">农田水利财政资金的落实 B1</td><td rowspan="6">定量指标</td><td>资金到位率 C1</td></tr>
<tr><td>拨付到位率 C2</td></tr>
<tr><td>资金利用率 C3</td></tr>
<tr><td>淘汰任务量 C4</td></tr>
<tr><td>合规项目占总支出项目比率 C5</td></tr>
<tr><td>县级资金投入占中央和省级投入比率 C6</td></tr>
<tr><td rowspan="2">定性指标</td><td>专项资金发放的合规性 C7</td></tr>
<tr><td>立项规范性 C8</td></tr>
<tr><td rowspan="3">农业机械设备的购置情况 B2</td><td rowspan="2">定量指标</td><td>设备账面比重 C9</td></tr>
<tr><td>固定资产清理的处置率 C10</td></tr>
<tr><td>定性指标</td><td>拆除证明单据合规性 C11</td></tr>
<tr><td rowspan="5">实际使用、管理情况 B3</td><td rowspan="4">定量指标</td><td>资金的使用到位率 C12</td></tr>
<tr><td>预算资金完成率 C13</td></tr>
<tr><td>资金节约率 C14</td></tr>
<tr><td>制度执行的有效性 C15</td></tr>
<tr><td>定性指标</td><td>资金使用的合规性 C16</td></tr>
<tr><td rowspan="8">项目维度 A2</td><td rowspan="4">项目组织 B4</td><td>定量指标</td><td>上报重点县建设信息 C17</td></tr>
<tr><td rowspan="3">定性指标</td><td>报送总结报表、统计报表 C18</td></tr>
<tr><td>制定农田水利规划 C19</td></tr>
<tr><td>建立组织领导和工作协调机制 C20</td></tr>
<tr><td rowspan="4">项目申报 B5</td><td rowspan="2">定量指标</td><td>申报项目合法率 C21</td></tr>
<tr><td>审批手续合规率 C22</td></tr>
<tr><td rowspan="2">定性指标</td><td>验收材料完整性 C23</td></tr>
<tr><td>风险应变能力 C24</td></tr>
</table>

续表

<table>
<tr><th></th><th>所属维度</th><th>一级指标</th><th>指标类型</th><th>二级指标</th></tr>
<tr><td rowspan="27">农田水利财政资金绩效审计评价指标 R</td><td rowspan="11">项目维度 A2</td><td rowspan="5">项目管理 B6</td><td rowspan="2">定量指标</td><td>项目进度符合率 C25</td></tr>
<tr><td>落实管护制度的项目比率 C26</td></tr>
<tr><td rowspan="3">定性指标</td><td>决策执行有效性 C27</td></tr>
<tr><td>日常监管度 C28</td></tr>
<tr><td>阶段性成果 C29</td></tr>
<tr><td rowspan="6">项目完成情况 B7</td><td rowspan="3">定量指标</td><td>任务完成率 C30</td></tr>
<tr><td>投资回收期 C31</td></tr>
<tr><td>项目验收通过率 C32</td></tr>
<tr><td rowspan="3">定性指标</td><td>信息公开度 C33</td></tr>
<tr><td>上诉处理情况 C34</td></tr>
<tr><td>同类项目支出进度提升情况 C35</td></tr>
<tr><td rowspan="8">自主学习与成长维度 A3</td><td rowspan="4">审计技能提升 B8</td><td rowspan="2">定量指标</td><td>交流、培训人员占比 C36</td></tr>
<tr><td>行业专家构成占比 C37</td></tr>
<tr><td rowspan="2">定性指标</td><td>职责明确情况 C38</td></tr>
<tr><td>审计服务态度的改进 C39</td></tr>
<tr><td rowspan="4">体制创新 B9</td><td rowspan="2">定量指标</td><td>按时完成工作率 C40</td></tr>
<tr><td>沟通机制建设满意率 C41</td></tr>
<tr><td rowspan="2">定性指标</td><td>监督、奖励机制的创新 C42</td></tr>
<tr><td>项目管理方式创新 C43</td></tr>
<tr><td rowspan="8">社会与公众维度 A4</td><td rowspan="4">改善农业生产条件 B10</td><td rowspan="2">定量指标</td><td>提高灌溉水利用系数 C44</td></tr>
<tr><td>新增和改善节水灌溉面积 C45</td></tr>
<tr><td rowspan="2">定性指标</td><td>提高圩区防洪除涝能力 C46</td></tr>
<tr><td>完善农田水利设施运行管护机制 C47</td></tr>
<tr><td rowspan="4">综合社会贡献 B11</td><td rowspan="2">定量指标</td><td>农民安置率 C48</td></tr>
<tr><td>重度污染项目淘汰率 C49</td></tr>
<tr><td rowspan="2">定性指标</td><td>政府平台信息化程度 C50</td></tr>
<tr><td>媒体公开信息度 C51</td></tr>
</table>

续表

<table>
<tr><td rowspan="17">农田水利财政资金绩效审计评价指标R</td><th>所属维度</th><th>一级指标</th><th>指标类型</th><th>二 级 指 标</th></tr>
<tr><td rowspan="3">社会与公众维度 A4</td><td rowspan="3">公众效益 B12</td><td rowspan="2">定量指标</td><td>公众受益率 C52</td></tr>
<tr><td>公众满意度 C53</td></tr>
<tr><td>定性指标</td><td>拉动产业增长情况 C54</td></tr>
<tr><td rowspan="5">绩效审计方法维度 A5</td><td rowspan="4">审计资料收集 B13</td><td rowspan="2">定量指标</td><td>收集资料复核率 C55</td></tr>
<tr><td>审计方法综合使用率 C56</td></tr>
<tr><td rowspan="2">定性指标</td><td>资料需求明确性与完整性 C57</td></tr>
<tr><td>审计取证方法的风险性 C58</td></tr>
<tr><td>审计资料分析 B14</td><td>定量指标</td><td>被审计单位会计资料真实率 C59</td></tr>
<tr><td rowspan="8">可持续发展维度 A6</td><td rowspan="3">经济可持续性 B15</td><td rowspan="2">定量指标</td><td>废物综合利用率 C60</td></tr>
<tr><td>节能降耗收益率 C61</td></tr>
<tr><td>定性指标</td><td>产品科技含量 C62</td></tr>
<tr><td rowspan="3">生态可持续性 B16</td><td rowspan="2">定量指标</td><td>污染设备处置率 C63</td></tr>
<tr><td>本年度污染物排放量较上年度减少(增加)率 C64</td></tr>
<tr><td>定性指标</td><td>生态改造情况 C65</td></tr>
<tr><td rowspan="2">社会可持续发展能力 B17</td><td rowspan="2">定量指标</td><td>项目设备投入持续利用率 C66</td></tr>
<tr><td>运行收入与运行成本比率 C67</td></tr>
</table>

2. 评价方法

原有的平衡计分卡存在的权重系数主要由专家组的反馈与打分进行确定,因此有着很强的主观随意性问题。本课题在分析中选择得分研究方式与菲德尔研究方式能够对存在的缺陷进行有效修正,能给指标权重的设计带来高效定量分析效果。参考层次分析法理论①的知识与操作流程,本书采用 9 级标度分析模式,采用两两对比的方式确定平衡计分卡的不同指标对应的重要程度,以此创建量化式的判断矩阵,相关内容见表 11.2 所示:

① 层次分析法,简称 AHP,是指将与决策始终有关的元素分解成目标、准则、方案等层次,在此基础之上进行定性和定量分析的决策方法。AHP 理论根据问题的性质和要达到的总目标,将问题分解为不同的组成因素,并按照因素间的相互关联影响以及隶属关系将因素按不同层次聚集组合,形成一个多层次的分析结构模型,从而最终使问题归结为最低层(供决策的方案、措施等)相对于最高层(总目标)的相对重要性权值的确定或相对优劣次序的排定。

表 11.2　维度矩阵构造及权重计算结果

绩效审计评价	财务维度 A1	项目维度 A2	自主学习与成长维度 A3	社会与公众维度 A4	绩效审计方法维度 A5	可持续发展维度 A6	Wi
财务维度 A1	1	0.5	2	0.25	3	0.2	0.095 5
项目维度 A2	2	1	3	0.25	3	0.25	0.135 2
自主学习与成长维度 A3	0.5	0.333 3	1	0.333 3	2	0.333 3	0.075 6
社会与公众维度 A4	4	4	3	1	3	0.5	0.273
绩效审计方法维度 A5	0.333 3	0.333 3	0.5	0.333 3	1	0.25	0.054 3
可持续发展维度 A6	5	4	3	2	4	1	0.366 5

3. 标准设定

在进行指标创建过程中主要采用定量分析方式，然后辅之定性分析模式。依据相关领域的国家政策规范，对项目单位准则进行完善处理，主要包括客观性原则、全面性原则、前后可对比性原则，以及通用与专用标准相结合原则等，最后创建考评标准体系。基于6个绩效目标创建各个维度与相应的指标，基于绩效审计基础指标确立百分制的分值。定量指标是基于收集资料的整理分析后创建，定性指标是基于相关部门调查后创建，选择算术平均值作为指标参量，能够使 yaahp V10.3 展开高效计算，参考式(1)、式(2)、式(3)等计算项目绩效审计的总分值，然后将其和创建的等级评论标准进行对比分析，最后得出优、良、中、差的结论。

4. 权重计算

专家组和专业审计群体打分构造的判断矩阵，选择 yaahp 计算各个维度对应的权重值，并要进行一致性检验，如果没有达到相关的标准需要获取专家指导意见，并对相关的判断矩阵进行优化处理，在获取检验标准后分析出各个维度最终的权重系数。譬如，基于表 11.2 中各个维度判断矩阵的创建与权重系数的计算结论，参考一级指标的权重以及二级指标对应的权重，实际的权重指标系数如表 11.3 所示，创建依据式(1)分析的底层指标分值，然后逐步计算整体的分值。

$$B_t = \sum_{t=1}^{n} W_{ij} G_{ij} \tag{11.1}$$

$$A_t = \sum_{t=1}^{n} W'_1 B_i \tag{11.2}$$

$$R=\sum_{t=1}^{6}W'_1A_t \qquad i,\ j=1,\ 2,\ 3,\ \cdots,\ n \tag{11.3}$$

其中：W_{ij}为二级指标权重，G_{ij}为二级指标标准值，B_i 为二级指标得分值，W'_1为二级指标权重，A_t 为一级指标得分，R 为综合得分。指标权重表如下表 11.3 所示。

表 11.3　指标权重

<table>
<tr><td rowspan="17">农田水利财政资金绩效审计评价指标 R</td><td>所属维度 W_i</td><td>一级指标 W'_i</td><td>二级指标</td></tr>
<tr><td rowspan="15">财务维度 0.095 5</td><td rowspan="7">农田水利财政资金的落实 0.186 5</td><td>资金到位率 0.113 6</td></tr>
<tr><td>资金利用率 0.266 2</td></tr>
<tr><td>拨付到位率 0.102 5</td></tr>
<tr><td>淘汰任务量 0.185 8</td></tr>
<tr><td>合规项目占总支出项目比率 0.179 2</td></tr>
<tr><td>专项资金发放的合规性 0.088 6</td></tr>
<tr><td>立项规范性 0.064</td></tr>
<tr><td rowspan="3">落后设备的处置情况 0.126 5</td><td>设备账面比重 0.108 5</td></tr>
<tr><td>固定资产清理的处置率 0.546 9</td></tr>
<tr><td>拆除证明单据合规性 0.344 5</td></tr>
<tr><td rowspan="5">实际使用管理情况 0.687</td><td>资金的使用到位率 0.189 7</td></tr>
<tr><td>预算资金完成率 0.160 7</td></tr>
<tr><td>资金节约率 0.306 2</td></tr>
<tr><td>制度执行的有效性 0.117 2</td></tr>
<tr><td>资金使用的合规性 0.226 1</td></tr>
<tr><td>……</td><td>……</td><td>……</td></tr>
</table>

本书展示财务维度的指标权重，按上述方法同理得出其余 5 个维度的指标权重，在此不作赘述。

5. 风险评价和结果分析

首先，建立综合评判的评价集。本书参考前人相关研究，将农田水利专项资金风险综合评价集等级划分为四级，V =（优，良，中，差），并对评价集 V 的水平赋值（1，2，3，4）。

其次，构造综合评判矩阵。关于构建农田水利财政资金各评价指标的隶属度函数，本书参考 2015 年中国农田水利财政资金相关指标的统计值以及相关财务指标的标准值作为评价标准，利用插值法将 A 市农田水利财政资金的财务维度指标对比计算隶属度,针对其他指标,结合专家给出的意见,确定其评价值,并利用插值法计算其隶属度。具体步骤如下:第一步,确定各因素在四个因素等级中对应的边界值,判断各指标所对应的取值区间;第二步,设定三个区间的最优值 Q_{max} 和最差值 Q_{min},利用公式:

$$L = | Q_{max} - Q_{min} | /3$$

求出相邻区距离 $\left(\frac{P_i - Q_i}{\mathrm{L}}, \frac{P_j - Q_j}{\mathrm{L}}\right)$;第三步,利用插值法求各因素对应的隶属度数值,可得,隶属度的矩阵 R 为:

$$R = \begin{bmatrix} 0 & 0 & 1 & 0 \\ 0 & 0 & 0 & 1 \\ 1 & 0 & 0 & 0 \\ 0 & 0 & 0 & 1 \\ 0 & 0 & 0 & 1 \\ 0 & 0.516 & 0.484 & 0 \\ 0 & 0 & 0.2 & 0.8 \\ 1 & 0 & 0 & 0 \\ 0 & 0 & 0.793 & 0.207 \end{bmatrix}$$

根据 R 矩阵,以及上文所得因素的权重,运用加权平均法构建 A 市农田水利财政资金综合评价模型:$T = WoR$,计算可得:

$$T = [0.252 \quad 0 \quad 0.014\,964 \quad 0.276\,76]$$

最后,利用特征根法,对矩阵 T 进行反模糊化处理:

$$P = \frac{0.252 * 1 + 0 * 2 + 0.014\,964 * 3 + 0.276\,7 * 4}{0.252 + 0.014\,964 + 0.276\,7} \approx 2.58$$

根据等级评论标准,P 值 2.58 介于良和中之间,说明 A 市农田水利财政资金绩效水平偏低。

6. 大数据在绩效审计中的应用

结合上文可以计算出总体评价指标的得分,既能进行横向比较研究各个省市对应的农田水利绩效目标的达成情况,也能进行纵向比较研究相关地区上一年度绩效指标实现情况与本年度的绩效指标实现情况等。相关多样化指标的创建可以更有效了解资金利用情况与政府审计活动的达成率，基于“5E”为分析切入点，有效探讨绩效审计结论，能把复杂化的问题进行细致化分析，可以给最终的评价带来有效的促进作用。

我们已步入大数据时代，先进的统计技术、便捷的数据获取途径也为绩效指标的构建提供了条件，审计工作群体需要掌握专业的计算机操作能力。A 市审计局在对其农田水利财政资金展开审计时，要让相关审计组更高效地使用计算机技术，以实现审计活动。在针对各类农田水利财政资金所有数据信息进行分析的过程中，笔者主要是使用内网对数据查询并展开核对操作，利用 Excel 表格对应的数据整理功能展开数据分析活动，选择 Excel 中提供的公式对数据变化是否具备合理性进行判断。譬如，下一章提供的表格即为农田水利财政资金数据信息，可以通过 Excel 表格进行有效计算并绘制相关的信息数据表，产生通俗易懂的分析观察效果，高效了解到审计数据中存在着异常情况，最终发现出审计活动中存在的负面现象。伴随大数据审计技术的不断推广，在进行农田水利财政资金审计时，选择大数据技术进行数据分析，已经成为未来的发展趋向，能够对相关审计数据进行整体上的高效研究，提升场外审计的操作效能，而且可以给农田水利财政基金规划方案的创建以及确定相关重点审计内容带来必要的参考依据。假设审计工作群体有着非常繁重的日常工作与复杂的数据分析活动，也可以选择计算机审计技术展开实际抽样检查活动。

11.7 以上海市松江区农田水利财政资金审计为例

2013 年至 2014 年中国冬春农田水利基本建设计划顺利完成，总投资金额3 371 亿元，同比增长 10.9%。截至 2015 年，中国已开发了切实有效的灌溉农田为 9.88 亿亩，这 9.88 亿亩农田的粮食产出约占到中国粮食作物总产量的 75%，它产出的经济作物约占中国经济作物总产量的 90%以上。根据中华人民共和国财政部 2016 年的财政收支情况：2016 年全国农林水利支出达 18 442 万亿元。尽管目前中国农田水利开展取得了巨大成就，但随着现代农业的发展，我们也暴露出很多问题，如缺乏灌溉和排水设施，配套设施老化失修、标准低，农田水利设施最后一公里困难，建设和管理脱节，管理制度落后等。在现阶段，要努力维系国家粮食安全，一定要优化农田水利建设。农田水利财政资金的拨付关系到广大农户的切身利益，对调动广大农户种粮的积极性,促进种粮农户有效增产增收,以及确保国家粮食储备安全,起着至关重要的作用。

农田水利财政资金的庞大数额决定了审计人员必须摒弃采用传统落后的纸质审计方法,转而寻求新的审计方法。目前,大数据审计与企业审计过程完美结合,很大程度上减少了审计人员的审计误差。随着计算机技术的发展和党政机关办事效能的强化,无纸化办公运行体系快速发展。在开展农田水利财政基金审计工作时,要求审计机关和被审计机构的平时工作存在同步更新状态,并选择同步升级的办公模式,渐渐强化二者的计算机技术使用效能,提升农田整备数据的电子化管控水平。需要审计工作群体选择各类信息获取方式,和被审计机构保持密切的信息交互效果。审计机构获取各类所需的审计凭证信息,不断获取更多的审计线索,并持续和各关联方增强沟通效果,有利于有效开展审计调查工作与审计活动,增强审计运行效能。

本章以上海市松江区 2013—2015 年农田水利财政审计调查运用大数据进行审计作为案例研究对象。农田水利财政资金的实施中遇到一些难题,本次财政审计考查的根本目的是:判断政策的作用是否充分发挥,明确、揭露和查处资金分配、管理及发放中违纪违规的问题,同时,通过对现有制度的分析,推动制度建设日趋完善。

11.7.1 审计背景和目标

1. 审计背景

上海市地处长江三角洲的东沿,西临江苏。历届市政府都对水利工程给予了高度重视。2016 年上海市松江区种植水稻面积约 17 万亩,常年种植蔬菜面积达 7.2万亩,绿叶菜面积达 3.8 万亩。根据农业的具体情况,上海市松江区不断提高农作物生产水平,提高农民生产生活条件,建设美好乡村,鼎力发展农田水利基础设施,为农业生产、农民收入、农村幸福指数提供服务和保障,优化农田水利基础设施配套程度,积极帮助社会主义美丽乡村建设,推进农村现代化基建。

上海市松江区从 2012 年起,根据国务院和市政府的“把农田水利作为乡村基础设施建设的重点工作”的工作方针,全面扩大农田水利建设。近几年,上海市松江区连续发布了诸多实施细则与操作指南,加强落实责任,理顺管理体制,改进操作方法,大力促进健康有序发展的灌溉和水利建设项目。

2. 审计目标

现阶段农田水利建设存在的不足,也是现代农业发展的短板。在党中央水利工作“空间平衡、系统管理两手抓”的要求下，实施了“（2016—2020 年）国家农业现代化规划”，推进了农田水利基建的完善。加快农田水利基建现代化，大力建设组织架构健全、基础设施完善、节水高效、机制灵便的农田水利保障体系。上海市松江区审计局紧密围绕上级指导的工作重心，对上海市松江区从 2013 年到 2015 年间农田水利专项政策征收活动、管控工作以及支付情况的合法性、真实性与效益性，展开审计活动，加大惠民政策与相关产业政策的执行力度，保障社会经济的可持续性运行，促进款项的高效利用。

11.7.2 审计对象和范围

1. 审计对象

根据《中华人民共和国审计法》的规定，从 2016 年 9 月 10 日到 2016 年 10 月 31 日，上海市松江区审计局对 2013—2015 年农田水利建设实施了专项调查，区财政局、区环境保护市容局、ZQ 新镇、CS 新镇、HN 镇、区河流管理中心、SY 镇等是此次审计的考查对象。此次审计的核心内容是对相关补贴资金整体运作流程进行审查，了解在具体工作开展中是否存在违法乱纪现象，同时也要了解补贴的指标体系、审核流程，以及申报过程是否符合法律规范。

2. 审计范围

此次农田水利财政资金的范围包括：一是农田水利工程的建设：购买必要的灌溉信息管理系统和灌溉试验设备仪器采购、农村监管工程研究、农田灌溉和排水工程相结合和牧草的基础设施建设、节水灌溉设备和测量水设施，和农田水利设施拖拉机道路工程和生产领域的桥梁建设；二是水土保持工程建设：相关工程措施和生物措施；三是水利项目的维护和维护：基层水利服务单位进行农田水利项目维修所需的设备和设备补贴，县级以下农田水利和国有公益性水利工程的维护和日常维护支出，以及农业水价全面改革的相关费用。另外，财政资金务必严格控制，不得用于建设建筑物、有关人员补贴、购买交通工具等，也不应计入部门预算安排的基本费用。

11.7.3 审计调查实施过程

1. 财务维度

首先，农田水利专项资金的落实情况。2013 年至 2015 年 C 区农田水利建立项目 104 个，总共涉及 15 个乡镇，建设资金 10.89 亿元。新农田水利建设资金由市、区、镇共同出资，市政出资占 60%，区镇两级出资占 40%，其中，镇出资比例为 8%—20%。2013 年至 2015 年，市、区资金实际支出为 7.24 亿元，其中市财政补贴 5.02 亿元，占总实际支出的 31%；区财政补贴 2.23 亿元，占总实际支出的 69%。市、区补贴占比如图 11.7 所示：

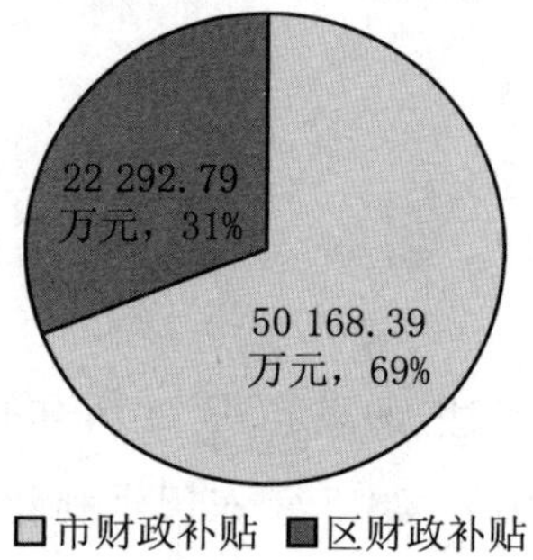

图 11.7 松江区 2013—2015 年市、区级农田水利专项财政补贴总额

2013—2015 年财政补贴数额分别为：2013 年 1.876 3 亿元；2014 年 2.165 3 亿元；2015 年 3.204 5 亿元。2014 年和 2015 年分别增加 15.4%和 47.99%。如图 11.8 所示。

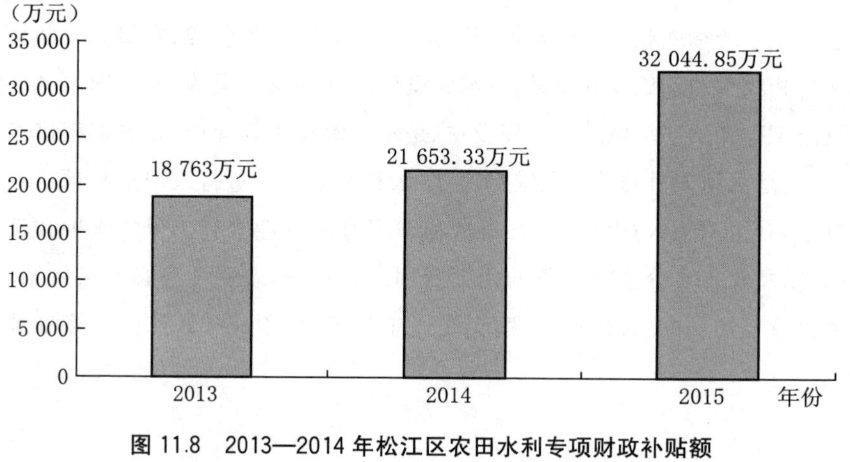

图 11.8 2013—2014 年松江区农田水利专项财政补贴额

上海市松江区农田水利专项资金项目分为三个类别：(1)灌溉和排水设施的应急修理工程；(2)灌溉和排水设施系统重建项目，主要集中在水稻田的改造；(3)农

田水利专项项目,集中在高标准的优质果蔬基地。项目支出详情如表 11.4 所示。

表 11.4 松江区 2014 年小型农田水利建设专项资金项目支出

项目名称	工 程 内 容	总投资(万元)	市补资金(万元)
C 区沟通水系工程	挖掘河底泥沙 12.14 万立方米;绿化河流两岸面积4.02 万平方米;新建河岸护栏 4.42 公里;建设跨河桥梁 8 处等,工程总共涵盖 6 个镇	6 941.86	1 051
C 区江桥西片圩区改造工程	翻修泵闸一座;新建辖区泵闸基础配套设施;改造两座泵闸,建设一座泵闸	2 067.99	989
C 区望新圩区改造工程(一期)	一座 5 米节制闸进行了旧泵维修;此外分别增设泵闸一座、四米节制闸一座	2 148.55	879
小型农田水利配套工程	分别增设灌溉单泵站 8 个、灌溉双泵站 5 个;翻修灌溉设施 984 亩;新增明渠 20.52 千米,排水暗道 28.44 千米;新修乡道 9 584 平方米	2 912.24	1 456
高水平粮田水利配套工程	翻建灌溉泵站 4 个;新修 3 架桥梁;培育高水平良田 1 000余亩;依据地理形势修砌明渠 11.09 千米、排水暗渠 11.99 千米、倒虹吸 7 座、混凝土道路 14 000 平方米、碎石田埂 85 100 米、整平田地 805 亩	1 441.49	584
已有菜田新增水利设施工程	泵式排涝设施 6 座,并搭配 2 个单泵;增设灌溉站(单泵)1 座;修建过路管道 2 900 米、桥梁 1 架;依地势新建明渠 324 700 米,排水暗渠 10 700 米;增设排水口 100 个、新建防洪堤岸 12 900 米、灌溉田地 436 亩、道路 9 584 平方米	1 703.02	852
Ⅰ镇菜田水利设施配套工程	增设泄洪设备闸 1 座,并配套 2 台单泵;培育菜地面积 393 亩;开挖 6 700 立方米的引水渠道;溉水泵基地 2 座;防洪坝 25 100 米,开掘明渠 103 100 米,排污暗道 162 900 米,过路管道 2 600 米,搭建 380 伏以下电路 2 500 米,泄洪口 30 个,节水喷滴灌溉面积 291.12 亩,整平田地 180.82 亩,增建两架桥梁,水泥道路 22 100 平方米	1 262.99	631
Ⅱ镇菜田水利设施配套工程	开挖水渠 14 600 立方米,灌溉水泵站一座,培育菜地面积 233 亩,河闸一座,修建明渠 55 800 米,降渍暗管 85 600 米,过路暗管 1 500 米,泄洪口 11 个,节水喷滴灌溉面积 169.66 亩,整平田地 91.9 亩,水泥路 7 100 平方米,搭建 380 伏以下电路 11 000 米	465.11	233
Ⅲ镇菜田水利设施配套工程	新建灌溉水泵站一座,河闸一座,培育菜地面积 153 亩,依地势修建明渠 25 900 米,疏通灌溉渠 1 500 立方米,过路暗管 400 米,降渍暗管 59 600 米,搭建 380 伏以下电路 2 000 米,泄洪口五座,节水喷滴灌溉面积 111.52 亩,修建水泥道路 3 900 平方米,整平田地 71.52亩	270.04	135

续表

项目名称	工　程　内　容	总投资（万元）	市补资金（万元）
Ⅳ镇菜田水利设施配套工程	增设灌溉水泵站一座，依势修建明渠42 600米，培育菜地104亩，泄洪口七个，过路地下管900米，降渍暗管48 700米，整平田地51.64亩，水泥道路4 300平方米，节水喷滴灌溉面积69.98亩，搭建380伏以下电路2 000米	266.44	133
Ⅴ镇菜田水利设施配套工程	回填土方14 900立方米，培育菜地371亩，灌溉水泵站两座，修建明渠95 400米，过路地下管3 100米，河闸2座，涵管排水口4个，泄洪双泵站2座，出水口19个，箱涵1座，桥梁1架，降渍暗管182 500米，搭建380伏以下电路5 900米，水泥路13 500平方米，优化田地面积159.14亩，节水喷滴灌溉面积249.11亩	1 149.27	575
Ⅵ镇菜田水利设施配套工程	修建明渠177 400米，河管2 500米，节水喷滴灌溉面积326亩，增设灌溉水泵站四座，增设降渍暗管204 300米，水泥路18 500平方米，整平田地616亩	163.97	82
合　计		20 792.97	7 600

表11.5　松江区2015年小型农田水利建设专项资金项目支出

项目名称	工　程　内　容	总投资（万元）	市补资金（万元）
Ⅳ镇高水平粮田水利设施部分	疏通引排水渠道19 100米，同时清理出3 400立方米土方，增设灌溉水泵站1座，修建过路地下管355米，水泥路14 524平方米，低压输水管道47 900米，依势修建明渠113 200米，降渍暗管30千米，新建坡地1 308.88平方米、桥梁6架，优化田地1 070亩，培育高水平农田面积1 070亩	1 929.97	1 158
Ⅲ镇高水平粮田建设项目水利设施部分	开挖渠道及回填沟壑10 250立方米，新建低压送水管道575米，新修桥梁3架、水泥路26 590平方米，过路地下管875米、灌溉水泵站一座，依势修建沟渠268 100米，增修坡地1 352.2平方米、整平田地面积1 300亩，培育高水平农田面积1 300亩	2 205.76	1 323
小型农田水利工程	整改送水管网36 469米，灌溉水泵站6座、维修改造浇灌水泵站24座，整修灌排泵站1座，依势修建明渠34 726米、排水口91个，节水喷滴浇灌面积822亩，水泥路73 593平方米，桥梁7架	6 201.60	3 721
菜田项目水利设施部分	修建温室滴灌设备537.57亩、水泥路35 358平方米，修建泄洪水泵站1座，河涵2座，过路地下管582米，桥梁7架，堤坝2 583米，优化田地面积1 155亩，培育菜地1 155亩、露天灌溉设备236.10亩，增设滴灌水泵站点8座	2 680.08	1 609
合　计		13 017.41	7 811

其次,农业机械设备购置情况。上海市 2015 年农业机械购置补贴资金分配如表 11.6 所示。

表 11.6 上海市 2015 年农机购置补贴资金区域分配

所在的区	补贴资金(万元)	所在的区	补贴资金(万元)
HP 区	140	JD 区	543
XH 区	375	PD 区	453
CN 区	100	JS 区	373
JA 区	600	SJ 区	224
PT 区	600	QP 区	433
HK 区	480	FX 区	445
YP 区	200	CM 区	541
MH 区	565	合计	6 330
BS 区	260		

2. 项目维度

上海市松江区农田水利财政资金操作流程主要分为以下几步:第一,编制年度资金预算。执行部门为本区财政局和区水务局。具体工作为制定年度预算,并按程序报区政府及区人大审定批准后实施;在每年 9 月底前,区水务局应将下一年度的资金使用计划提交区水务局总结。第二,项目申报与审核。执行部门:区水务局、城市用水部门。第三,资金使用计划下达。执行部门:区财政局和区水务局。具体工作:本区水务局根据有关资金管理程序,向区水务局、区财政局汇报资金需求和实施项目,联合发布文件。第四,资金拨付。执行部门:区财政局。具体工作:区水务局发布资金利用计划,向区财政局申请拨款。第五,监督管理。执行部门:区财政局、区审计局和区水务局。具体工作:委托有关单位抽查和评估工程设施的建设和管理;区财政局、区审计局督查专项资金的使用和项目实施情况。

首先,在项目组织阶段,上海市松江区建立组织领导和工作协调机制情况。区环境保护市容局主要负责编制农田水利规划建设规划,监督指导农田水利建设。参与项目法人受理,组织政府受理;区农业委员会提出对农田水利建设的要求,提供年度重点农业建设项目,同时参与验收。区域河流治理中心主要担任项目资金管理、项目建设进程、行业管理业务领导。按要求做好资金调配工作,组织实行项目政府验收工作;各乡镇人民政府严格执行项目招标制度、法人责任制、工程监理制度、合同管理制度,落实管理工作;区财政局主要负责审计资金的部分项目和监督和验收工作。

其次，在项目申报阶段，农田水利财政资金申报和审核的执行部门是区水务局、城市用水部门。审核包括申报项目的合法性、审批手续的合规性、验收材料的完整性等。

再次，在项目管理阶段，执行部门是区财政局、区审计局和区水务局。具体工作包括委托有关单位抽查和评估工程设施的建设和管理；区财政局、区审计局督查专项资金的使用和项目实施情况。

最后，审查项目完成情况。工程完成后，各镇向区河道管理事务中心上报完成工程量清单和平面位置图，由河道署进行工程量核定。各镇根据核定的工程量做好审价、审计工作，准备好验收的各项资料，具备验收条件后进行工程验收。验收通过且备案、送审资料齐全后，申请补贴资金的30%。项目所涉及镇的工程验收工作全部完成，且备案、送审资料齐全后，由河道管理事务中心负责项目的清算送审工作。项目清算送审且经环保局确认后，由河道管理事务中心负责项目的销项清算工作，并拨付20%余款。该区具体农田水利工程申报流程如图11.9所示。

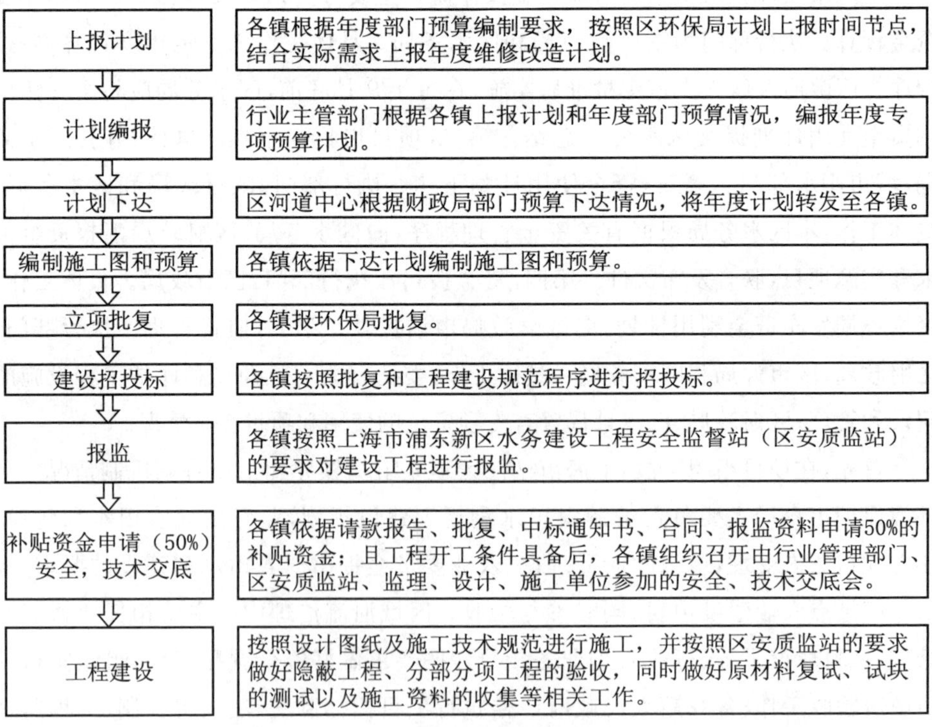

图11.9 上海市松江区农田水利工程申报操作流程

3. 自主学习与成长维度

从 2013 年的无培训到 2015 年的多次组织信息公开相关法规培训、审计理论知识、实践知识、形式政策等一系列培训，该区逐年加强审计人员的学习和培训工作，但依然有待进一步提高。人员培训表如表 11.7 所示：

表 11.7　2013—2015 年上海市松江区审计局人员培训表

政府信息公开会议和培训情况	数量
召开政府信息公开工作会议	
2013 年	0 次
2014 年	1 次
2015 年	3 次
举办各类培训班数	
2013 年	0 次
2014 年	0 次
2015 年	3 次
接受培训人员数	
2013 年	0 人
2014 年	0 人
2015 年	125 人

上海市松江区农田水利工程申报操作流程如图 11.9 所示。

4. 社会与公众维度

2015 年上海市松江区审计局累计主动公开政府信息 330 条，全文电子化率达 100%，其中，公开年报类信息 2 条，占总体的比例为 2.32%；机构职责信息 1 条，占总体的比例为 1.17%；规划计划类信息 2 条，占总体的比例为 2.32%；业务类信息 81 条，占总体的比例为 94.19%。公开类别占比如图 11.10 所示：

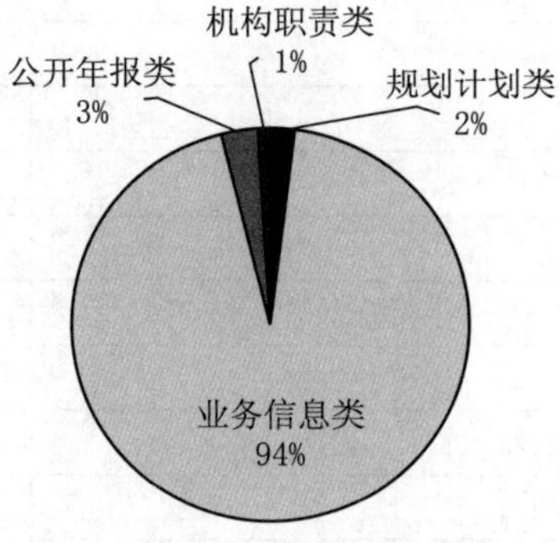

图 11.10　2015 年上海市松江区审计局信息主动公开类别占比

2015年上海市松江区审计局信息主动公开状况如表11.8所示。

表11.8　2015年上海市松江区审计局信息公开统计表

统计指标	统计数
1. 主动公开情况	
(1) 主动公开政府信息数	86条
其中：主动公开规范性文件数	0件
制发规范性文件总数	0件
(2) 通过不同渠道和方式公开政府信息的情况	
a. 政府公报	0条
b. 政府网站	86条
c. 政务微博	0条
d. 政务微信	0条
e. 其他	86条
2. 回应解读情况	
(1) 回应公众关注热点或重大舆情数	0次
(2) 通过不同渠道和方式回应解读的情况	
a. 参加或举办新闻发布会	0次
b. 政府网站在线访谈	0次
c. 政策解读稿件	0篇
d. 微博微信	0次
e. 其他	0次
3. 依申请公开情况	
(1) 收到申请数	2件
a. 现场方式	0件
b. 传真	0件
c. 网络	2件
d. 信函	0件
(2) 申请办结数	2件
a. 按时	2件
b. 延期	0件
(3) 申请答复数	2件
4. 行政复议数	0件
5. 行政诉讼数	0件
6. 举报投诉数量	0件

5. 绩效审计方法维度

上海市松江区审计局下辖的农业处在给农资综合补助与粮食直补开展专业审计调研活动中，创建数据研究与综合协调组以及32个县区的现场审计小组，选择原有纸质材料审计方式与大数据技术审计模式相结合的操作方式，能够达到不同审计活动优势互补的操作效能。传统审计运行模式如下所述：县区现场审计小组主要选择此类审计工作方式，在获得各类数据研究与综合协办小组带来的一些问题数据信息后，要进行现场查看活动，了解相关区县种粮大户签订的土地流转合同信息、乡镇财政情况、村集体账目数据、资金支付台账数据以及申报文件已下达文件等，采用对比的方式分析电子数据、纸质数据以及问题数据等，找寻问题数据产生的原因，总结有关审计调研结论，并将得出的结论向数据研究与综合协作组汇报。

大数据分析运行模式如下所述：在该市审计局农业处的数据研究和综合协调组主要工作涵盖如下内容：包括扶贫审计大数据分析活动、政策答疑解惑活动，编制审计工作动态发展情况活动，同时要负责市级主管机构的信息收集与扶贫资金分配审计工作，最后要向上级主管部门汇报具体的审计结论。鉴于是第1次选择大数据技术展开审计业务，因此在很多层面上还没有达到完善运作的效果。在最初进行审计时，需要这些审计工作群体在市财政局与市农委等处获取相关的审计数据信息，把获得的数据资源汇聚到相关审计机构的云信息服务平台中，然后在该平台的运作下，对数据进行转换与整理，选择数据处理软件对有效数据与相关表格展开对比研究，集中了解审计中存在的异常数据信息。

首先，进行数据收集。根据本次专项审计实施方案中涉及的市级主管部门，上海市松江区审计局农业处、环保市容局(水务局)及市财政局了解政策方针细则，从上海市松江区涉农补贴资金监管平台采集了小型农田水利专项资金发放数据，如图11.11所示。

图11.11　上海市松江区涉农补贴资金监管平台

表 11.9 2015 年松江区水稻直补、农田水利综合、机育补贴明细

区 县	姓 名	身份证号码	种植品种	种植面积（亩）	水稻直补		农田水利综合补贴		水稻机育补贴		小 计	
					补贴标准（元/亩）	实际补贴金额(元)	补贴标准（元/亩）	实际补贴金额(元)	补贴标准（元/亩）	实际补贴金额(元)	补贴标准（元/亩）	实际补贴金额(元)
松江区	傅＊民	310 *** 34	水稻	16.10	310.00	4 991.00	112.00	1 803.20	80.00	—	502.00	6 794.20
松江区	张＊明	310 *** 33	水稻	1.10	310.00	341.00	112.00	123.20	80.00	88.00	502.00	552.20
松江区	沈＊章	310 *** 57	水稻	100.40	310.00	31 124.00	112.00	11 244.80	80.00	8 032.00	502.00	50 400.80
松江区	傅＊国	310 *** 98	水稻	64.20	310.00	19 902.00	112.00	7 190.40	80.00	5 136.00	502.00	32 228.40
松江区	傅＊初	310 *** 52	水稻	35.60	310.00	11 036.00	112.00	3 987.20	80.00	—	502.00	15 023.20
松江区	龚＊平	310 *** 16	水稻	59.00	310.00	18 290.00	112.00	6 608.00	80.00	4 720.00	502.00	29 618.00
松江区	周＊妹	310 *** 2X	水稻	1.50	310.00	465.00	112.00	168.00	80.00	120.00	502.00	753.00
松江区	沈＊章	310 *** 57	水稻	54.50	310.00	16 895.00	112.00	6 104.00	80.00	—	502.00	22 999.00
松江区	张＊海	310 *** 18	水稻	1.20	310.00	372.00	112.00	134.40	80.00	96.00	502.00	602.40
松江区	龚＊平	310 *** 16	水稻	33.40	310.00	10 345.00	112.00	3 740.80	80.00	—	502.00	14 094.80
松江区	傅＊初	310 *** 52	水稻	75.20	310.00	23 312.00	112.00	8 422.40	80.00	6 016.00	502.00	37 750.40
松江区	傅＊民	310 *** 34	水稻	92.20	310.00	28 582.00	112.00	10 326.40	80.00	7 376.00	502.00	46 284.40
松江区	陆＊林	310 *** 12	水稻	47.10	310.00	14 601.00	112.00	5 275.20	80.00	—	502.00	19 876.20
松江区	沈＊章	310 *** 62	水稻	108.20	310.00	2 542.00	112.00	918.40	80.00	—	502.00	3 460.40
松江区	黄＊德	310 *** 12	水稻	176.80	310.00	54 808.00	112.00	19 801.60	80.00	14 144.00	502.00	88 753.60
……	……	……	……	……	……	……	……	……	……	……	……	……

其次，进行数据整理。小型农田水利财政资金中用于补贴小农水工程建设的，采用民办公助的形式进行补贴，即对于自愿开展小农水工程建设的农户或农村组织给予补贴。将从涉农补贴资金监管平台采集到的相关电子数据整理，通过云平台强大的系统功能整理出区县 2015 年水稻直补、农田水利综合、机育补贴明细表。其中，笔者关注的重点是农田水利综合补贴，如表 11.9 所示。

走访松江区土地局获取该地土地确权信息表，用于与表 11.9 对比分析。松江区土地确权信息表如表 11.10 所示：

表 11.10　松江区土地确权信息表

姓　名	身份证号	确认土地面积	编　　号
傅＊民	310 ＊＊＊ 34	16.10	CQ011503100002
张＊明	310 ＊＊＊ 33	0.53	CQ013242200015
沈＊章	310 ＊＊＊ 62	100.40	CQ014706010048
傅＊国	310 ＊＊＊ 98	58.46	CQ012600400219
傅＊初	310 ＊＊＊ 52	35.60	CQ014300110021
龚＊平	310 ＊＊＊ 16	57.03	CQ010501230030
周＊妹	310 ＊＊＊ 2X	1.50	CQ013214900001
沈＊章	310 ＊＊＊ 57	54.50	CQ014716601012
张＊海	310 ＊＊＊ 18	1.20	CQ014823000040
……	……	……	……

再次，进行数据研究活动。该市审计局农业处对这次专项审计调研活动中选择数据查询软件进行数据分析，即采取数据处理软件对获取的有效财务电子数据展开对比研究，发现以下问题：

(1) 发放补贴的实际面积高于农民群体承包土地的面积；存在冒领现象；小农水补贴面积和水稻直接补贴面积不一致；有土地但未领取补贴；个别城镇存在虚假匹配现象。

(2) 存在项目资金多头申报问题。从 2013 年到 2015 年，LG 镇有 10 项农田水利建设项目、计划资金 1.096 亿元。根据比例计算，LG 镇应该是配套资金 1 315.16 万元。LG 镇申请农田水利专项资金的同时，将该项目申请城市环境影响专项基金。

(3) 个别城镇发现截留、套取补贴资金。2013 年 HN 镇发展村高标准农田特别

表 11.11　2015 年补贴面积大于实际土地承包面积人员表

差异面积	区　县	姓　名	身份证号码	种植品种	种植面积（亩）	水稻直补		农田水利综合补贴		水稻机育补贴		小计	
						补贴标准（元/亩）	实际补贴金额(元)	补贴标准（元/亩）	实际补贴金额(元)	补贴标准（元/亩）	实际补贴金额(元)	补贴标准（元/亩）	实际补贴金额(元)
0.57	松江区	张＊明	310 *** 33	水稻	1.10	310.00	341.00	112.00	123.20	80.00	88.00	502.00	552.20
5.74	松江区	傅＊国	310 *** 98	水稻	64.20	310.00	19 902.00	112.00	7 190.40	80.00	5 136.00	502.00	32 228.40
1.97	松江区	龚＊平	310 *** 16	水稻	59.00	310.00	18 290.00	112.00	6 608.00	80.00	4 720.00	502.00	29 618.00
2.80	松江区	陆＊林	310 *** 12	水稻	47.10	310.00	14 601.00	112.00	5 275.20	80.00	—	502.00	19 876.20
8.20	松江区	沈＊章	310 *** 62	水稻	108.20	310.00	2 542.00	112.00	918.40	80.00	—	502.00	3 460.40
8.80	松江区	黄＊德	310 *** 12	水稻	176.80	310.00	54 808.00	112.00	19 801.60	80.00	14 144.00	502.00	88 753.60
0.30	松江区	李＊婧	310 *** 12	水稻	1.25	310.00	376.00	112.00	156.30	80.00	96.00	502.00	602.40
……	……	……	……	……	……	……	……	……	……	……	……	……	……

项目，外部电气工程造价100万元，签署了两个在同一天和同一施工单位，内容类似，价格分别是489 000元和511 000元的合同。审计发现，511 000元的合同并没有实际发生，但根据会计师事务所有限公司的审计结果，HN镇已经完成了清算。2014年大红、华路、汇龙村排水灌溉设施系统项目和2013年汤店村特殊农田项目审计后，分别申请了两级城市补贴资金。以95%的核定建设成本完成建设单位的清算，扣留5%的资金涉及的资金总额为131万元。在查询农户实际土地承包面积与对应的发放补贴面积过程中，能够选择土地确权信息表与2014年小农水补贴明细表展开对比分析。前者表格信息中有着各个农户具体承包土地的实际情况，原则上小农水补贴面积与水稻直补面积要小于农户实际承包的土地面积。农户身份证号码的字段是小农水补贴明细表和土地确权信息表的共同项，选择Vloocup函数，基于农民群体身份证信息为连接选项展开量表的关联分析，获取补贴数据信息与土地确权信息表，然后再把新得到的表中对应的专项资金补贴面积，确权面积展开相减操作，由此能够获取补贴面积高于实际土地使用面积的农户信息，接着审计组工作人员参考农户的地址信息进行相关原因的实际核查工作，有关内容如表11.11所示。

6. *可持续发展维度*

政府委托对PH建设管理有限公司总面积592亩的土地进行绿色生态改造，主要包括灌溉系统改造（建设或改造灌溉泵站、节水喷滴灌、末端微灌立杆、输水管道、控制阀门等）、排水系统改造（新建或改造排水明沟、过路暗管、排水口、排水暗涵等）、交通系统改造（新建或改造机耕道路、过沟板、桥洞等）、河道整治（河道疏浚、沿河绿化、护岸护坡）等项目的建设，促进农田水利的经济可持续性、生态可持续性和社会可持续发展，达到节能降耗、合理利用自然资源的目的。

11.8 审计评价与审计建议及改进方案

11.8.1 审计评价

根据审计报告得出：(1)灌溉和水利工程建设标准化，有效地浇水、收获和播种的机械化提高了农业生产的产量和质量；(2)合理有效地规划灌溉线路，利用新型密封管道铺设农业给排水管道，有效节约资源，提高农业生产效率；(3)乡镇项目建设、资金使用不够完善；(4)区环保局和其他相关职能部门监督存在不足。

11.8.2　上海市市财政资金绩效审计建议及改进方案

一是完善相关机制，加强项目监督管理。建议建立区域内各责任单位的联动机制，必须明确职责，加强相互监督和自我检查。对于区域河流管理中心，应加强对项目建设过程的监督，严格控制资金的分配；针对区环保局，应当建立和完善行业监管和评估。针对具体农田水利项目建设过程，理顺管理体制，规范管理。首先，加强工程招投标监督，规范招投标行为。其次，建议各乡镇严格遵守项目建设管理程序，对建设内容进行审批。最后，建议实施项目自查，禁止欺诈，骗取财政专项资金。

二是加大维护资金投入，设立运行维护费用。各级财政可从水利建设项目中抽取 1%的资金作为运行维护费用。建议积极稳妥地推进农业水价全面改革，在不给广大农民增加负担的基础上，着力解决深化改革的核心问题，如谁来决定，谁来审核。

三是落实管理制度，提升资金使用效益。首先建议区财政局、区环保局制定农田水利专项资金管理，确保标准的基金管理和使用。其次建议各镇建立并理顺农田水利专项资金管理制度，确保镇级配套资金及时、足额到位，及时完成项目资金清算。最后，建议有关城镇尽快建立和完善长效管理体制，明确监管主体和治理主体，准确履行管理和维护职责。

四是建立农业大数据处理平台，提高审计数据库的建设。中国的数据库建设还跟不上信息时代的发展，而数据库的应用可以使审计师来检索、阅读、搜索以及审计报告等有关信息文件，显著提升审计效能。创建的数据库不仅有被审计机构的常见信息与财务数据，同时也涵盖内控运行机制、财务指标、行业信息等数据。同时也要涵盖审计时概括的审计档案信息及相关的法律政策规范等各种历史性资料。此外，需要加强大数据审计普及推广的重视程度，使审计工作者与被审计机构从主观层面上了解到相关数据库创建的价值，以此创建功能更加卓越的数据库。

大数据为多元化审计提供了较好的选择，建议将大数据与审计相结合，对农业专项资金进行审计。如审计工作群体能快速使用计算机设备进行远程资料使用活动，则可以降低在数据交互中出现的风险。在规范数据库时，要持续完善相关的政策法规，以及专家决策数据与审计经验数据等，让审计工作群体获得更具信服力的审计结论。农业大数据平台建设框架如图 11.12 所示。

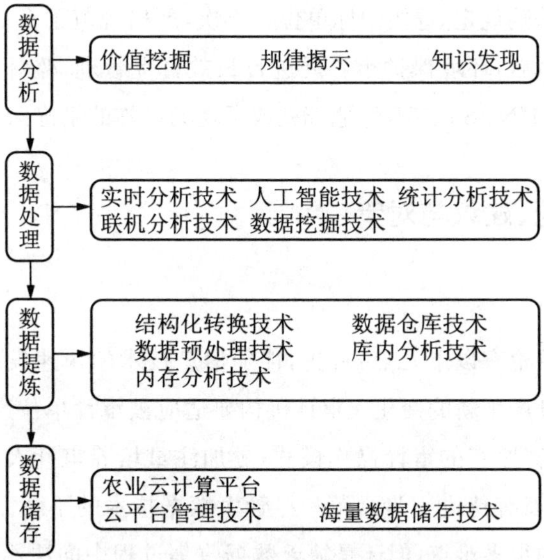

图 11.12 农业大数据平台建设框架

11.8.3 审计调查发现问题的整改情况

第一,加强项目管理和监督。首先,区环境保护和设施局主动与区财政和区农业委员会联系,利用完善区、镇财政收支分担机制,修订和完善 C 区城镇一级专项水利建设管理细则,从而进一步规范项目管理。其次,紧急改造项目整个过程监督,从 2014 年开始应急改造项目结算,努力实现计划的准确性,确保补贴乡镇的实际数量不会超过计划。

第二,统筹管理和利用农田水利财政资金。首先,为提高财政管理水平和财政资金利用效率,对 C 区乡镇一级特殊水利工程建设资金管理措施进行了研究和修订。其次,结合区镇财政治理、支出责任分担机制的完善,纯农业小镇取消了农田水利设施建设和监管配套资金。再次,2013 年 HN 镇通治村高标准农田专项资金,HN 镇拨出 419 000 元补贴,已于 3 月下旬退还给区渠道中心专户,上交区财政。最后,实施城镇资金年度跟踪监测机制,确保财政资金效率得到有效发挥。同时,要积极探索乡镇财政直接分配制度和资金及时清算制度,以避免城镇专项资金长期拖延。

第三,优化项目建设管理。首先,严格执行非法分包项目承包商分包行为的惩罚和淘汰机制,进一步提高监督检查的非法转包行为。其次,加强督促各乡镇严格按照招标和政府采购规定，选拔中标单位。再次，严格规范了乡镇农田水利专项资金使用的范围。最后，环境保护市容局进行长效督促管理，监督整顿不合格城镇。到目前为止，LG、HN、SY、CS等地都完成了现场设施的维修保养工作。

11.9　研究结论、建议与对策

11.9.1　研究结论

本章的主要结论有以下几点：首先，伴随信息技术的快速发展，被审计单位提供的审计数据信息产生新的变化。审计机构要适应被审计单位产生的数据形式变化情况，务必要完善原有的审计操作模式，更加注重培养审计人员技能与时俱进。其次，相关法律政策有待进一步规范。尽管大数据技术的不断完善会解决原有审计工作中存在着的很多难点，但还是缺乏数据收集过程中的法律政策规范。最后，高效的专项资金审计活动是强化国家资金利用效能的重要手段，伴随信息化技术快速发展，被审计机构已经采用计算机财务数据分析与统计方式，这会让审计运行模式渐渐出现信息化发展特征。所以，在现在政府专项基金审计体系中，专项基金审计调查活动需要使用大数据技术，主要应用在事前审计调查活动中，获取被审计机构的相关审计数据，并进行转换分析处理，获取可疑数据信息并进行重点审查。选择大数据技术可以显著降低因人工审计抽样工作产生的问题。其中，选择大数据审计软件可以对收集的数据进行高效整理与分析。大数据审计活动的重要对象为被审计机构现有的电子数据信息资源，这会对政府涉农资金审计调查活动产生积极的促进效果。

11.9.2　建议与对策

为了实现国家“十三五规划”提出的国家电子审计系统的目标，建立和完善农业专项资金绩效管理体系改革，应该全面贯彻党的十九大会议精神，统筹推进“四个”全面战略布局，遵循“三农”工作的方针、政策，协调推进整体布局。

一是完善绩效评价体系，提高专项资金效率。尽管目前中国小型农田水利开展取得了一些成就，但我们面临的形势依然严峻。面对严峻的现实，我们没有太多的容错空间，必须将专项资金的拨款用在刀刃上，提高资金利用率。

二是理顺专项资金流程，加强专项资金管理。要避免建设和管理脱节，创新管理制度，深化体制改革，增加对农业专项资金的管理投入，理顺农业专项资金使用流程，创新农业专项资金管理机制，支持农业资金的有效利用。

三是普及大数据平台，实现信息跟踪管理。需要各级地方政府共同创建大数据运行平台，以此对所辖机构的财务数据业务数据进行监管，实现数据统一管理，严格执行数据集中标准化、可靠性、全面性、精准性及交互性等，在数据收集活动、存储活动以及处理活动的过程中，融入大数据技术，实现信息的跟踪管理。

四是增强科研投入，推动软件技术升级。专项资金审计的核心操作方式要关注大数据技术。基于政府审计的发展趋向，预测在不久的未来，大数据技术将会成为财政专项资金审计的核心技术支撑。应完善信息系统升级，推动软件不断优化，使之能有效辅助现在的审计运行工作。

11.10 本章小结

本章首先介绍了大数据时代下，财政专项资金绩效审计的相关概念；其次对于目前开展财政专项资金绩效审计所能依据的具体法律法规进行了详细阐述；最后说明了大数据对政府审计信息处理的影响。另外本章内容也介绍了 2013—2015 年农田水利建设专项资金绩效审计的基本情况和存在的问题，由于农田水利专项资金数额比较大，受益方多，项目分散，管理层级较多，一些部门，特别是基层部门，对项目公示制度、资金使用、项目管理等方面实施不力，群众和社会监督严重不足。因此，我们看到虚假报告、欺诈、贪污和挪用、长期多头申报专项基金等问题容易出现。针对这些乱象，我们应积极推动数字审计方法，扩大绩效审计范围，以系统分配各种基金，更好地为农民群众谋福利。

12　推进财政资金执行审计的案例——以长江经济带水污染治理为例

12.1　财政资金审计在长江经济带水污染治理中的基本理论分析

12.1.1　财政资金审计在长江经济带水污染治理中的审计主体

长江经济带水污染治理中的审计主体理论上应包括政府审计机关、内部审计机构和第三方独立审计组织。但是在审计实践的过程中，由于国内针对财政资金审计的民间审计尚未成熟发展起来，以及企业内部审计偏向于营利性质，因而基本上水环境审计一直是由政府部门审计主导承担工作的。政府审计具有法定权威性的特点，其不仅可以对水污染治理项目进行监督，还可以监察水环境的保护情况。长江经济带作为中国最发达的经济带，区域内分布着大量的工业企业，且流域面积广、环境气候复杂，面对如此浩大的环境审计工程项目，仅仅依靠政府的力量是不够的，需要政府发挥牵头作用，推动长江经济带水污染治理审计的工作部署。

因此，在长江经济带水污染治理审计的过程中实现审计主体多元化，加入企业内部审计和民间审计的力量是十分必要的。一方面，通过企业内部审计可以详细了解本企业的水污染治理状况，实时发现其中存在的问题，并提出切实有效的解决方案，另一方面，通过会计师事务所等民间审计，获取更为可靠的财政资金审计报告。在这个过程中，政府部门应制定相关措施激励引导企业内部审计和民间审计主动参与，通过强化三方合作，切实推动财政资金审计事业的发展。

12.1.2 财政专项资金审计在长江经济带水污染治理中的审计目标

财政资金审计在长江经济带水污染治理中的审计目标可分为宏观目标和微观目标。宏观目标是保护和修复长江生态环境，推动长江经济带生态文明建设。微观目标是通过对长江经济带水污染治理的审计，评价其规划项目完成情况，针对其存在的问题和潜在的隐患提出相应的审计建议，指导其进行整改，最终促进长江经济带水污染治理工作顺利地完成。

在按照长江经济带水污染治理规划进行审计的过程中，审计人员应制定具体的审计目标，调查内容包括治理项目的资金使用情况、政策落实情况、环境履约责任情况、工程项目的实施效果等等。

12.1.3 财政资金审计在长江经济带水污染治理中的方式方法

长江经济带水污染治理环境审计不同于一般的审计，它是一项庞大的审计工程，流域范围广、内容多样、时间跨度长、需要收集的资料繁多等特性决定了它属于跨区域水污染治理审计的范畴。因此，在审计组织方式上需要采取合作审计的方式，需要长江流域各省级机关进行多部门联合审计，团结协作，共享审计信息，并对水污染治理情况作出总体评价。

由于长江经济带水污染具有累积性、区域性和复杂性等特点，在审计开展过程中，审计人员应选择周期内跟踪审计和周期性审计相结合的审计方式。根据长江经济带水污染治理规划开展审计工作，对治理的工程项目的完成情况开展事后审计，实时定期地对水污染治理政策的治理和落实情况进行跟踪审计，对水污染治理相关的经济活动进行事中审计，紧抓主线、突出审计重点，深入贯彻执行中央部署，提高审计效率和质量，积极履行相应的职责。除此以外，在实施审计的过程中，除了传统的审计手段以外，还应该运用数据分析法、调查论证法、指标评价法等多种方法，充分利用现代化大数据信息化技术进行分析，提升审计方式方法的多样性和针对性，使得审计工作更有成效。

12.2 中国长江经济带水污染治理财政资金审计现状分析

长江经济带是连接 21 世纪海上丝绸之路和丝绸之路经济带的重要纽带，覆盖了上海、江苏、浙江、安徽、江西、湖北、湖南、重庆、四川、云南、贵州等11省市，面积约205万平方公里，人口和生产总值均超过全国的40%，国家将推动长江经济带的发展定位为一项国家级重大区域发展战略。2014年9月25日，国务院公布了《关于依托黄金水道推动长江经济带发展的指导意见》，计划将长江经济带建设成为具有全球影响力的内河经济带、东中西互动合作的协调发展带、沿海沿江沿边全面推进的对内对外开放带和生态文明建设的先行示范带。习近平总书记于2016年1月视察重庆市期间指出，长江是中华民族的母亲河，是中华民族发展的重要支撑，推动长江经济带发展必须从中华民族的长远利益考虑，走生态优先、绿色发展之路，这对于全面建成小康社会、实现中华民族伟大复兴的中国梦具有重要现实意义和深远战略意义。

2016年6月29日，审计署公布了883个水污染治理项目审计结果。在水污染治理相关资金审计中，审计署抽查了水污染治理项目，并审查了长江经济带地区部分市县可能存在的环境风险和隐患。在审计范围内长江经济带沿江区域涉及的23个市县的审查过程中，发现在沿江373个港口中，有260个（占70%）未配备污染应急处理设施，359个（占96%）没有配备船舶垃圾接收点；城市生活污水有12%（年均4亿吨）未经处理直排长江等违法违规情况。2016年9月，《长江经济带发展规划纲要》正式印发，确立了长江经济带"一轴、两翼、三极、多点"的发展新格局。

2017年12月至2018年3月，审计署对长江经济带内的11省市2016—2017年资金管理收支和生态环保政策措施落实情况进行了审计，重点抽查了其中的59个地级市（区）。在2016年和2017年这两年间政府投入治理长江生态环境的财政总资金达到了2 518.24亿元，包括地方各级财政资金796.12亿元和中央财政资金1 722.12亿元。

从审计结果情况来看，11省市基本按照《长江经济带生态环境保护规划》进行了整治行动，水污染治理取得了一定的成效。主要体现在三个方面：一是生态环境保护有序推进；二是污染治理能力有所增强；三是生态环境质量有所改善。但此次审计也暴露了一些主要问题：一是生态环保相关资金管理收支方面存在的问题；二是生态环保和资源开发方面存在的问题；三是污染治理方面存在的问题。针对以上审计存在的问题，审计署已经依法出具了审计报告，对相应部门单位提出了整改处理意见，并督促有关地方政府在整改期限截止后依法向社会公告整改结果。审计署审查发现的污染治理和生态修复项目未按期开（完）工和建成后效果不佳问题及初步整改情况，如表12.1所示：

表 12.1 污染治理和生态修复项目未按期开(完)工和建成后效果不佳问题及初步整改情况

涉及地方	主 要 问 题	初步整改情况
云南省	10 个项目应完工未完工	正在整改
贵州省	2 个项目应完工未完工	正在整改
重庆市	30 个项目应完工未完工	正在整改
四川省	2 个项目应完工未完工	正在整改
湖北省	11 个项目应完工未完工,13 个项目建成后未发挥预期效益	正在整改
湖南省	4 个项目应完工未完工,1 个项目应开工未开工,1 个项目建成后未发挥预期效益	正在整改
江西省	76 个项目应完工未完工,2 个项目应开工未开工,2 个项目建成后未发挥预期效益	正在整改
安徽省	48 个项目应完工未完工,1 个项目建成后未发挥预期效益	正在整改
江苏省	4 个项目应完工未完工	正在整改
上海市	7 个项目应完工未完工,2 个项目建成后未发挥预期效益	正在整改

资料来源:中华人民共和国审计署。

12.3 中国长江经济带水污染环境治理财政资金审计普遍存在的问题

从审计结果情况看,当地政府在贯彻落实中央对长江经济带发展方针政策和决策部署,积极履行相应职责,并取得了一定的成绩,但审计过程中仍然存在一些问题,主要体现在以下几个方面:

(1) 未建立环境综合治理的有效防控机制。长江经济带环境治理的财政专项资金审计属于跨区域环境治理审计范畴,需要长江流域内各级政府共同努力、联防联控才能进行有效的综合治理。如果只是一方治理、另一方污染,就会事倍功半,难以达到预期效果。从中央到省也提出要建立水污染治理的联防联控机制,但从审计的某市来看,在跨流域河流治理上还未建立有效的联防联控机制,也仅仅局限于开会、考察的层面。

(2) 治理效果不佳、多次重复治理。近年来无论是中央政府还是地方政府,都高度重视水生态环境治理,在河湖环保、黑臭水体治理等方面投入了大量资金和人力,如果达不到预期应有的效果,就会造成财政资金的浪费。从审计结果情况看,某市在湖泊保护与黑臭水体治理方面积极争取到了中央、地方财政支持,实施了许多环境整治工作,但受自然环境、治理科学性、资金投入力度等因素影响,部分水体治理效果不佳，存在多次治理现象。

（3）存在农业生产污水和生活污水直排现象。存在污水处理设施和污水管网建设落后等情况，一些生活污水无法进行收集处理，只能直排沟渠、江湖或雨水管网。农村地区仍有一些落后的农业生产方式，小规模牲畜和家禽养殖，以及病禽、死禽造成的污染，也通过沟渠和湖泊进行处理，污染了水源。

（4）污水厂的污水处理能力与污水产量不匹配。有的地区污水日产量超出污水处理厂的日处理量，而有的地区污水日产量却是低于污水处理厂日处理量的。超出处理量会导致污水不能达标排放，低于处理量会导致处理厂资源的浪费，不能发挥出最大效用。

12.4　案例项目背景、审计的指导思想及标准

12.4.1　项目背景

南京市地处中国东南部，自然资源丰富，跨江而据、拥江而兴，是长江经济带沿线一个独特的标志性城市。南京市作为一座跨江布局的城市，大小入江支流 28 条，沿江重化工业企业较多，水污染治理任务艰巨、责任重大。为了贯彻落实习主席关于长江经济带“共抓大保护、不搞大开发”的重要指示要求，应强化对南京市秦淮区河道综合整治项目的审计监督，确保其各项河道管护措施达到预期应有的效果，不断提升南京市秦淮区人文居住环境质量。根据《中华人民共和国审计法》及相关法律法规，南京市秦淮区审计局对 2016—2017 年度区黑臭河道综合整治情况进行了专项审计调查。

12.4.2　环境治理的财政资金审计的指导思想

审计署一直非常重视环境资源财政资金审计的相关工作，积极通过资源环境治理的财政专项资金审计工作推动资源节约和环境保护基本国策的落实。按照党的十八大以来大力推进生态文明建设的总体部署，审计署在认真学习中共中央国务院《生态文明体制改革总体方案》和《关于加快推进生态文明建设的意见》这两份生态文明建设的纲领性文件的基础上，在推动资源环境治理的财政资金审计深入发展方面出台了一些规范性文件，包括 2015 年 11 月印发的《关于进一步加大审计力度促进加快推进生态文明建设的实施意见》和 2016 年 5 月印发的《“十三五”国家审计工作发展规划》等。

12.4.3 环境治理财政资金项目的标准

表 12.2 环境治理财政资金项目标准

法律法规	环境标准	其他标准
《中华人民共和国水污染治理法》《中华人民共和国环境保护法》《中华人民共和国会计法》《基本建设财务管理规定》《征收排污费暂行办法》《中华人民共和国预算法》《中华人民共和国预算法实施条例》以及其他有关法规	国家地面水环境质量标准（GB3838-2002）、污水综合排放标准（GB8978-1996）、城镇污水处理厂污染物排放标准（GB18918-2002）、造纸工业水污染物排放标准（GWPB2-1999）、污水排入城市下水道水质标准（CJ3082-999）、合成氨工业水污染物排放标准（GB13458-2001），以及其他有关环境标准	《中华人民共和国审计法实施条例》、《国务院关于印发水污染治理行动计划的通知》（国发〔2015〕17 号）、《国务院关于违反财政法规处罚的暂行规定》、环境公报、项目环境影响评价报告、地面水环境功能区划、项目预算等

12.4.4 环境治理的财政资金审计实施方案

1. 审计目标

水污染治理财政资金审计的总体目标与中国的经济发展相契合。此次南京市秦淮区黑臭河综合整治专项审计的总目标是评价、鉴证被审项目单位的水环境保护责任履行情况的效益性、真实性和合法性，促进政府生态环境保护责任的履行和经济可持续发展。

以审计总目标为指导，结合审计组审前调查工作中通过查阅被审项目单位相关资料底稿文件，并对此次审计相关单位及其业务活动进行了调查了解，审计小组制定了此次专项审计的具体目标，主要包括：(1)围绕黑臭河整治资金、排污费以及污水处理费等资金的征收、划拨、使用，审计查阅全区 21 条黑臭河相关工程项目建设资料、养护资料，揭露严重违法、违规问题。(2)评价南京市秦淮区确定的重点黑臭河整治项目是否在遵循相关政策法规的基础上进行开展，以及项目实施后的整治效果。

2. 审计工作时间安排

本次审计分为准备阶段(2018 年 2 月 24 日至 2018 年 3 月 10 日)、实施阶段(2018 年 3 月 13 日至 2018 年 5 月 25 日)，以及报告阶段(2018 年 8 月 1 日至 2018 年 8 月 15 日)。准备阶段为期半个月，主要涉及选取合适的人员组成审计组、制定审计实施方案、向被审对象发送审计通知书等工作。实施阶段为期一个多月，即按照实施方案的要求，对相关事项进行审计调查，收集充分可靠的审计证据。要在这一个多月的时间内实施完成这样一个大项目，可谓时间紧、任务重，做到面面俱到是不可能的，因此，审计人员需要考虑并对比哪些事情可以做，哪些事情值得做。

报告阶段为期半个月，该阶段主要涉及整理底稿、向领导汇报、编写审计报告、征求被审单位意见等内容。

3. 审计对象和范围

一是审计对象。该项目在实施方案中清晰地表述了审计对象。该项目的审计对象范围较为复杂，既涉及南京市秦淮区政府及下属的水治办、财政、环保、住建（市政）、水利、农业局等主管部门，又涉及项目建设单位。

二是审计范围。审计范围涵盖了时间与空间这两个范畴。前者是指审计人员想覆盖的时间跨度，后者通常指地点、可能涉及的单位和人员等。该项目的审计范围涵盖了由南京市秦淮区政府负责管理实施的、纳入2016—2017年度整治计划的21条黑臭河道整治工作实施情况，具体包括整治政策落实情况、整治任务完成情况、整治工程建设管理情况、整治资金管理使用及绩效情况、整治效果及长效管理情况等。对重大事项追溯和延伸到相关年度。但在实际操作中，在向财政局索要水污染治理资金数的时候，存在对统计口径理解不一致，导致金额差异的情况。值得注意的是，水污染治理资金包括但不限于河道综合整治、工业减排、规模化畜禽养殖、城乡污水处理设施建设等方面。

4. 审计内容和重点

审计组由10人构成，其中有5名协审人员，审计组组长负责综合协调工作。根据审计总目标，审计小组将此次南京市秦淮区黑臭河综合整治情况审计的审计内容分为资金和项目两部分。依据审计内容，审计小组将10名成员划分为资金组和项目组，两个小组分别负责不同的审计事项，如表12.3所示：

表12.3　南京市秦淮区审计局黑臭河整治审计内容

<table>
<tr><td colspan="2">时　间</td><td>2018年3月至2018年5月</td></tr>
<tr><td colspan="2">审计成员数</td><td>10人</td></tr>
<tr><td colspan="2">审计对象</td><td>南京市秦淮区财政局、环境保护局、住建局、农业局水务局等水环境管理部门，涉及该区黑臭河专项整治资金较大的项目单位</td></tr>
<tr><td rowspan="5">审计内容</td><td rowspan="3">资金部分（5人）</td><td>对黑臭河综合整治专项资金、排污费、污水处理费等征收、管理、使用情况进行审计调查，检查各项资金筹集渠道、征收标准、科目设置是否合理，能否满足相应的资金需求</td></tr>
<tr><td>审查政府及财政部门投入的水环境治理资金分配的合规性、科学性</td></tr>
<tr><td>审查该区相关部门和企业申请及使用水污染环境治理投入使用资金的情况，有无隐瞒收入、挤占挪用、截留私分等问题</td></tr>
<tr><td rowspan="2">项目部分（5人）</td><td>在掌握黑臭河综合整治项目总体进展的基础上，审查项目投入资金使用与项目管理中有无严重违法违纪、重大损失浪费和项目质量隐患等问题</td></tr>
<tr><td>审查南京市秦淮区水环境相关的重点整治项目，如堤坝建设、污水处理厂、卫生系统和防洪设施等的资金使用、项目管理及运行效益情况</td></tr>
</table>

由于排污费、污水处理厂和该区黑臭河综合整治有直接关系，审计小组依据上级交办的要求，资金部分以排污费作为重点调查对象，项目部分以污水处理厂作为重点审计对象。

5. 实施审计程序与方法

审计小组在完成此次针对南京市秦淮区黑臭河综合治理情况专项审计的整体审计计划与初步安排后，按计划分为资金组和项目组分别开展审计活动。

例如，以排污费审计为例开展财政资金审计。近年来，南京市秦淮区高度重视区内的环保问题，逐年提高对区内环保资金的收取和治理环境资金的投入，在数量上和投资额度两方面提高对区内治理污染设施的投入。该区污水处理厂排污费的征收作为污染治理的主要资金来源，征收使用流程如图 12.1 所示。

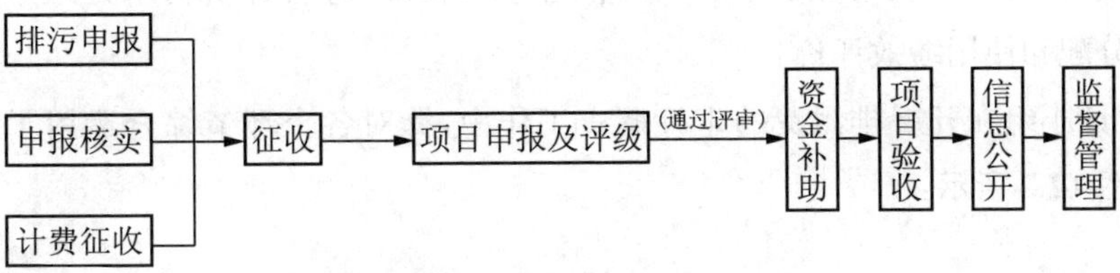

图 12.1 南京市秦淮区排污费征收使用流程

审计组通过审前调查了解该区污水处理厂排污费的征收使用流程的各个环节后，制定了排污费的审计内容，如表 12.4 所示。

表 12.4 南京市秦淮区排污费审计内容

环　节	审　计　内　容
征收环节	S 区环保局是否依据要求实施了排污申报、核定制度
	是否按规定设置了征费台账，台账记录是否清楚、完整，资料是否齐全，缴费底数是否清楚，对欠征单位是否制定了催缴措施，是否落到实处
	是否存在开征面不足的情况
	是否存在采用协商收费和估算收费的现象
	是否对符合减征、免征条件的单位进行了申报、核准程序
	收费单据是否规范，有无违规设置收费过渡户，有无滞留、挪用排污费的情况
	重点审查有无擅自设立收费项目、改变收费范围、提高或降低收费标准等现象
分配环节	财政部门是否将上缴的“排污费”纳入预算内按专项资金进行管理，实行专款专用、先收后用、量入为出的原则，收缴、使用是否实行“收支两条线”管理
	年初预算是否按项目安排资金
	环保主管部门是否将应拨污染治理项目的资金按时、足额拨付，有无挤占、挪用和滞留

续表

环 节	审 计 内 容
使用环节	审查污染治理项目的申报手续是否完备规范
	项目实施单位的项目专项资金是否开设有专户进行核算和管理，单位应配套的资金是否及时足额到位，有无挤占、挪用财政拨付专项资金用于与环境污染治理无直接关系的项目
	项目是否按规定进行了公开招投标
	项目完工是否及时进行了竣工验收和竣工结算

此次审计小组资金组开展审计调查的程序如下：(1)调查收集与排污费征收、分配、使用有关的资料；(2)对排污费的征收环节审查；(3)对排污费的分配环节审查；(4)对排污费的使用环节审查；(5)汇总审核情况、综合评价污水处理厂排污费征收、分配和使用绩效评价。

审计小组在开展排污费的审计调查工作中，针对各个环节综合运用了多种方法，如图 12.2 所示：

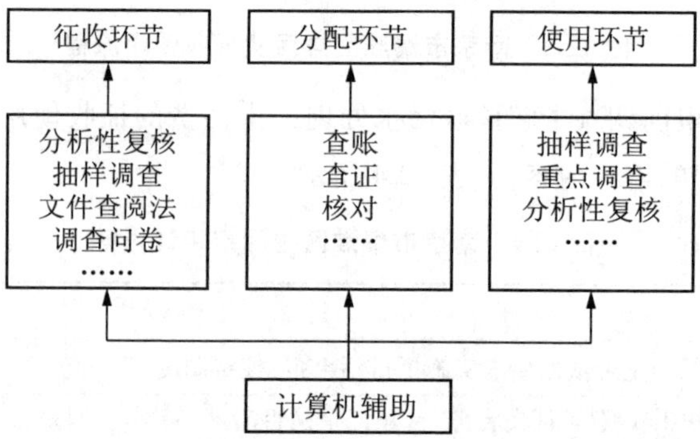

图 12.2 审计小组对排污费审计各个环节运用的审计方法

(1) 内部控制测试。对环境保护局提供的排污费管理过程进行符合性测试，并确认其管理过程的描述；根据所述过程，查阅排污费的申报、核实和范围的文件，并评估其内部控制。

(2) 分析性复核。采集该区环保局的排污费缴纳通知单明细账，财政局的排污费入库明细，录入 AO 系统，通过整理生成缴费通知与入库差异汇总的入库明细，对比分析出未缴排污费、欠缴排污费的企业，并对排污费缓征、欠征、多征或少征、罚款未足额征收等审计疑点取证、汇总，如图 12.3 所示：

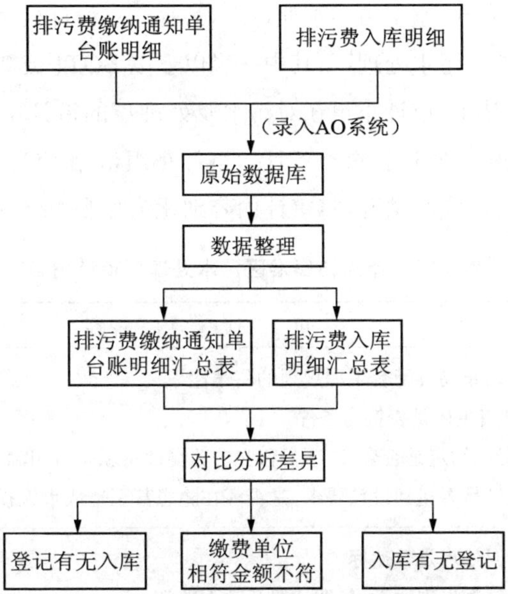

图 12.3　排污费分析性复合思路图

(3) 在排污费缴纳企业中，选取有代表性的、金额较大的进行抽样调查、电话访谈。如企业有欠缴、未缴排污费，抽查其有关的业务档案，查询档案中的缴费通知书、监测报告等相关资料，同时通过电话询问，检查排污费申报和征收及发放的真实性。

(4) 核对、重点调查审查财政局的预算安排及拨付情况，重点审查预算文件中有无将排污费安排用于非环保项目的问题。审查环保局使用排污费是否合理，如治理资金安排有无使用计划，是否全部用于治理污染源，有无用于与治理无关的项目支出。审计环保补助费是否按规定用途使用，有无用于装修办公楼、购置小轿车等不合理支出。分析排污费用于治理资金与补助经费的比例是否合理，有无补助经费过多，挤占专项治理资金等以费养人的现象。

以污水处理厂为例，开展项目审计。近年来，财政资金不足与环保投入需求日益增长之间的矛盾愈益显现，为有效解决这个问题，BOT(建设—运营—移交)和TOT(移交—运营—移交)模式在环保项目建设中得到广泛运用。①

① BOT即"建设—经营—转让"，实质上是基础设施投资、建设和经营的一种方式，以政府和私人机构之间达成协议为前提，由政府向私人机构颁布特许，允许其在一定时期内筹集资金建设某一基础设施并管理和经营该设施及其相应的产品与服务。TOT即移交—经营—移交，通常是指政府部门或国有企业将建设好的项目的一定期限的产权或经营权，有偿转让给投资人，由其进行运营管理，投资人在约定的期限内通过经营收回全部投资并得到合理的回报，双方合约期满之后，投资人再将该项目交还政府部门或原企业的一种融资方式。

目前，南京市共有68座生活污水处理厂，污水厂总设计处理污水能力为232万吨/日，秦淮区占了7座污水处理厂，其中一半以上以BOT1或TOT2模式建设和运营。因此，在本次审计中，审计小组在对污水及处理厂的审计中对此类项目进行了重点关注，抽查了其中三家进行重点审计。审计小组依据BOT项目的运作特点及抽查的三家污水处理厂实际情况，将审计内容细化为如表12.5所示：

表12.5　南京市秦淮区污水处理厂审计内容

项目阶段	审　计　内　容
立项建设	项目规划布局及配套工程规划的科学性 BOT投资主体是否符合条件 合同单价、约定是否合理、项目移交的关键性条款是否明确 工程质量是否达到设计要求，是否存在隐患甚至造成重大损失浪费的问题
移交运营	污水污泥处理是否达标 流量计是否出现故障，导致计费金额不准确 运营成本及收入的数据真实性 BOT合同中代表政府的一方的单位，是否履行监管职责

审计小组在确定了针对三家污水处理厂的重点审计内容后，开展了如下审计程序：(1)熟悉BOT项目流程、确定各个环节风险点；(2)查阅相关的建设和运营资料，找出控制漏洞，详细审阅合同，找出不合理条款；(3)实地检查项目运营和管理情况，听取有关管理人员的介绍；(4)对审计中发现的线索和问题，进一步调查相关部门和单位；(5)取得可靠的审计证据，提出有建设性的审计评价意见和建议。在对污水处理厂进行审计取证时，审计小组综合运用了文件查阅法、抽样调查法、对比分析法、函证、第三方资料运用、综合分析法等。

12.5　审计评价与结果

12.5.1　审计过程

南京市秦淮区审计局对这次黑臭河综合整治项目开展情况高度重视，抽调局内工程审计、财务审计中的优秀骨干力量组成审计组，做好组织协调工程。在审计准备阶段，审计人员进行了深入的调查和了解，积极研究和掌握环境保护和河流治理相关的法规和标准，制定切实可行的审计实施方案。在审计实施过程中，审计小组严格遵守审计的“八个不准确”，严格检查每个环节的审计质量。并深入河道综合整治现场，当场检查项目进度，确保审核结果真实有效。为了确保审计项目的质量并防范审计风险，审计团队专注于加强审计，设立审计小组审计，部门负责人审查和审计业务会议。实现审计项目全过程的质量控制，并将项目档案发送到南京市审计局法律部门进行指导和试用。为了做好 2016—2017 年度秦淮区黑臭河综合整治专项审计，围绕整治资金划拨、使用和排污费收支等情况，审计小组审查了该区 21 个与河流有关的项目的建筑材料和维修材料，随机抽取 10 个河道整治项目，项目抽样率为 44%；对友谊河、十字河等 8 条河流进行了调查，现场调查率为 38%。

在审计实施过程中，审计组根据本项目的特点，因地制宜地选用审计方法：

一是针对本次审计项目专业性强、技术水平高的特点，审计组聘请了环保、工程领域的专业人员参与审计过程，为审计调查的实施寻求技术上的支持。二是对资金流向进行审计。审计组根据获取到的中央和省级水污染治理资金补助项目清单和市财政预算安排的水污染治理资金，确定水污染治理资金规模，然后根据资金流向，追查至资金投入的项目和资金使用单位，审计范围涵盖了相关政策的实施、资金的管理使用、项目的建设运行。其中，中央和省级水污染治理资金补助的水污染治理项目和财政预算安排的水污染治理资金的审计面都达到 100%。三是审计人员在审计实践中大胆假设问题存在，从而开展审计工作。审计组评估被审单位水污染治理资金的使用、管理情况，通过比对重要信息、询问相关人员等方法发现线索。四是实地观察了解。审计组去了污水处理厂，对企业排放污水是否达标进行了初步了解。

12.5.2 审计发现的问题

审计发现的违法违规问题如下表 12.6 所示：

表 12.6 审计发现违法违规问题情况统计表

审计发现的问题	问题表述
验收备案制度落实不到位	截至 2018 年 3 月，X 集团实施的内 S 河南段东西五华里两个项目已完工，未按规定向市水务局办理竣工验收备案手续
河道普查台账不完整	区水务局组织项目实施单位开展河道蓝线普查和沿河排口摸排调查，编制了“一河一策”资料，但没有按照规定形成全区统一完整的普查台账
部分项目未在开工前办理环评审批	部分河道综合整治工程存在环评批复在开工之后的现象

续表

审计发现的问题	问　题　表　述
部分项目超合同付款	二期河道整治工程合同约定“竣工验收并达到验收标准后付至所有已完成工作量的70%”，截至2018年2月，工程累计付款689.80万元，占已完成工作量的80%；Y河工程监理合同约定“Y河已完工验收尚未进行审计，应付至合同价60%”，审计前，合同监理费16.21万元已全额支付
专项资金闲置	2016年6月起至审计日，区建设局工程账上滞留黑臭河道专项整治资金3 683.59万元
专项资金支出超范围	区建设局将未列入黑臭河道整治计划的七里街20号雨污分流工程350万元等费用列入黑臭河道整治支出

资料来源：《2017年度南京市秦淮区预算执行和其他财政收支情况审计的结果公告》。

12.5.3　审计建议

结合审计组在审计调查过程中搜集到的证据以及发现的问题，审计组提出三大建议，其中两个建议都是围绕项目展开的，具体阐述如下：

一是进一步加强项目建设的统筹和规划。包括建立跨部门的协作机制，协同编制项目计划，避免出现项目重复建设的情况；加强项目建设的前期可行性论证，避免项目建成后闲置或无法运行造成损失浪费；在计划中明确项目资金来源，强化资金保障；及时下拨资金，避免资金滞留影响效益，促进资金整合盘活。

二是进一步加强项目建设管理。包括提前作好项目建设的宣传和引导，让人民群众认识到水污染治理的重要性并自觉参与其中；加强项目现场监管与巡查力度，对施工质量严格把关；强化问责和公开，加大审计查出问题的整改力度，认真落实市人大常委会《关于审计查出问题整改工作的监督办法》，对审计查出问题整改不力、屡查屡犯的，严肃问责追责；注重项目建成后的运行维护，注重长效机制的建立。

三是进一步完善跨区域综合治理机制。针对水污染治理过程中出现的跨区域治理问题，亟待逐步调整和理顺职责、分工和任务，促进区域联动、部门联动、上下联动，形成系统、全方位的水污染预防和治理工作，让水污染问题得到早发现早治理，并实现齐抓共管的良好局面。

12.5.4　审计成效

南京市秦淮区审计局向S区政府提交了专题审计报告，南京市秦淮区主要领导高度重视该份审计结果并且作了重要批示。区财政、环保、农业等部门根据审计报告提出的问题和建议，逐条地进行了整改和落实，南京市秦淮区的水污染治理工作受到了积极的推动，水环境形势也得到了较大改观。截至 2018 年 3 月，21 条黑臭河道累计修复资金 51 594 万元，其中：省级 967 万元，市级 26 081 万元，区级 24 546 万元。项目累计支付工程款 30 362 万元，河道养护（含排水管网）经费累计投入 4 658 万元。河道黑臭情况有所改善，水污染整治取得阶段性成果。

审计结果表明，通过实施控源截污、河道清淤、引流补水、生态修复、长效管护等措施，对黑臭河道实施综合治理，基本消除黑臭现象，综合整治的工作计划和环境目标基本达到，取得了较好的社会效益和环境效益。在时间允许且人员数量充足的前提下，可以兼顾真实、合法与效益。但在实际操作中，由于正式且统一的评价指标较为匮乏，再加上可借鉴指标不适合南京市秦淮区现状等因素，审计组在评价时运用较多的还是自身的职业判断，不可避免地带有一些主观色彩。

12.6　案例中存在的问题及优化对策

12.6.1　存在的问题

一是缺乏完善系统的水环境审计准则。目前中国的水环境治理财政专项资金审计工作主要以《审计法》、《水法》、《水污染防治法》、《国家审计准则》及其细则为基础，并结合地方湖泊保护条例、水资源管理办法等其他与水环境保护治理相关的细则办法开展，缺乏一个完善系统的水环境审计准则作为行动指南。因此，在南京市秦淮区水污染水环境治理财政专项资金审计工作中尚未有明确直接的审计法规来强制实施。由于水环境治理财政专项资金审计具有涉及的知识面广、专业性强、实际操作复杂等特性，加上中国现行的法律、法规中没有明确规定审计机构和审计人员在环境保护监督中的权限以及工作内容，致使审计机关在执行审计项目的过程中缺乏法律支持。除此之外，中国尚未建立统一、权威的审计标准与评价体系，审计尺度的不一致，导致审计依据、审计意见的权威性不强，影响了被审计单位对于审计结论的认可程度，严重降低了审计的效率与效果。

二是经济水平与水环境治理财政专项资金审计工作力度无法满足统一性。水环境治理是一项涉及面广、综合性强、资金投入大、产业调整大、见效慢的长期工程，在以 GDP 为业绩考核依据的政府管理体系下，一味追求传统的 GDP 增长而忽视政府部门应承担的环境保护方面的社会责任的做法是不科学的。水资源具有公共物品的属性，具有非排他性和非竞争性的特点，其由政府管控和监督，而当前审计机制下，审计权力受到同级政府的制约，使得审计报告的内容、审计问题的披露、审计成果的转化一定程度上有失客观和公正，阻碍了审计工作顺利、高效的开展。依据南京市秦淮区的实际情况，审计小组在开展审计工作过程中由于审计权力受到同级政府的制约，而导致审计工作效率低下，审计缺乏独立性。

三是环保资金方面存在的问题。节约资源保护环境是中国的一项基本国策，加强环保资金审计成为当下审计机关一项紧迫的任务。目前，环保资金在征管用方面存在着诸多问题，如征缴不到位、征收及减免程序不规范、环保补助费使用不合理、挤占挪用治理资金等等。除此之外，通过浏览相关环保部门、财政部门等官方网站，发现环保资金相关信息不够透明、全面，涉及多个部门的环保资金管理的信息并未进行详细的披露与公布，致使相关单位的职责分配不清，严重阻碍了环保资金的管理与使用效益。

四是水环境治理财政专项资金审计的绩效评价不足。N 市 S 区审计局此次开展的针对黑臭河综合整治情况专项审计工作主要集中在水环境治理的资金链，只是对区域内黑臭河环境治理涉及的重要资金和重点项目进行了审计调查，缺乏对水环境政策法规、制度的科学性、健全性、有效性评价，缺乏对政府部门履约责任和工作成效的绩效评价，审计范围过于狭窄，审计力量过于薄弱，难以真正发挥水环境审计在水环境保护中应有的作用。

12.6.2　审计实践方面存在的问题

1. 审计小组内外部缺乏协调机制，难以形成合力

一方面，此次审计小组依据审计内容分成了资金审计组和项目审计组，但是资金审计和项目审计在审计内容上其实有很大部分是相互交叉的。在审计工作开展后，两个工作小组独立开展审计工作，由于内部缺乏有效的沟通交流，导致对同一事项可能开展重复的审计工作，浪费了审计资源，不利于审计工作的合理分配。另一方面，审计小组与外部缺乏协调合作，能够利用的资源有限。由于水环境的特殊性，开展水环境审计工作涉及多个单位和部门，如环保局、财政局、水务局、统计局等等，而审计人员由于专业背景的局限性，对许多水环境相关审计内容并没有深入了解，但有关部门却有多年的水环境方面的工作经验。借助相关部门信息及专业

人员的指导,能有效推进水环境审计的开展。但南京市秦淮区的审计小组在开展审计工作过程中和其他部门并未形成完善的合作机制,只是简单获得部分统计信息,并未有效协调各部门之间的资源,形成水环境审计的合力。

2. 社会公众环保意识淡薄,水环境治理财政专项资金审计意识淡薄

虽然公众的环保意识已随着时代的发展有所进步,对水环境保护治理问题的关注度越来越高,但就对水环境审计的认识而言,仍存在理解不全面、认识不深入、法律意识较淡薄等问题,尚未充分认识到政府水环境治理财政专项资金审计对水资源保护的重要作用,没有意识到综合运用专业知识评价被审计单位的职能发挥带来的社会效益、经济效益和环境效益的重要性,最终导致水环境治理财政专项资金审计的效率不高,尤其是水环境治理财政专项资金绩效审计的推广与深化的动力不足。

3. 水环境治理财政专项资金审计的力量薄弱

首先是审计人手不够,参加此次审计的工作小组由 10 人构成,其中有 5 名协审人员,而审计工作任务繁重,该审计局能够予以抽调的审计人员十分有限。在实际工作中,水污染治理环境审计对象具有广泛性和复杂型的特征,涉及的审计范围更大,审计的内容更多,审计相关程序更复杂,所需消耗的人力财力更多。而目前南京市秦淮区审计局的审计人员绝大多数出身于会计、审计、财务管理或经济学相关专业,还有少量工科背景审计人员,其理论知识结构单一。水环境审计是一个全新的领域,涉及的知识面更广,专业要求度更高,不仅限于传统的财务审计,需要从综合角度进行绩效评价,水环境审计实务操作具有很大的灵活性和复杂性,传统的审计方法和技术手段已经不能完全适用于水环境审计工作,审计小组在进行深入工作应对环境保护、环境经济学、自然生态学科、统计学和环境工程等专业知识加以判断时,显得心有余而力不足。

4. 项目绩效审计的滞后性和间接性,缺少后续跟踪审计报告

水环境保护治理是一项长期复杂的系统工程,水污染防治项目的投资效益表现为经济效益的间接性和滞后性。审计评价对象多且范围广、审计评价标准的多样性以及审计活动的综合性和学科交叉性使得项目开展较困难,影响了审计评价的准确性,也为审计人员开展审计工作带来一定的难度。水环境防治项目的治理成效也是一个漫长的过程,短时间内难以看出水质的改善与治理效果,并且有些相关的审计证据难以及时获取,尤其是一些难以量化的审计依据。因此,不能仅仅通

过水质指标的提高和改善来衡量，还需要结合水中的动植物种类、数量等变化来间接对防治项目进行综合全面的绩效评价。通过对南京市秦淮区黑臭河综合整治专项审计结果进行分析可以发现，其审计结果过于笼统，利用程度过低，不能及时对水污染治理目标完成情况、地方政府及监管部门履职情况、项目建设进度、资金使用状况等方面进行跟踪审计，缺少后续跟踪审计报告，影响了水环境保护治理的绩效。

12.7　水污染治理环境审计的优化对策

12.7.1　探索建立系统的水环境审计准则

虽然近年来中国政府不断加强了对水环境的保护力度，并相继出台了同一系列的政策法规和战略规划，如《环境保护法》《水污染防治法》等，但在中国现行的法律体系中针对水环境治理财政专项资金审计统一评价标准的法律法规和准则依旧相对较少且不够全面。在南京市秦淮区以及全国范围内，都存在由于缺乏法律的保障而导致审计人员审计取证困难、被审计单位不配合审计部门开展工作、不提供真实数据的现象发生。水环境治理财政专项资金审计不同于一般的财务审计，它既涉及财务审计，又涉及绩效审计和合规性审计，具有极强的技术性、专业性和综合性，在时间、人员结构、专业能力上受到限制，缺乏统一的审计评价标准。完善的立法环境是审计人员开展审计工作能够得以顺利进行的保障，而审计准则是规范和指导审计人员审计职业判断行为、保证审计工作质量的前提。因此，应建立和完善中国的环境审计法律体系，并结合我国国情和水环境审计自身的特点，在借鉴和学习欧美发达国家成熟先进的经验基础之上，探索建立专门的、系统的水环境审计准则。

12.7.2　在审计内容和审计方式上坚持“两个并重”

“两个并重”即坚持财务收支的真实合法审计与绩效审计并重，坚持审计与专项审计调查并重。绩效审计是审计工作的发展方向，是现代审计的主流。审计调查结果发现，虽然此次南京市秦淮区在实施黑臭河综合整治项目的过程中，针对地方实际情况及时转变思路、创新举措，综合整治的工作计划和环境目标基本达到，但依旧存在验收备案制度落实不到位、环评审批制度落实不到位、部分项目超合同付款、财政专项资金闲置或支出超范围等现象。这就要求审计部门要以揭露管理不善、决策失误造成的严重损失浪费和国有资产流失为重点，以促进提高财政资金使用效益和管理水平为主要目标，通过重点调查国家政策法规执行中存在的问题和重大决策的落实情况，关注财政资金使用效益和涉及群众切身利益的突出问题，促进国家相关政策制度的落实和完善，从而维护国有资产安全。

因此，审计部门在对项目进行水污染治理环境审计的过程中，注重运用绩效审计所发挥的影响作用往往十分关键。针对专项环保资金定期开展绩效审计活动，并结合审计调查，在现有的基础上制定自然资产负债表和干部离任审计表，准确了解被审计单位的实际状况。在满足环保专项资金真实性、合法性基础上，审计工作应围绕绩效原则展开，通过对资金的使用效果进行全面绩效审计评价，督促和引导被审计单位对整个资金线的运作流程进行全面控制，建立健全环保专项资金监督管理机制，提高环保专项资金的使用效率。

除此之外，在审计工作开展过程中，审计人员还需要将存在问题的原因及可能引发的后果进行详细探讨，对重点调查区域进行深入研究。针对水污染治理财政专项资金审计内容所具有的广泛性、复杂性、灵活性等特点，审计工作需要将传统的审计方法与水环境的特点相结合，重视审计方法的创新，将其他学科有效的科学方法与审计学相结合，形成水环境审计所需要的绩效评价方法。

12.7.3 提升水污染治理环境的审计力量

针对水污染治理环境审计力量薄弱的问题，主要从三个方面入手。

一是注重审前调查和审前培训。一方面，审计人员通过审前调查制定周密实用的审计实施方案，以座谈会、实地考察等形式，详细了解被审计单位的职责范围、资金来源和收支分配等情况。同时制定审计调查表，广泛搜集各种资料。在掌握基本情况的基础上，确定审计重点，为制定好审计实施方案打好基础，使审计实施方案真正做到切实可行，为下一步审计实施打下良好的基础。另一方面，审计人员是审计工作的核心，审计人员专业胜任能力的高低直接影响着审计工作的进度与质量，通过建立相应的审前培训机制，聘请专家教授，针对审计人员开展相关讲座，提供技术指导，提高对审计工作重要性的认识，把握好政策尺度，使审计工作取得事半功倍的效果。

二是优化审计人员结构、合理配置人员和整合审计资源。针对南京市秦淮区出现的审计人员不足的问题,需要建立专业人才引进制度。可以从外部引进人才,向社会公开招收管理学、统计学、水利工程技术、环境保护等专业的人才加入审计局,整合审计人才资源,打造复合型人才审计队伍。

三是大胆创新审计方法和技术,加快水环境审计信息化的建设。提高自主创新能力,研发相应高新技术产品,帮助审计人员在水环境治理财政专项资金审计的工作中提高质量与效率。引入大数据、云计算等先进技术手段辅助审计工作,将传统的审计方法与数学评价法、经济分析法、技术论证法等相结合,实现水污染治理审计数据资源的共享,及时发现审计问题,提升水污染的治理环境绩效。

12.7.4 完善审计内外部协调机制

从审计内部来看,长江经济带审计工作的开展需要进行合理的专业化分工,建立起审计机构内部之间的合作协调机制,共同探讨审计工作过程中发现的问题,分享成功解决途径的经验,相互配合;同时加强上下级审计机关的合作审计,这样可以在一定程度上解决审计力量不足的问题,减轻审计人员的工作压力,提高审计小组的整体效率,避免出现审计事项重叠、审计工作重复、各部门缺乏合作等现象。从审计外部来看,长江经济带水污染具有累积性、跨区域性和复杂性等特点,水污染防治项目的开展涉及中国多个政府部门,如环保、水务、财政等部门,长江经济带水环境治理财政专项资金审计是一项庞大综合的系统项目工程。因此,水环境治理财政专项资金审计工作的开展需要积极地与各个政府部门进行沟通、协商和配合,联合开展审计工作,并聘请相关专家学者,和专业领域内的科研机构、实验室建立长效合作机制。

12.7.5 提高社会公众的环保意识和水环境治理财政专项资金审计意识

推进长江经济带环境保护工作,一定要坚持生态优先、绿色发展,共抓大保护,不搞大开发。要从思想上认识到长江生态环境保护的重要性,提高社会公众的生态环保参与意识,政府部门应调动社会各界做好环境保护的宣传与教育,提高全民环境保护意识和环境危机感,使保护水资源变成全民的自觉行为。要通过多种形式对水环境治理财政专项资金审计进行宣传,如开展专业培训班、通过各种媒体宣传等,让社会公众了解、关心并支持环境绩效审计。全民环境保护意识的提高、民众的积极参与等都会为水环境治理财政专项资金审计创建良好的审计环境。

12.7.6 跟踪审计与绩效审计相结合

由于水环境审计存在滞后性，其绩效结果的显现是一个漫长的过程，水环境审计过程中发现的问题往往不能得到及时解决。通过实行跟踪审计，实时跟踪被审水环境治理项目的实施进度，可以减少由于未及时发现问题而造成的重大损失，使得问题能够及时得到解决，在有限的资源下使得效用最大化、费用最小化，尽快完成预期的任务，提高审计工作的执行效果和威慑力。在这样的跟踪审计基础之上，长江经济带水环境治理财政专项资金审计要以投入资金和执行效果产生的资金流为中心，对权力的运行进行连续、动态的全过程跟踪监督，在审计项目结束后要积极开展后续的跟踪审计，将审计触角向后延伸，以期间代替时点，促进重点整治项目得到顺利实施，及时发现项目实施过程中存在的问题并提出解决方案，提高项目运行效率和效益，切实发挥水环境治理财政专项资金审计在水污染治理过程中的作用，增强绩效评价的科学性。

12.8 研究结论与展望

12.8.1 研究结论

本章站在政府的角度，从生态文明建设与绿色经济理念出发，立足于中国国情与现实情况探讨如何在中国开展水环境治理财政专项资金审计，并以N市S区黑臭河综合整治专项审计为例进行分析，在充分考虑环境审计现状的基础上，制定水环境治理财政专项资金审计目标，结合国家相关发展政策，进行深入评估及表述。采用多样性方式开展相关研究活动，共同为改善水污染环境治理条件奠定坚实基础，确保政府环保资金使用率得以全面提升。

对项目的经济效益、环境效益和社会效益给予一个客观公正的评价，对存在影响效益的不良因素提出进一步的合理化建议。在一定程度上，通过N市S区案例分析反映中国水环境治理审计存在的问题并探索出优化建议，规范长江经济带及周边地区的环境行为，修复长江生态环境，为丰富中国水环境治理审计的理论体系与积累实践经验尽一份微薄之力，使其在生态文明建设与绿色经济理念的指导下，努力促进经济、社会、环境三者间的协调与可持续发展。通过分析，得出以下结论：

(1) 本章通过对中国政府水环境治理财政专项资金审计现状与2006—2018年水环境审计理论成果进行统计分析，得出中国目前对于水环境审计大多是合规性审计，通过量化指标对政府水环境绩效进行考察、分析的还不多，目前所做的水环境审计工作仍然无法满足实际需求，尚需进一步有规划地进行统筹安排。

(2) 对作为环境审计组成部分的水环境治理审计，中国相对西方国家尚处于起步阶段。在借鉴西方先进研究成果的同时，基于中国国情，分析得出：传统的政绩考核体系促使一些地方政府对环境审计不够重视，审计机关的设置与地方政府可能是上下级隶属关系，影响了审计组织的独立性，严重阻碍了审计结果的权威性和审计工作的开展。

(3) 本章基于对南京市秦淮区为例进行分析，重点对环保政策、投入资金、项目的建设运营情况进行评定，探索出阻碍水环境治理绩效的因素，从一定程度上也反映出中国水环境治理审计存在的问题，并从准则制度与项目实践这两个方面给出相应的优化策略，为丰富我国水环境治理审计的理论体系与积累实践经验尽一份微薄之力。

12.8.2 展望

对中国目前而言，开展水环境治理财政专项资金审计是一个全新的审计领域，国内外可借鉴的理论与开展的实践较少。由于笔者缺乏相关环境专业知识和一定的审计实践经验，导致难以将理论在实践中进行多次验证，因此本章对实践方面的探索存在局限性，希望在以后的水环境治理财政专项资金审计研究中，可以从以下两方面进行开展。

(1) 不仅强调经济效益，还应重点关心环境效益与社会效益，如对一些重大民生项目应考虑人民群众的健康与幸福指数，探索这些难以量化却极具重要意义的评价指标体系的建设。

(2) 环境治理是一个漫长的过程，水质的改善也需要历经长时间的考察，因此需要向后延展审计期间，不断跟踪项目进程，提倡“跟踪审计”，以增强绩效评价的科学性与合理性。

12.9 本章小结

本章指出了目前中国长江经济带面临着的水资源短缺、水环境污染等严峻形势，指出水环境治理财政专项资金绩效审计具有重大意义。本章分别从新公共管理理论、公共受托环境责任论、可持续发展论、环境资源价值理论进行了简述，以及分析运用水环境治理财政专项资金审计理论，对治理长江经济带水污染的可行性和实施效果进行实例研究。本章以南京市秦淮区河道黑臭河综合整治为例，主要介绍了南京市秦淮区河道黑臭河综合整治专项审计开展实施的审计目标、审计标准、审计程序、审计内容以及审计结果等情况。针对案例，找出其存在的问题，分析其原因，提出相关切实可行的审计意见和整改的指导建议。

参考文献

[1] 娄尔行、汤云为:《试论经济效益审计》,《财经研究》1985 年第 2 期。
[2] 林毅夫、李周:《现代企业制度的内涵与国有企业改革方向》,《经济研究》1997 年第 3 期。
[3] 陈正兴:《环境审计》,中国审计出版社 2001 年版。
[4] 刘力云:《关于绩效审计的几点思考》,《审计研究》2001 年第 3 期。
[5] 王健姝、杨智慧:《环境审计准则研究》,《审计理论与实践》2003 年第 2 期。
[6] 吴明隆:《论我国政府管理应开展政府绩效审计》,《河南省情与统计》2003 年第 4 期。
[7] 王奎泉:《农业财政专项资金设立、分配和管理的约束规范——基于浙江政府农业投入机制调查的对策研究》,《浙江学刊》2003 年第 6 期。
[8] 王德河、刘力云:《对我国政府审计研究的反思》,《审计研究》2003 年第 6 期。
[9] 张贺、苏崇岩:《审计监督与财政监督的矛盾冲突与对策》,《当代审计》2003 年第 6 期。
[10] 汪洪涛:《论制度变迁中发生的成本性质》,《学术月刊》2003 年第 7 期。
[11] 杨肃昌、肖泽忠:《中国绩效审计发展问题研究》,《财贸经济》2004 年第 4 期。
[12] 温忠麟、侯杰泰、马什赫伯特:《结构方程模型检验:拟合指数与卡方准则》,《心理学报》2004 年第 2 期。
[13] 严飞:《抓好环境审前调查工作,探索淮河水污染治理资金审计方法》,《中国

审计》2004 年第 15 期。

[14] 王本强:《深化政府环境审计的新起点——“三河一湖”水污染治理资金审计》,《中国审计》2004 年第 15 期。

[15] 刘新民:《政府公共工程绩效审计研究》,首都经济贸易大学出版社 2005 年版。

[16] 陈全民:《中国政府绩效审计模式研究》,中国农业大学出版社 2005 年版。

[17] 宋常、胡家俊:《关于绩效审计研究的新思考》,《审计与经济研究》2006 年第 1 期。

[18] 陈宋生:《政府绩效审计变迁:制度变迁分析框架》,《企业经济》2006 年第 4 期。

[19] 林嵩、姜彦福:《结构方程模型理论及其在管理研究中的应用》,《科学学与科学技术管理》2006 年第 2 期。

[20] 程开明:《结构方程模型的特点及应用》,《统计与决策》2006 年第 10 期。

[21] 李晓煦、侯杰泰:《结构方程中缺失数据的处理:FIML, EM 与 MI》,《全国教育与心理统计测量学术年会论文摘要集》2006 年第 2 期。

[22] 杨锡春:《我国开展绩效审计的十大难点》,《审计研究》2006 年第 2 期。

[23] 蔡春、陈孝:《现代审计功能拓展研究的概念框架》,《审计研究》2006 年第 4 期。

[24] 谢志华、孟丽荣、余应敏:《政府绩效审计职能之二维层面:解除受托责任与实现决策有用》,《审计研究》2006 年第 3 期。

[25] 樊纲:《当前的主要问题在于市场化改革不够深入》,《西部财会》2006 年第 5 期。

[26] 蔡春、刘学华:《绩效审计论》,中国时代经济出版社 2006 年版。

[27] 侯新、满海红:《加强财政农业专项资金管理的几点思考》,《中国乡镇企业会计》2007 年第 8 期。

[28] 李永臣:《环境审计理论与实务研究》,北京化学工业出版社 2007 年版。

[29] 贺桂珍、吕永龙:《水污染治理工程的环境审计》,《北京环境工程学报》2007 年第 11 期。

[30] 林荣日:《我国转型期中央与地方高教权力博弈的方式和特点》,《复旦教育论坛》2007 年第 2 期。

[31] 马曙光:《政府审计人员素质影响审计成果的实证研究》,《审计研究》2007年第3期。
[32] 宋夏云:《中国国家审计独立性的损害因素及控制机制研究——基于246位专家调查的初步证据》,《审计研究》2007年第1期。
[33] 张琦、孙海鹰:《政府信息化项目审计方式》,《中国审计》2007年第22期。
[34] 刘家义:《树立科学的审计理念推动审计工作不断深入》,《中国审计》2008年第2期。
[35] 杨肃昌、肖泽忠、殷书炉:《中国国家审计:问题与改革——一次问卷调查的综述》,《审计研究》2008年第1期。
[36] 赵保卿、谭先华、王巧荣:《政府绩效审计供需均衡分析——基于公共产品供需均衡视角》,《审计研究》2008年第1期。
[37] 孟华:《增强责任性与改善绩效——政府绩效审计的目标剖析》,《审计研究》2008年第5期。
[38] 聂新军、张立民:《政府审计资源整合与利用——基于审计服务价值链视角分析》,《中国行政管理》2008年第5期。
[39] 许百军:《审计绩效、审计治理结构与对政府审计制度效率的比较因素分析》,《审计研究》2008年第2期。
[40] 张巍:《浅谈企业实施全面预算管理的六大误区》,《港口科技》2008年第10期。
[41] 毛洪涛、张正勇:《我国政府环境审计准则制定初探》,《会计之友》2009年第4期。
[42] 刘玉娟:《论我国政府绩效审计模式的选择》,《审计研究》2009年第5期。
[43] 石桂峰、刘晓莲、毕建荣、黄翠竹:《地方政府绩效审计:基于辽宁省的问卷调查研究》,《审计研究》2009年第1期。
[44] 陈俊、韩洪灵、陈汉文:《审计质量的双维研究范式及其述评》,《会计研究》2009年第12期。
[45] 吕珺:《当前我国实施政府绩效审计的建议》,《中国乡镇企业会计》2009年第3期。
[46] 梁雪铖:《经济责任审计与财务收支审计比较分析》,《审计研究》2009年第6期。

[47] 于丹:《浅议内部审计的质量控制》,《辽宁广播电视大学学报》2009 年第 4 期。

[48] 韦德洪、覃智勇、唐松庆:《政府审计效能与财政资金运行安全性关系研究——基于审计年鉴数据的统计和实证研究》,《审计研究》2010 年第 3 期。

[49] 王慧:《关于我国独立审计信用监管的思考——基于中国证监会处罚公告的类别考察》,《湖南财经高等专科学校学报》2010 年第 3 期。

[50] 黄溶冰、王跃堂:《我国省级审计机关审计质量的实证分析(2002—2006)》,《会计研究》2010 年第 6 期。

[51] 赵彩霞、张立民、曹丽梅:《制度环境对政府绩效审计发展的影响研究》,《审计研究》2010 年第 4 期。

[52] 郑石桥、尹平:《审计机关地位、审计妥协与审计处理执行效率》,《审计研究》2010 年第 6 期。

[53] 宋莎莎、华文健:《基于云南滇池水污染治理的环境审计方法》,《石家庄:合作经济与科技》2010 年第 8 期。

[54] 湖北省审计厅农业资源环保审计处:《为了母亲河的清澈与甘甜——湖北省汉江流域水污染治理审计调查纪实》,《武汉:审计月刊》2010 年第 1 期。

[55] 唐勇军:《我国水利工程项目绩效审计存在的问题及改进建议》,《南京:水利经济》2010 年第 3 期。

[56] 杨丽:《政府环境审计问题探析》,南昌江西财经大学出版社 2010 年版,第 187 页。

[57] 陈佳稳:《公共环境项目绩效审计评价指标研究》,北京中国地质大学出版社 2010 年版,第 266 页。

[58] 张晓松、张梓豪:《黄河流域水污染治理环境审计出诸多问题》,《经济参考报》2011 年 8 月 8 日。

[59] 李明亮:《加强财政农业专项资金使用管理的思考》,《现代营销(学苑版)》2011 年第 12 期。

[60] 黄绪全:《水环境审计探讨》,《中国内部审计》2011 年第 3 期。

[61] 陈献、张瑞美、王贵作:《国外用水审计及国内其他相关行业审计经验借鉴》,《水利发展研究》2011 年第 11 期。

[62] 何旭:《国内外水环境审计研究现状评析》,《中国审计》2011 年第 6 期。

[63] 左敏:《国家审计如何更好地维护国家经济安全》,《审计研究》2011 年第 4 期。

[64] 吕永丽:《预算执行审计转型研究》,山东大学出版社 2011 年版,第 208 页。

[65] 李江涛、苗连琦、梁耀辉:《经济责任审计运行效果实证研究》,《审计研究》2011 年第 3 期。

[66] 蔡春:《关于推进我国绩效审计创新发展的若干思考》,《中国会计学会 2011 学术年会论文集》2011 年第 10 期。

[67] 王慧、欧阳日辉:《公共工程投资绩效审计评价研究——基于多层次灰色模糊评判法的分析》,《审计与经济研究》2011 年第 26 期。

[68] 王鹏:《运用风险导向审计方法防范经济责任审计风险》,《长春理工大学学报》2012 年第 7 期。

[69] 郑石桥、贾云洁:《预算机会主义、预算治理构造和预算审计——国家审计嵌入公共预算的理论架构》,《南京审计学院学报》2012 年第 9 期。

[70] 薛芬:《政府预算变革与政府预算执行审计战略转型——基于国家治理的视角》,《审计与经济研究》2012 年第 27 期。

[71] 姬霖、吴安平:《我国政府环境审计评价指标体系构建初探》,《中国矿业》2012 年第 12 期。

[72] 李璐、张龙平:《关于我国开展水环境审计的理论与实践探讨》,《中南财经政法大学学报》2012 年第 6 期。

[73] 郑石桥:《绩效审计方法》,东北财经大学出版社 2012 年版,第 148 页。

[74] 赵彩虹:《环境审计参与水资源治理的相关探讨——以宁波市开展水资源审计为例》,《财会月刊》2012 年第 4 期。

[75] 陈荣高:《全面推进政府性资金审计全覆盖》,《今日浙江》2012 年第 18 期。

[76] 曹洪军:《环境经济学》,经济科学出版社 2012 年版。

[77] 马社昌、董寒光:《国家审计信息化现状及发展方向》,《现代审计与经济》2012 年第 4 期。

[78] 王丽江、吴晓红、王燕云:《政府水环境审计相关问题探讨》,《财会通讯》2013 年第 7 期。

[79] 刘洁:《公共政策绩效审计的现状和问题研究》,云南大学出版社 2013 年版。

[80] 张静:《基于 PSR 框架的临海工业类企业环境审计评价指标体系构建研究》,中国海洋大学出版社 2013 年版。

[81] 白涛:《"大数据"时代内部审计发展策略的理论思考——以"信息化审计"引

领未来发展》,《西部金融》2013 年第 10 期。

[82] 燕中飞:《山东省现代农业生产发展专项资金的管理问题研究》,山东大学出版社 2013 年版。

[83] 李璐:《水环境审计的实施主体探析》,《审计月刊》2014 年第 5 期。

[84] 崔振龙、刘西友:《发挥审计推动国家治理现代化的基石和保障作用》,《财会通讯》2014 年第 12 期。

[85] 胡俊杰:《大数据环境下政府审计创新刍议》,《财经界(学术版)》2014 年第 21 期。

[86] 秦荣生:《大数据时代的会计、审计发展趋势》,《会计之友》2014 年第 32 期。

[87] 马春丽:《农业专项资金绩效审计研究》,西北师范大学出版社 2014 年版。

[88] 刘竞博:《政府绩效审计实施的制约因素及对策研究》,吉林大学出版社 2014 年版。

[89] 张文宗、谢慕廷、彭拥军:《大数据背景下的国家审计发展路径》,《审计月刊》2014 年第 9 期。

[90] 姬永泉:《审计实施方案编制、执行中存在的问题及应对措施》,《中国农业会计》2014 年第 8 期。

[91] 刘家义:《国务院关于 2013 年度中央预算执行和其他财政收支的审计工作报告》,《中国审计报》2014 年 6 月 25 日。

[92] 杨爱梅:《大数据背景下的审计监督全覆盖》,《审计月刊》2015 年第 7 期。

[93] 张庆龙、沈征:《政府审计学》,北京中国人民大学出版社 2015 年版。

[94] 俞雅乖、刘玲燕:《基于层次分析法的水环境审计评价指标体系研究》,《科学与管理》2015 年第 1 期。

[95] 黄昌兵:《次级河水环境治理绩效审计评价研究》,西南大学出版社 2015 年版。

[96] 李元元:《信息化条件下我国政府审计问题研究》,吉林财经大学出版社 2015 年版。

[97] 林芳:《实现财政审计监督全覆盖的路径探析》,《中国审计报》2015 年 2 月 16 日。

[98] 林红:《财政专项资金绩效审计体系研究》,华南理工大学出版社 2015 年版。

[99] 李青:《惠农专项资金审计中大数据思维的有效尝试》,《审计月刊》2015 年第

3 期。

[100] 蒋立茹:《"云审计"实现审计全覆盖路径探索——基于"云审计"平台的构建》,《商业会计》2015 年第 11 期。

[101] 段朝晖:《新预算法的出台及预算执行审计的变迁》,《现代商业》2015 年第 35 期。

[102] 赵早早:《中央预算执行审计与公共预算改革的关系研究——基于 1996 年至 2014 年全国人大常委会公报的内容分析》,《审计研究》2015 年第 3 期。

[103] 徐薇:《国家审计监督全覆盖的实现路径研究》,《审计研究》2015 年第 4 期。

[104] 严香琴:《从独立性角度论我国国家审计体制改革》,《现代经济信息》2015 年第 23 期。

[105] 刘锡平:《推动财政绩效管理的基层预算执行审计转型》,《审计月刊》2015 年第 4 期。

[106] 顾洪菲:《大数据环境下审计数据分析技术方法初探》,《中国管理信息化》2015 年第 18 期。

[107] 卜明:《基于新预算法的财政预算执行审计研究》,《财会学习》2016 年第 22 期。

[108] 付杨杨:《河北省绩效预算改革研究》,河北经贸大学出版社 2016 年版。

[109] 薛建峰:《关于审计机关实现审计全覆盖的思考》,《新经济》2016 年第 17 期。

[110] 曹守广:《财政预算执行审计的现状及思考》,《财经界(学术版)》2016 年第 3 期。

[111] 王祥君:《基于政府会计改革视角的本级预算执行审计研究》,《审计月刊》2016 年第 7 期。

[112] 李沂珂:《基于 N&P 冲突分析模型的审计独立性比较研究》,《中国集体经济》2016 年第 21 期。

[113] 杨馥羽、高珊:《国家审计独立性问题研究》,《农村经济与科技》2016 年第 27 期。

[114] 龙佳新:《地方财政预算执行审计存在的问题和对策》,《现代国企研究》2016 年第 4 期。

[115] 曹毓衡:《浅析在新预算法下如何有效进行部门预算执行审计》,《现代商业》2016 年第 31 期。

[116] 唐洋、潘惠中:《我国水环境审计评价指标体系的构建研究》,《南华大学学报(社会科学版)》2016 年第 4 期。
[117] 孟歆、蒋丽:《浅析水环境审计工作路径》,《审计月刊》2016 年第 6 期。
[118] 雷铭:《水环境审计设计浅析》,《财务与会计》2016 年第 11 期。
[119] 马晓方、钱夫中、成维一、裴文华:《电子政务工程项目绩效审计中功效系数法的应用实践》,《审计研究》2016 年第 1 期。
[120] 陈泉倩:《财政大数据审计思路与方法探究》,《审计月刊》2016 年第 12 期。
[121] 胡琦佳:《大数据时代对政府审计的影响研究》,沈阳大学出版社 2016 年版,第 271 页。
[122] 刘慧:《国有企业绩效审计评价指标体系问题研究》,首都经济贸易大学出版社 2016 年版,第 166 页。
[123] 沈玉宝:《大数据审计在"三农"工作中的应用分析》,《中国市场》2016 年第 28 期。
[124] 卞建萍、刘玢:《大数据技术对审计的影响分析及基于大数据的审计信息化建设》,《现代国企研究》2016 年第 20 期。
[125] 贾子扬:《基于大数据的财务报表持续审计研究》,山西财经大学出版社 2016 年版,第 228 页。
[126] 中华人民共和国水利部:《2016 年中国水资源公报》,《中国水利报》2017 年 7 月 12 日。
[127] 刘星、牛艳芳、唐志豪:《关于推进大数据审计工作的几点思考》,《审计研究》2016 年第 5 期。
[128] 陈琳:《大数据时代我国内部审计的环境分析——基于 SWOT 分析方法》,《现代经济信息》2016 年第 7 期。
[129] 王丽萍:《探索运用大数据管理民政专项资金》,《财会学习》2016 年第 21 期。
[130] 陈宗胜:《中国经济体制市场进程研究》,上海人民出版社 1999 年版。
[131] 何琰:《大数据技术在审计中的应用》,《郑州轻工业学院学报(社会科学版)》2016 年第 17 期。
[132] 李强、谢汶莉:《大数据审计中的可视分析》,《中国内部审计》2016 年第 2 期。
[133] 李若文:《大数据环境下的内部审计问题研究》,天津财经大学出版社 2016 年版。

[134] 李世强:《浅议基层审计实现审计监督全覆盖路径》,《经贸实践》2016 年第 16 期。
[135] 朱笑萍:《"大数据"时代背景下如何加强我国政府审计监督》,《中国集体经济》2016 年第 31 期。
[136] 王群、朱小英、关郁波:《大数据背景下审计工作面临的挑战与启示》,《沈阳大学学报(社会科学版)》2016 年第 18 期。
[137] 任一秋:《财政资金审计监督全覆盖实现路径研究》,重庆理工大学出版社 2016 年版。
[138]《"十三五"国家审计工作发展规划》,《中国审计报》2016 年 6 月 3 日。
[139] 隋旭:《审计监督全覆盖视角下的政府审计与内部审计联动研究》,首都经济贸易大学出版社 2016 年版。
[140] 曲靖:《浅析大数据审计分析的利弊》,《现代经济信息》2016 年第 3 期。
[141] 魏祥健:《大数据环境下政府审计模式转变》,《财会月刊》2016 年第 22 期。
[142] 周习华:《财政专项资金绩效评价的基本问题探微》,《经贸实践》2016 年第 3 期。
[143] 黄瑞:《行政事业单位专项资金核算的若干思考》,《经贸实践》2016 年第 5 期。
[144] 刘杰、张勇:《财政专项资金绩效审计问题研究》,《财会通讯》2016 年第 10 期。
[145] 崔琦:《从公共财政视域分析财政专项资金绩效的审计操作》,《财经界(学术版)》2016 年第 6 期。
[146] 滕秀艳:《加强事业单位财政专项资金管理的路径分析》,《中国市场》2016 年第 12 期。
[147] 袁琤斐:《救灾资金绩效审计评价指标体系构建——基于可持续发展理念》,《财会通讯》2016 年第 13 期。
[148] 肖磊:《聚焦专项资金使用效率监督政府管好"绿色账"》,《上海人大月刊》2016 年第 7 期。
[149] 余连华:《深化财政专项资金管理制度改革研究》,《新经济》2016 年第 14 期。
[150] 岳洪江、张绍光:《省级财政专项绩效管理效果认知研究——基于绩效自评价报告的内容分析》,《华东经济管理》2016 年第 7 期。
[151] 毕海燕:《事业单位专项资金管理及其优化分析》,《财经界》2016 年第 6 期。
[152] 郭振林:《试析财政专项资金管理存在的问题与解决措施》,《现代国企研究》

2016 年第 2 期。

[153] 郑世林:《中国政府经济治理的项目体制研究》,《中国软科学》2016 年第 2 期。

[154] 孙晓慧:《浅议新农合专项资金监督管理及改进》,《知识经济》2016 年第 14 期。

[155] 方皓:《浅析"大数据"对我国政府审计监督的影响》,《商业会计》2016 年第 9 期。

[156] 刘音延:《"三公"经费绩效审计评价指标体系研究及案例分析》,西南交通大学出版社 2017 年版。

[157] 屈小杰、明洁:《淘汰落后产能专项资金绩效审计的评价指标体系构建》,《财会通讯》2017 年第 31 期。

[158] 李美华:《山西省设立专项资金助推大数据战略》,《先锋队》2017 年第 14 期。

[159] 武茗馨:《基于 R 语言的金融大数据审计应用研究》,南京审计大学出版社 2017 年版。

[160] 查天舒:《财政涉农专项资金绩效审计研究》,云南农业大学出版社 2017 年版。

[161] 陈氤宇:《全覆盖背景下部门预算执行审计问题及对策研究》,南京大学出版社 2017 年版。

[162] 姬桂玲:《南京审计"全覆盖"现状分析与推进路径》,《江苏省审计学会审计全覆盖研讨会论文集》2017 年第 6 期。

[163] 吉凌云:《大数据背景下的审计发展研究》,《现代经济信息》2017 年第 22 期。

[164] 李彬:《大数据背景下的"审计全覆盖"研究》,天津财经大学出版社 2017 年版。

[165] 王芳、史晓红:《大数据背景下加快信息化建设促进审计全覆盖》,《中国管理信息化》2017 年第 20 期。

[166] 王红兰、张其镇:《财务共享服务模式下的大数据审计探究》,《审计与理财》2017 年第 7 期。

[167] 王赛国、柏帆、翁颖迪:《大数据背景下审计信息化建设研究》,《现代经济信息》2017 年第 18 期。

[168] 王艺:《大数据背景下地方政府审计信息化建设研究》,上海师范大学出版社 2017 年版。

[169] 张志恒、成雪娇:《大数据环境下基于文本挖掘的审计数据分析框架》,《会计之友》2017年第16期。
[170] 乔久华:《财政专项资金绩效审计助力现代服务业管理升级》,《中国注册会计师》2017年第8期。
[171] 李晓渝:《云审计协同审计全覆盖模式和途径研究》,《电脑知识与技术》2017年第13期。
[172] 刘娜:《大数据背景下政府审计变革动因与策略》,《财会通讯》2017年第10期。
[173] 尹登高:《审计全覆盖背景下审计资源整合研究》,南京审计大学出版社2017年版。
[174] 姜思加:《宪法视角下的国家审计独立性问题研究》,《产业与科技论坛》2017年第16期。
[175] 王伟兵、谭君崇、贺俊程:《审计监督促进中央部门预算执行审计完善路径的思考》,《经济研究参考》2017年第4期。
[176] 吴允:《政府会计制度改革对政府预算审计的影响分析》,《现代经济信息》2017年第20期。
[177] 牛艳芳、冯占国、孟祥宇:《大数据价值链视角下的审计工作创新与实践》,《审计研究》2017年第5期。
[178] 陈伟、居江宁:《大数据审计:现状与发展》,《中国注册会计师》2017年第12期。
[179] 曹春江:《建设智慧农业大数据中心,推进信息化与农业现代化融合发展》,《第八届云南省科协学术年会论文集——专题二:农业》2018年第5期。
[180] 向洪金、朱晨之、徐鹏杰:《转型期政府官员滥用职权行为与国家审计监督力度——基于委托代理理论的研究》,《审计与经济研究》2018年第33期。
[181] 周启彬:《大数据环境下政府审计探讨》,《合作经济与科技》2018年第1期。
[182] 钟伟:《基于大数据下的政府采购行为分析的设计与实践》,《科学与财富》2018年第9期。
[183] 李娟:《省级财政专项资金管理中存在的若干问题及对策探讨》,《财经界》2018年第9期。
[184] 宋军:《财政专项资金管理探讨》,《科技经济导刊》2018年第26期。

[185] 郝丽娜:《财政专项资金绩效评价的思考与建议》,《管理观察》2018 年第 27 期。
[186] 朱亚龙:《财政专项资金绩效评价分析》,《纳税》2018 年第 29 期。
[187] 骆任:《财政专项资金监管的问题与对策》,《财会学习》2018 年第 34 期。
[188] 顾敏:《财政专项资金审计的调查研究》,《现代经济信息》2018 年第 24 期。
[189] 徐海军:《财政专项资金审计难点及应对策略探析》,《中国注册会计师》2018 年第 3 期。
[190] 卢扬帆:《我国财政绩效评价实践及发展研究》,《山东社会科学》2018 年第 8 期。
[191] 廖逸儿、原珂:《公共财政如何促进教育公平? 基于广东省"基础教育创强"专项资金绩效评价》,《北京理工大学学报(社会科学版)》2018 年第 6 期。
[192] 彭艳:《规范提高县级财政专项资金管理》,《中国乡镇企业会计》2018 年第 10 期。
[193] 陈萌萌、陈斌:《关于财政专项资金使用方式改革的思考》,《经贸实践》2018 年第 22 期。
[194] 孙炜:《乡镇财政资金管理的困境及对策探讨》,《纳税》2018 年第 30 期。
[195] 杨继萍:《试论大数据环境下财政审计数据的思考》,《现代经济信息》2018 年第 5 期。
[196] 曾川:《大数据条件下财务报表持续审计现状与改进》,《财会通讯》2018 年第 4 期。
[197] 洪鑫:《大数据背景下政府审计变革动因与策略》,《市场研究》2018 年第 1 期。
[198] 孔祥银、王琰:《财政资金审计监督全覆盖优化研究》,《财会通讯》2018 年第 7 期。
[199] 刘国常、胡枫:《大数据助推政府审计全覆盖路径研究》,《会计之友》2018 年第 18 期。
[200] 贺杰:《财政扶持专项资金审计内容与方法的匹配性研究——以微型企业扶持资金为例》,《时代金融》2019 年第 14 期。
[201] 阮蓓俊:《财政专项资金管理风险分析及防范策略》,《行政事业资产与财务》2019 年第 7 期。
[202] 刘赋涛:《财政专项资金管理优化探析》,《财会研究》2019 年第 6 期。

[203] 罗洪玉:《财政专项资金绩效评价的基本问题探微》,《现代经济信息》2019 年第 3 期。

[204] 陈扬:《财政专项资金绩效评价的困境与思考》,《财会审计》2019 年第 1 期。

[205] 吴倩倩:《财政专项资金绩效评价的困境与思考》,《中小企业管理与科技(下旬刊)》2019 年第 3 期。

[206] 张馨予、张晓庆:《财政专项资金绩效评价需关注的问题及解决对策——以 S 省 Y 市就业专项资金绩效评价为例》,《中国注册会计师》2019 年第 3 期。

[207] 朱东珠:《财政专项资金绩效评价研究》,《市场研究》2019 年第 2 期。

[208] 杜冰丽:《财政专项资金绩效审计的问题及对策建议》,《经营与管理》2019 年第 7 期。

[209] 王俊杰:《财政专项资金使用中存在的问题及措施》,《财经界(学术版)》2019 年第 11 期。

[210] 林江:《广东财政专项资金竞争性分配改革研究》,《地方财政研究》2019 年第 1 期。

[211] 张琳、李贺:《基于新准则下企业财政专项资金的会计核算和税务处理》,《现代营销(信息版)》2019 年第 5 期。

[212] 战怀芳:《加强财政资金及专项资金监督管理的思考及探索》,《纳税》2019 年第 4 期。

[213] 吕联盟:《陕西省财政扶贫专项资金绩效审计评价指标体系构建研究》,《辽宁农业科学》2019 年第 3 期。

[214] 程锋箴:《完善县级财政专项资金监管的对策》,《当代农村财经》2019 年第 3 期。

[215] 徐秋凌:《县级财政经建专项资金管理的思考》,《财经界(学术版)》2019 年第 10 期。

[216] 林圣锦:《县级财政专项资金运行管理中存在的问题及建议探讨》,《现代商贸工业》2019 年第 14 期。

[217] Ajzen, I and Fishbein M, 1980, Understanding Attitudes and Predicting Social Behavior. Englewood Cliffs, NJ: Prentice-Hall.

[218] Ajzen, Doll and Jörg, 1985, "Accessibility and Stability of Predictors in the Theory of Planned Behavior", Journal of Personality & Social Psychology, 5.

[219] Ajzen, 1991, "Affective Cues in Persuasion: An Assessment of Causal Mediation", Marketing Letters, 2.

[220] Ajzen, Icek, 2002, "Perceived Behavioral Control, Self-Efficacy, Locus of Control, and the Theory of Planned Behavior", Journal of Applied Social Psychology, 4.

[221] Alfred, Tat and Kei Ho, 2006, "From Performance Budgeting to Performance Budget Management: Theory and Practice", Public Administration Review, 5.

[222] Angela, L and Chen N, 2012, "Cloud Computing as an Innovation: Perception, Attitude", International Journal of Information Management, 6.

[223] Aina, G.Gómez, José A.Juanes, Bárbara Ondiviela, José A and Revilla, 2014, "Assessment of Susceptibility to Pollution in Littoral Waters Using the Concept of Recovery Time", Marine Pollution Bulletin, 2.

[224] Alberto, Díaz, Cayeros Beatriz, Magaloni Alexander and Ruiz-Euler, 2014, "Traditional Governance, Citizen Engagement, and Local Public Goods: Evidence from Mexico", World Development, 1.

[225] Bernardin and H.John, 1984, "An Analysis of Black-White Differences in Job Performance", Academy of Management Proceedings, 4.

[226] Bernardinetal, 1984, "A Survey of Time Budget Pressure and Irregular Auditing Practices Among Newly Qualified UK Chartered Accountants", The British Accounting Review, 28(2).

[227] Berryetal, 1987, "Energy Measures and Energy Audits; Grant Programs for Schools and Hospitals, and Buildings Owned by Units of Local Government and Public Care Institutions: Proposed Rule Making and Public Hearing", Federal register, 43.

[228] Berdie, 1989, "Reassessing the Value of High Response Ratesoto Mail Surveys", Marketing Research, 3.

[229] Boivin, B and Gosselin L, 1991, "Going for a Green Audit", CA Magazine, 124(3).

[230] Boldero, 1995, "The Prediction of Household Recycling of Newspapers:

The Role of Attitudes, Intentions, and Situational Factors", Journal of Applied Social Psychology, 25(05).

[231] Brooks, K, 2004, "Reaping the Benefits of Environmental Auditing", Internal Auditing, 19(6).

[232] Bulgurcu, 2010, "In Formation Security Policy Compliance: An Empirical Study of Rationality-Based Beliefs and Information Security Awareness", MIS Quarterly, 34(03).

[233] Bamber, E., L Bamber and M.Schoderbek, 2012, "Audit Structure and Other Determinants of Audit Report Lag: An Empirical Analysis", Journal of Practice and Theory, 2.

[234] Carrolletal, 1982, "Competing Rationalities in 'Special' Government Audits: The Case of NovAtel", Critical Perspectives on Accounting, 8(4).

[235] Copley, Paul, A Doucet and S Mary, 1993, "Auditor Tenure, Fixed Fee Contracts, and the Supply of Substandard Single Audits", Public Budgeting & Finance, 13(03).

[236] Chin and Wynne, 1998, "Issues and Opinion on Structural Equation Modeling", MIS Quarterly, 22(01).

[237] Conner, Armitage, 1998, "Extending the Theory of Planned Behavior: A Review and Avenues for Further Research", Journal of Applied Social Psychology, 28(15).

[238] Cordano, Mark and Frieze, 2000, "Pollution Reduction Preferences of U.S. Environmental Managers: Applying Ajzen's Theory of Planned Behavior", Academy of Management Journal, 43(04).

[239] Christopher, Pollitt, 2003, "Performance Audit in Western Europe: Trends and Choices", Critical Perspectives on Accounting, 14.

[240] Christopher, Brazel and Hatfield, 2004, "Electronic versus Face-to-Face Review: The Effects of Alternative Forms of Review on Auditors' Performance", Accountingp Review, 79(04).

[241] Chan and Peter K.M, 2004, "Breaking the Market's Dependence on Independence: An Alternative to the 'Independent' Outsider Auditor",

Fordham Journal of Corporate & Financial Law，9(02).

[242] Christina，Chiang and Margaret Lightbody，2004，“Financial Auditors and Environmental Auditing in New Zealand”，Managerial Auditing Journal，Volume：19 Issue，3.

[243] Carlin，Dowling and Stewart Leech，2007，“Audit Support Systems and Decision Aids：Current Practice and Opportunities for Future Research”，International Journal of Accounting Information Systems，2.

[244] CH，Loke，S Ismail and FA Hamid，2016，“The Perception of Public Sector Auditors on Performance Audit in Malaysia：An Exploratory Study”，Asian Review of Accounting，24(1).

[245] Doll and William J，1985，“Avenues for Top Management Involvement in Successful MIS Development”，MIS Quarterly，9(01).

[246] Douglass，North，1990，“Engines of Progress：Designing and Running Entrepreneurial Vehicles in Established Companies”，Journal of Businessk Venturing，5(06).

[247] De Vllis，1991，“Local Government Audit Procurement Requirements，Audit Effort，and Audit Fees”，Research in Accounting Regulation，16.

[248] David，Dewar，1991，“Environmental Auditing：The Fourth ‘E’”，Managerial Auditing Journal，Volume：6 Issue：5，4.

[249] De Lancer Julnes and Patria，2001，“Promoting the Utilization of Performance Measures in Public Organizations：An Empirical Study of Factors Affecting Adoption and Implementation”，Public Administration Review，61(06).

[250] Diamantopoulos，Adamantios，Winklhofer and Heidi M，2001，“Index Construction with Formative Indicators：An Alternative to Scale Development”，Journal of Marketing Research(JMR)，38(02).

[251] De Muniaín and Ana Yetano Sénchez，2005，“Value for Money Audits and E-Government：Benchmarking Best Practices”，Public Performance & Management Review，29(12).

[252] Debels，P. and Figueroa，R，2005，“Evaluation of Water Quality in the

Chillán River(Central Chile) Using Physicochemical Parameters and a Modified Water Quality Index", Environmental Monitoring and Assessment, 110(1—3).

[253] Diamantopoulos, 2006, "Formative Versus Reflective Indicators in Organizational Measure Development: A Comparison and Empirical Illustration", British Journal of Management, 17(04).

[254] DeAngelo, 2008, "Corporateo Payouto Policy", Foundations & Trends in Finance, 3(02).

[255] David and Irwin T, 1979, "Government performance audit study", Journal of Government Financial Management, 58.

[256] Dale Squires, Raymond Clarke and Valerie Chan, 2014, "Subsidies, Public Goods, and External Benefits in Fisheries", Marine Policy, 5.

[257] Edwards, Bagozzi, 2000, " Mechanisms Linking Work and Family: Clarifying the Relationship between Work and Family Constructs", 25(01).

[258] Environmental Protection Agency, 2008, " Significant and Quantifiable Results", Washington, D.C.: Environmental Protection Agency, 2.

[259] Fernandez, Eduardo, Villarroel, Rodolfo, Piattini, Mario, 2006, "Access Control and Audit Model for the Multi-Dimensional Modeling of Data Warehouses", Decision Support Systems, 42(03).

[260] Glynn, John J, 1996, "GP Practice Budgets: An Evaluation of the Financial Risks and Rewards", Financial Accountability & Management, 8(02).

[261] Gerald Vinten, 1996, "The Objectives of the Environmental Audit", Environmental Management and Health, Volume:7 Issue:3, 10.

[262] Giroux, G., R.Jones, and Pendlebury, 2000, "Accounting and Auditing for Local Governments in the US and the UK", Journal of Accounting and Public Policy, 3.

[263] Guthrie, 2003, "Continuousj Auditingj Leveragingk Technology", Auditing, 18.

[264] Gefen, David, Straub, Detmar, 2005, "A Practical Guide to Factorial Validity Using PLS-Graph: Tutorial and Annotated Example", Communications of the Association for Information Systems, 19(16).

[265] G Minculete, P Olar, 2015, "Elements of Performance Management and Audit in Public Organizations", Economia. Seria Management, 18.

[266] Hepler JA, Neumann C, 2013, "Enhancing Compliance at Department of Defense Facilities: Comparison of Three Environmental Audit Tools", Journal of Environmental Health, 65(8).

[267] Hillary R, 1995, "Developments in Environmental Auditing", Managerial Auditing Journal, 10(8).

[268] Hu, X., Fu, X., Deng, Z, 2018, "Wireless Personal Communications", Journal of Legal Sutdies, 4.

[269] Ittneretal, 1998, "Auditor Specialization, Perceived Audit Quality, and Audit Fees in the Local Government Audit Market", Journal of Accounting and Public Policy, 26(6).

[270] Ittner, Baum, 1998, "Introducing the New Value Creation Index", Forbes, 165(02).

[271] Ingraham et al., Patricia Wallace, Selden, 2000, "People and Performance: Challenges for the Future Public Service- The Report from the Wye River Conference", Public Administration Review, 60(01).

[272] Joreskog, 1973, "Recent Developments in Structural Equation Modeling", Journal of Marketing Research, 19(04).

[273] John Gross, 1995, "Heterogeneity of Preferences for Local Public Goods: The Case of Privatee Expenditure on Public Education", Journal of Public Economics, 57(1).

[274] Johnsen, Åge, Meklin, Pentti, Oulasvirta, Lasse, Vakkuri, Jarmo, 2001, "Performance Auditing in Local Government: An Exploratory Study of Perceived Efficiency of Municipal Value for Money Auditing in Finland and Norway", European Accounting Review, 10(03).

[275] Jon Woodroof, DeWayne Searcy, 2001, "Continuous Audit", International Journal of Accounting Information Systems, 3.

[276] Jones R., Giroux G, 2002, "Comparative Local Government Auditing: Audit Timing in the US and the UK", Innovations in Governmental Ac-

counting.

[277] Jarvisetal, 2003, "Audit Firm Tenure and Earnings Management: The Impact of Changing Accounting Standards in UK Firms", Journal of Developing Areas, 52(4).

[278] Juan Zhang, Xiongsheng Yang, Appelbaum, Deniz, 2007, "Toward Effective Big Data Analysis in Continuous Auditing", Accounting Horizons, 29(02).

[279] Johnston, Simon, 2010, "Corporate Real Estate Finance: Structuring Security and Enforcement", Journal of Corporate Treasury Management, 4(01).

[280] Keen, Timothy R., Glenn and Scott M, 1999, "Shallow Water Currents during Hurricane Andrew", Journal of Legal Sutdies, 104(C10).

[281] Ken S., Cavalluzzo, Christopher D.Ittner, 2004, "Implementing Performance Measurement Innovations: Evidence from Government", Accounting, Organizations and Society, 29(3).

[282] Kyunghee, Yoon, Hoogduin, Lucas and Li Zhang, 2015, "Big Data as Complementary Audit Evidence", Accounting Horizons, 29(02).

[283] Lightbody M, 2000, "Environmental Auditing: The Audit Theory Gap", Accounting Forum, 24(2).

[284] McKinney, Thom, 1992, "Making Marketing Work Better Will Become High Priority, McKinney Says", Advertising Age, 63(49).

[285] McCrae, Michael, Vada and Henni, 1997, "Performance Audit Scope and the Independence of the Australian Commonwealth Auditor-General", Financial Accountability & Management, 13(03).

[286] Ma, Z.J., Liang, S.Y, 2005, "Study on Full Coverage Audit Implementation Path of Government Environmental Accountability Audit in the Era of Big Data", Auditing Research, 5.

[287] Nunnally, 1994, "Bernstein. Dutch Government Fails Privacy Audit", Olicy Studies Review, 2.

[288] Nath, Prithwiraj, Nachiappan and Subramanian, 2010, "The Impact of Marketing Capability, Operations Capability and Diversification Strategy on Performance: A Resource-Based view", Industrial Marketing Management,

39(02).

[289] Peter，Kimmance，1981，“The Role of External Audit”，Local Government Studies，7(02).

[290] Pavlou，2003，“IT-Enabled Business Capabilities for Turebulent Environments”，MIS Quarterly Executive，7(03).

[291] Petter，2007，“A Simulation Study of Statistical Tests in Logistic Measurement Error Models”，Journal of Statistical Computation & Simulation，77(08).

[292] Qin，R.S.，2014，“Research about Influence of Big Data and Cloud Computing to Audit”，Auditing Research，6.

[293] Roger Bade，1979，“A City Perspective on Environmental Audits”，Managerial Auditing Journal，11.

[294] Roberts and Nancy C，1979，“Public Entrepeneurship and Innovation”，Policy Studies Review，11(01).

[295] Roberts，Simon，Pollitt and Christopher，1994，“Audit or Evaluation? A National Audit Office VFM Study”，Journal of Legal Sutdies，72(04).

[296] R.E.Brown，2004，“The Effect of Seasonal Variations in Auditor Workload on Local Government Audit Fees and Audit Delay”，Journal of Accounting and Public Policy，21(4).

[297] Riedl R and Juen M，2006，“IT Auditing in E-Government”，In：Wimmer M.A.，Scholl H.J.，Grönlund Å.，Andersen K.V.(eds) Electronic Government(EGOV)，2006，“Lecture Notes in Computer Science”，vol 4084. Springer，Berlin，Heidelberg.

[298] Ramanna，2009，“Why Do Countries Adopt International Financial Reporting Standards”，Working Papers-Harvard Business School Division of Research，18(02).

[299] Shields，1995 “Analysing a Business，Slice by Slice.”，CA Magazine，131(39).

[300] Shields，1995，“An Empirical Analysis of Firms' Implementation Experiences with Activity-Based Costing”，Journal of Management Accounting Research，7.

[301] Sutton and Michael H，1998，“Auditor Independence：The Challenge of

Fact and Appearance”, Accounting Horizons, 11(01).

[302] Steinberg H.I, 2000, “The Panel on Audit Effectiveness Issues Its Report”, Insights: The Corporate & Securities Law Advisor, 14(11).

[303] Sharma, Yetton, 2003, “A Contingent Resource-Based View of Proactive Corporate Environmental Strategy”, Academy of Management Review, 28(01).

[304] Sharma, Yetton, 2003, “The Contingent Effects of Management Support and Task Interdependence on Successful Information Systems Implementation”, MIS Quarterly, 27(04).

[305] Samelson, Donald, Lowensohn, Suzanne and Johnson, Laurence, 2006, “The Determinants of Perceived Audit Quality and Auditee Satisfaction in Local Government”, Journal of Public Budgeting, Accounting & Financial Management, 18(02).

[306] Suzanne Lowensohn, Laurence E. Johnson, Randal J. Elder and Stephen P.Davies, 2007, “Auditor Specialization, Perceived Audit Quality, and Audit Fees in the Local Government Audit Market”, Journal of Accounting and Public Policy, 6.

[307] Sany, S.B.T. and Hashim, R, 2014, “A Review of Strategies to Monitor Water and Sediment Quality for a Sustainability Assessment of Marine Environment”, Environmental Science and Pollution Research, 21(02).

[308] Thomson RP, Simpson TE and Grand CH, 1993, “Environmental Auditing”, The Internal Auditor, 50(2).

[309] T.M.Persons, 2004, “Audit Committee Characteristics and Earlier Voluntary Ethics Disclosure among Fraud and No-Fraud Firms”, International Journal of Disclosure & Governance, 6(04).

[310] Tillema, Sandra, Bogt and Henk J, 2010, “Performance Auditing: Improving the Quality of Political and Democratic Processes ”, Critical Perspectives on Accounting, 21(08).

[311] Thu Ha Tran, Dinh Tuan Pham and Van Lai Hoang, 2014, “Water Pollution Estimation Based on the 2D Transport-Diffusion Model and the Singular Evolutive Interpolated Kalman Filter”, Comptes Rendus. Mécanique, 2.

[312] Thompson D, 2018, Contemporary Challenges in Audit, In: Conway E., Byrne D.(eds) Contemporary Issues in Accounting, Palgrave Macmillan, Cham.

[313] Ullman, 2004, "Sticky Wages Revisited: Organizational Responses to a Declining Market-Clearing Wage", Academy of Management Review, 20(02).

[314] Vroom, Victor H, 1964, "Organizational Choice: A Study of Pre- and Post-Decision Processes", Organizational Behavior & Human Performance, 1(02).

[315] Vincent Owhoso and Andrea Weickgenannt, 2007, "New Standards for Internal Auditing", Internal Auditing, 11.

[316] Viktor Mayer-Schonberger, 2015, Big Data: A Revolution that Will Transform Our Lives, Federal Health Gazette-Health Research-Health Protection, 58(8).

[317] White, Beesle, 1973, "The Industrial Reorganization Corporation: A Study in Choice of Public Management", Public Administration, 51(01).

[318] Wiley, 1973, "Studies of a Class of Covariance Structure Models", Journal of the American Statistical Association, 73(68).

[319] Yoram Goldberg and Armin Shmilovici, 2005, "An Expert System Approach for Quality Assurance Auditing", International Journal of Advanced Manufacturing Technology, 4.

[320] Krishnan, Jagan, et al., 2007, "Were Former Andersen Clients Treated More Leniently Than Other Clients? Evidence from Going-Concern Modified Audit Opinions", Accounting Horizons, 21(04).

[321] Yang, et al., 2007, "The Medical Data Index(MDI) Dependency Module: A Shared Database to Assist Discharge Planning and Audit", Journal of advanced nursing, 20(2).

[322] Yves Gendron and David J.Cooper, Barbara Townley, 2007, "The Environmental Audit & Business Strategy: A Total Quality Approach", London: Pitman publishing, 9.

[323] Zabihollah, Rezaee, 2005, "The Relevance of Managerial Accounting Concepts in the Banking Industry", Journal of Performance Management,

18(03).

[324] Zwerling A, 2013, "When the Government Comes Knocking: Government Audits of Radiology Practices", Journal of the American College of Radiology: JACR, 10(8).

[325] Zhang, F., Zhang, Y., Gao, M., Yuan, H and Zhang, J, 2018, "Analysis and Research of Government Procurement Audit in Universities Based on Big Data Environment", Journal of Discrete Mathematical Sciences & Cryptography, 21(2).

图书在版编目(CIP)数据

政府审计全覆盖与财政专项资金审计问题研究/王如燕著.—上海:格致出版社:上海人民出版社,2020.5
(新时代会计理论与实践创新系列专著)
ISBN 978-7-5432-3116-0

Ⅰ.①政… Ⅱ.①王… Ⅲ.①地方财政-专项资金-政府审计-研究-中国 Ⅳ.①F239.44

中国版本图书馆 CIP 数据核字(2020)第 063468 号

责任编辑 王 萌
封面设计 路 静

新时代会计理论与实践创新系列专著
政府审计全覆盖与财政专项资金审计问题研究
王如燕 著

出 版 格致出版社
上海人民出版社
(200001 上海福建中路 193 号)
发 行 上海人民出版社发行中心
印 刷 常熟市新骅印刷有限公司
开 本 720×1000 1/16
印 张 16
插 页 2
字 数 264,000
版 次 2020 年 5 月第 1 版
印 次 2020 年 5 月第 1 次印刷
ISBN 978-7-5432-3116-0/F·1296
定 价 68.00 元